公 益

——企业腾飞的天使之翼

沙 峰 著

上海大学出版社
·上海·

图书在版编目(CIP)数据

公益：企业腾飞的天使之翼 / 沙峰著. -- 上海：上海大学出版社，2024.12. -- ISBN 978-7-5671-5159-8

Ⅰ.D632.1

中国国家版本馆 CIP 数据核字第 2025PT2535 号

责任编辑　王　聪
封面设计　高　静　倪天辰
技术编辑　金　鑫　钱宇坤

公益
―― 企业腾飞的天使之翼

沙峰　著

上海大学出版社出版发行
(上海市上大路99号　邮政编码 200444)
(https://www.shupress.cn　发行热线 021-66135112)
出版人　余　洋

*

南京展望文化发展有限公司排版
广东虎彩云印刷有限公司印刷　各地新华书店经销
开本 710mm×1000mm　1/16　印张 17.25　字数 291 千
2025 年 1 月第 1 版　2025 年 1 月第 1 次印刷
ISBN 978-7-5671-5159-8/D・265　定价 88.00 元

版权所有　侵权必究
如发现本书有印装质量问题请与印刷厂质量科联系
联系电话：0769-85252189

序

初心比
结果更重要

尹海涛
上海交通大学安泰经济与管理学院特聘教授
上海交通大学环境治理研究院执行院长
安泰EMBA"商业伦理与可持续发展"课程主讲教授

十年之前,我开始给EMBA项目的学生开设"商业伦理与可持续发展"课程,这是一个充满挑战的尝试。挑战来自两个方面:一方面是关于探讨这个话题的必要性。很多同学认为企业社会责任的理念是正确的,但是在那个时候的中国,这个理念似乎离现实商业世界的距离非常遥远,还没有进行研讨的必要。普遍的观点是:活下去是最重要的事情,口袋里有余钱的时候,才会做一些"善事";这也就引申出了我们必须面临的另一方面:企业社会责任是什么?是否拿出企业中的一部分利润去做善事?是否一定以牺牲企业商业利益为前提?

在过去十年的教学和科研中,关于挑战两个方面的回应越来越清晰了。关于第一个方面,我们的观察是:任何无视企业伦理、企业社会责任的企业,都不可能实现可持续的发展。

这首先是因为企业所处的正式的和非正式的制度环境,均要求企业重视社会责任,并且这个要求随着时代的发展与日俱增。管理学中利益相关方的理论提供了很多的分析框架。序言中不做理论的展开,这里我只想说一个例子。2019年,著名的化学工业企业陶氏化学联系到了安泰,联系到了我,要开设一个关于可持续发展的高管学习班。为什么这样一个主题如此重要？因为陶氏化学有一半的营收来自塑料，而全世界对于塑料又爱又恨。爱的是它的经济实用，恨的是它对环境的危害。当前很多国家都有减塑运动：减少塑料袋和塑料吸管的使用，减少一次性餐具的使用，鼓励使用可再生的塑料，等等。而享有崇高威望、已故的英国女王伊丽莎白二世更是在 2018 年公开向塑料宣战，要求英国王室必须采用环保可降解塑料或可以回收利用的替代材料。

在社会各种声音的压力下，国际组织和政府也在采取行动。例如，2015 年，联合国大会通过了《2030 年可持续发展议程》，其中明确提出要"显著减少各种来源的海洋垃圾和污染，特别是塑料垃圾"。联合国环境规划署（UNEP）发起了"塑料挑战"（Plastic Challenge），旨在减少塑料垃圾的产生，促进塑料的回收和循环利用。2023 年 10 月 20 日，生态环境部、工业和信息化部、商务部、国家市场监督管理总局联合印发了《关于进一步加强饮料瓶等一次性塑料制品回收利用工作的通知》。该通知明确自 2025 年 1 月 1 日起，所有饮料瓶都必须含有至少 30% 的可回收材料。在这样的情形下，任何一个忽视或者无视"实现塑料产品替代"和"塑料产品循环利用"的化学工业企业，都会在未来的发展中面临严峻的挑战。所以，陶氏化学组织这样一个培训项目，目的是十分明确的，就是要在其高级管理人员的思维中，在其技术研发和运营管理的实践操作中，强化企业社会责任的意识和导向。

其次，从内生的动力上看，越来越多的企业，作为一个社会存在，也日益把实现一定的企业社会责任作为自己存在的主要理由。习近平在 2020 年 7 月 21 日的企业家座谈会上指出，"企业既有经济责任、法律责任，也有社会责任、道德责任。任何企业存在于社会之中，都是社会的企业"。企业作为一个社会存在，当然是要盈利的，但是与此同时，企业也是为解决社会问题而出现的。从某种意义上说，如果企业不能解决一定的社会问题，也没有必要存在，也不会有客户，因此也不会有商业的价值。在过去，企业要解决的社会问题，与商业的关联比较直接，例如解决人们出行的需要，解决人们吃饭、穿衣的需要，等等。但是我们观察到的趋势是，在这些衣食住行之类的需要满足之后，企业要解决的社会问题，越来越有"价值"的取向。例如，特斯拉创立的使命是"加速新能源时代的到来"；华为给自己的定位是"用数字技术把每一个人、家庭和组织联系起来，成为一个连接和智能的时代"，为此它推动了旨在把贫困和落后地区链入互联网的 Rural Star 项目，并承诺在 2025 年之前，把 Rural Star 项目的覆盖范围扩大到全球 1.2

亿人口。

所以，从外部的压力和企业内在驱动两个方面看，当今的世界，也越来越欢迎重视社会责任的企业。完全以营利为目的的企业，会面临更多发展的挑战。2022年3月，国资委成立社会责任局，推动企业在环境、社会和治理（ESG）等方面的行动和信息披露。在这种趋势下，完全忽略企业在环境和社会方面责任的企业，是很难融入国际金融体系和产业体系的。

我们再来看看前面提到的挑战的另一方面，即企业社会责任的追求，是否一定要以牺牲企业的利润和市场竞争力为代价。"企业社会责任"这个词，多多少少容易引人误解。"责任"通常有不见得情愿但不得不为之的意思，有点牺牲的意思。其实真正的可持续发展，从来没有忽视过经济的维度，如果没有商业模式或者经济利润的支撑，没有哪个企业是能实现"可持续发展"的。我们追求的是一个经济繁荣、社会公正和环境保护之间更平衡的发展。让我们回到前面提到的华为 Rural Star 项目的例子。在偏远的农村地区铺设数字网络，通常被认为是没有经济性可言的，这也是很多企业避免涉足的市场。但是华为的 Rural Star 项目采用实用主义的方法，提供了一个三赢的方案：偏远农村人口稀少，所以不用大功率设备，成本低的小功率设备就好了；电力不稳定也没有关系，装两块太阳能板，配上块电池，解决问题；用 4G 自回传技术替代卫星，传输成本也没了。华为的这个项目，不但实现了其社会责任，体现了环保理念，同时又给公司带来了利润。正是因为这是一个有商业模式支撑的符合企业社会价值观的业务，它才在短期之内有了爆炸性的增长。

当前越来越多的企业是为了解决未来社会问题而成立的，例如清理海洋垃圾的 Ocean Cleanup；致力于垃圾回收的 VLOOP 蔚路循环，还有致力于产品安全的"老爸评测"。它们为社会责任而生，它们的存续依赖于商业模式的形成。在商业世界中，我们更多看到的是，企业在业务中注入环保的因素，例如可再生材料生产的服装、用海洋塑料垃圾做的工艺品、用农业秸秆做的木制品，进行低碳能源的改造，这些努力可能在某些地区或者某个时段不具有经济性，我们所要做的，是如何能够通过利害相关方的有效沟通，使这些业务有商业模式的支撑。企业也有纯粹的公益活动，例如捐助学校、关心临终老人，等等，这都是非常好的，但是为了使这些公益活动本身具有可持续性，两个东西是不可或缺的：一是企业践行这些社会责任的强大"初心"；二是从为这些公益活动寻找商业模式的支撑。也就是说，不是为了商业利益从事公益，而是为本自内心出发的公益活动寻求商业模式的支撑，目的是保证这些公益活动的可持续性。关于这一点，我在美国关于企业社会责任的争论中，在 Mackey 发表的《利润是手段，不是目的》一文，表述得非常清楚了。

十年后的今天，我的 EMBA 学生沙峰，一个年轻而有朝气的企业家，用年轻人的锐气和睿智，思考这个商业世界的难题，并用书的形式记下来。相信他的思考，能够给我们关于企业社会责任的讨论带来新的视角和观点，助力商业世界向着可持续发展的方向变革，助力整个社会向更好的方向发展。比这个远大"结果"更为重要的是，我们思考了，辩论了，写作了，讨论了，实践了，因为我们坚信，出发比到达更为重要，初心也比结果更为重要。

2024 年 3 月 31 日写于飞往纽约途中

桃李无言
下自成蹊

孙明军
上海涂豆科技有限公司董事长
长江商学院 EMBA 36 期 6 班杰出校友

> 吾友沙沙，极富才华。
> 求学吉林，又入交大。
> 司法才俊，公益数他。
> 好学肯干，行业专家。
>
> ——赞好友沙峰对公益的付出

好朋友沙峰要出新书了，嘱托我为其新作写点东西，感激邀请，又有些诚惶诚恐。

我和沙峰是同行多年的朋友，现在又有了同样的商学院经历，愈发亲近。沙峰作为交大安泰 EMBA 班级的公益委员，组织了多次同学间的公益活动，付出良多，为同学服务同时也得到很多正面的回馈，这些都促使他奋笔疾书，把公益和商业结合的奇妙展示给大家。

我就读于长江商学院 EMBA 班时，印象最深的就是朱睿教授的"商业向善"课程。该课程强调用商业的逻辑、效率最大化的方式，去解决社会问题，同时做到义利兼顾。换句话说就是结合企业自身的业务，寻找业务跟社会痛点的交叉点，让多方利益最大化。为此，老师特意讲述了几个利用商业行为有效改善公益痛点的案例。

因"商业向善"课程的触动，在校期间，我组织了上海悦苗园残疾人寄养园的公益项目。带领班级同学和多位校友了解接触悦苗园中的智障残疾人群体，结合各自企业特点有目的性地进行了捐助合作，为这些特殊群体解决了一些实际困难的同时，企业也得到了社会的正面宣传和些许回报。整个项目进行过程中，其实是有很多曲折和压力的，能够克服压力最终把项目圆满完成，自己最大的感触就是做公益真的很辛苦。

看到沙峰能够持续组织公益活动，并升华自己的思想写书供大家阅读，真是难能可贵。在去年和今年，沙峰组织上海市血液中心和悦苗园参访的公益活动时，我们长江商学院的校友还一起参与进来，使长江商学院和交大安泰形成商学院联合公益。真心为沙峰的付出点赞。"桃李无言，下自成蹊"，愿好友沙峰再接再厉，未来的"商业向善"企业家，加油！

2024年3月5日写于上海

爱是我们前进的力量

苏　清

吉林大学化学学院副教授

沙峰是吉林大学化学学院 2007 级化工班本科生，我是在 2009 年 9 月给他们上"化工设备机械基础"课时认识他的。他上学时其实不太爱说话，我们交流的并不多，但我能感觉到我上课说的话，他有记在心里。大四下学期，他想来我的课题组做毕业设计，但由于我的名额满了，他没来成我的课题组，我也错失了和他深入交流的机会，但我们一直保持着联系。2015 年，他曾来长春出差，我和他一起吃饭，在听到我打电话直接称呼我家大宝的名字时，他称赞我这样做的很对，他说："每个孩子都是独立的个体，不依附父母存在，让孩子从小养成独立自主的习惯，对他们以后的成才非常重要。"我对孩子无心的称呼赢得了他的赞誉，让我对他有了更进一步的认识。

他自己很好地体现了独立自主这一特质。他工作后一直对自己的工作保持着深深的热爱，也在不断地追求，努力学习，并于 2023 年考上了上海交通大学安泰经济与管理学院工商管理专业非全日制硕士研究生，他的目标非常明确，思路清晰，有长远的规划，具有很强的终身学习的意识。他爱唱歌，会自己谱词曲并演唱。他经常跟我分享他创作的歌曲音频，我也会在上课的间隙，把它分享给我正在教授的学生们，让他们感知化学人的别样才华。他也是一个非常有爱心的人，经常献血。他还积极参加户外越野运动。他是一个浑身充满能量的人。

我和他能如此投缘，大概是我们都热爱运动，都对他人充满了爱，愿意奉献爱、传递爱。他此次出版的《公益：企业腾飞的天使之翼》，是他心中有大爱的体现。我也在工作之余，在我们学校工会副主席陶秀丽老师的带领下，用恒源祥集团提供的毛线编织爱心毛衣，送给贫困儿童，让他们感受到爱的温暖。而我也在参与的过程中对恒源祥集团有了好感，也对他们的企业有了更深刻的认识。企业在做公益时，真的是在传递爱的同时，进一步提升了自身的形象，增加了企业的凝聚力和向心力。

由于我是一个化学人，就会不自觉地想到说一下化学和企业公益的内容。化学相比其他理科的特别之处在于，数学物理是帮助人们更好地了解世界，而化学则更多地是帮助人们解决社会现实中的问题，实现更美好的生活。这使得化学天然就具备为社会造福，为公益投身的基础。

从原始人的钻木取火做熟食（碳的氧化反应、蛋白质的凝固和美拉德反应）、汽车的内燃机反应（石油的燃烧）、可降解塑料的保护环境（生物基和石油基降解塑料）、太阳能发电（从硅片迭代至钙钛矿，越来越高效的光电转换效率）、沸石分子筛转轮 RTO 尾气处理设备（分子筛的高效吸附催化），我们可以看到化学在我们生活的每一个角落为我们可持续发展、更好的生活而努力。一代又一代化学人穷尽一生的心血，希望实现商业价值和社会利益的共赢。

吉林大学化学学院作为国内甚至国际都知名的高校学院，更是应当承担起这样的社会责任。在如今的能源转型浪潮中，吉林大学化学学院众多团队和实验室也在新型分子筛、燃料电池、钙钛矿等领域进行着自己深入而专业的研究，并在国内外众多论文期刊上分享着自己的研究成果。其中部分成果已经转化为专利，为当今环保、能源转型做出自己的贡献。每一个吉大化学人都怀揣着美好的梦想，为创造世界更美好的明天而努力。

沙峰也是化学人出身，也继承了吉大化学人的优秀传统，他不仅将自身的化学知识很好地运用在工作中，还努力在多方面发光发热，这一优秀的品质值得我们学习。我们学院的郭玉鹏副院长曾跟我说："化学是现代社会的物质基础，是驱动社会的能源基础，是改善健康的分子基础。"我们的生活处处离不开化学，化学工业是我们国家的支柱产业，解决了我们的衣食住行等多方面的问题。希望能有更多的学生能够了解化学、热爱化学并投入到化学生产中去，用你们的智慧建立绿色化学生产环境。也希望有更多的化学达人能创办化工企业、提升我国化工企业的实力，也给更多的人提供就业岗位，为祖国的发展贡献自己的力量。

2024 年 4 月 3 日写于长春

目 录

前言 ... 001

第 1 章　绪论 ... 001

1.1　企业的价值目标——美国社会责任大辩论 / 001
1.2　笔者对于企业价值目标的思考 / 002

第 2 章　公益是什么 ... 004

2.1　公益之形——公益活动的属性 / 004
  2.1.1　公益活动的基本特性 / 004
  2.1.2　常见的公益活动类型 / 006
  2.1.3　公益活动以目的分类（非功利性和功利性）/ 007
  2.1.4　非功利性公益和功利性公益的关系 / 009
  2.1.5　企业对于公益常见的误解 / 011
2.2　公益之魂——公益心理学 / 012
  2.2.1　心理学基础 / 012
  2.2.2　公益心理学 / 014
  2.2.3　公益情怀 / 016
2.3　公益之利——研究公益对于企业的意义 / 017
  2.3.1　企业和公益的共赢 / 017
  2.3.2　研究公益对于企业的意义 / 019

2.3.3 研究公益组织对于企业的启发 / 021

2.4 公益之困——公益活动中的难题 / 031
    2.4.1 公益活动的现实困难 / 031
    2.4.2 公益的伦理困境 / 035

2.5 好风凭借力,公益入青云——媒体与公益 / 042
    2.5.1 媒体对公益的助推 / 042
    2.5.2 媒体对公益的反噬 / 044
    2.5.3 媒体与公益关系的第三方观点 / 046
    附:媒体之手温暖公益之路——论媒体在公益领域的社会责任与实践 / 047

第3章 公益对企业外部的直接影响　　058

3.1 公益与销售和用户关系 / 058
    3.1.1 公益对销售和用户关系的帮助 / 058
    3.1.2 公益对销售和用户关系的应用 / 061
    3.1.3 公益营销的优点 / 062
    3.1.4 公益营销的说服途径理论及应用 / 066
    3.1.5 公益营销的挑战和局限 / 071
    3.1.6 公益营销的风险 / 075
    3.1.7 公益营销的伦理困境 / 079
    3.1.8 科技和社会变革对公益营销的影响 / 081
    3.1.9 常见公益营销的实例 / 086

3.2 公益与企业社会关系 / 090
    3.2.1 公益对企业社会关系的帮助 / 090
    3.2.2 预期效应——大企业责任之源 / 095
    3.2.3 国际公益对企业社会关系的影响实例 / 098
    3.2.4 国内公益对企业社会关系的影响实例 / 099
    3.2.5 公益与企业社会关系的负面案例 / 101
    3.2.6 公益与企业社会关系的正面案例 / 102

3.3 公益与企业外部利益相关者的关系 / 106
    3.3.1 企业和社区和政府的关系 / 106
    3.3.2 企业和供应商的关系 / 107

3.4 公益——企业品牌之魂 / 109
    3.4.1 公益展现的人文主义是品牌价值的核心 / 109
    3.4.2 未来核心竞争力——AI赋能、公益赋魂（四能理论）/ 110

第4章 公益对企业外部的间接影响　　113

4.1 公益对消费行为的间接影响 / 113
    4.1.1 公益迎合消费心理 / 113
    4.1.2 公益影响消费行为 / 118
    4.1.3 公益对不同人群的消费影响 / 119
    4.1.4 公益对消费行为的调查研究 / 122

4.2 公益对企业形象与品牌价值的影响 / 124
    4.2.1 共情之心 / 124
    4.2.2 公益对企业形象的塑造 / 125
    4.2.3 公益对品牌形象的提升 / 128
    4.2.4 公益营销的长期效应 / 130

4.3 企业公益奖项 / 131

第5章 公益对企业内部的直接影响　　133

5.1 公益对企业管理的直接影响 / 133
    5.1.1 公益与企业内部利益相关者的关系 / 133
    5.1.2 公益对企业管理层的影响 / 134
    5.1.3 公益与员工激励 / 136
    5.1.4 公益对组织架构和制度的影响 / 139
    5.1.5 公益与企业目标的统一性与多元性 / 140
    5.1.6 公益与企业运营的融合 / 141

5.2 公益助力企业可持续发展 / 144
    5.2.1 公益与企业伦理的关系 / 144
    5.2.2 ESG的概念 / 146
    5.2.3 ESG的局限和困境 / 148
    5.2.4 ESG、社会责任、企业公益的异同 / 152

5.3 企业公益对财税的影响 / 155
    5.3.1 公益捐款对财税的影响 / 155
    5.3.2 公益捐物对财税的影响 / 155
    5.3.3 公益对现金流的影响 / 157

第6章 公益对企业内部的间接影响   161

6.1 企业和个体的潜在羁绊 / 161
    6.1.1 暗示效应——你所认知是否是你所认知 / 161
    6.1.2 企业对个体的影响 / 162
    6.1.3 个体对企业的影响 / 165

6.2 公益对企业文化的塑造 / 167
    6.2.1 企业文化的概念 / 167
    6.2.2 逐利式企业环境对企业长远的危害 / 169
    6.2.3 公益和企业文化的关系 / 171
    6.2.4 公益对企业文化的意义 / 172
    6.2.5 影响公益和企业文化融合的因素 / 173

6.3 公益教育对个体性格的塑造 / 175
    6.3.1 教育对个体性格发展的影响 / 175
    6.3.2 公益教育的概念 / 180
    6.3.3 公益教育对企业的裨益 / 181

6.4 公益对员工忠诚度的影响 / 185
    6.4.1 员工忠诚度的概念和特征 / 185
    6.4.2 公益对员工忠诚度的直接影响——双因素驱动 / 187
    6.4.3 公益对员工忠诚度的间接影响 / 188
    6.4.4 公益和企业文化对员工忠诚度的协同效应 / 190
    6.4.5 公益活动对员工忠诚度的影响的局限性 / 191

第7章 企业公益实践   194

7.1 社会企业 / 194
    7.1.1 社会企业——企业还是慈善机构？ / 194

7.1.2　社会企业和公益主题企业的差异 / 196
　7.2　企业公益的不同形式 / 197
　　　7.2.1　环境保护和废品回收 / 197
　　　7.2.2　绿色能源和节能减排 / 200
　　　7.2.3　生物多样性保护 / 207
　　　7.2.4　志愿者服务 / 209
　　　7.2.5　公益捐款/物 / 210
　　　7.2.6　教育公益 / 213
　　　7.2.7　健康公益 / 216
　　　7.2.8　文化公益 / 218
　　　7.2.9　关爱弱势群体，缩小贫富差距 / 225
　　　7.2.10　灾害、诈骗预警与社区帮扶 / 232
　　　7.2.11　其他特殊公益 / 233
　　　7.2.12　小结 / 235
　7.3　企业公益战略 / 236
　　　7.3.1　企业公益战略层面支持 / 236
　　　7.3.2　企业公益的组织架构顶层设计 / 238
　　　7.3.3　捐款/捐物企业公益战略如何选择 / 239
　　　7.3.4　企业公益笔者观点——利他性公益对企业不可或缺 / 240
　7.4　企业公益的未来发展 / 241

第8章　总结　　　　　　　　　　　　　　　　　　　　　　　247

　8.1　实践中企业公益的误区 / 247
　8.2　企业公益的道德意义和工具价值的关系 / 248

参考文献　　　　　　　　　　　　　　　　　　　　　　　　　250

后记　　　　　　　　　　　　　　　　　　　　　　　　　　252

前　言

三国时期刘备的那句"勿以善小而不为,勿以恶小而为之"传诵至今,听起来依然振聋发聩,发人深省。时光荏苒,时代变迁,很多是非成败已经转头空,然而始终不变的是要以一个高标准的道德规范作为行为准则,而践行公益则是道德规范最好的体现形式之一。

生活中处处存在公益,公益应当长存在于我们每个人的内心中。但不可否认的是,现代中国社会,尤其是最近二十年,整个社会的文化虽然以推崇传统道德为主,但是大部分人越来越将效率优先、利益优先的功利主义奉若圭臬。近些年大家虽然口头上一直强调高标准道德和公益的重要性,但是在实践中往往投入的关注和重视度不够。随着现代社会的不断进步,实践中我们也越来越重视公益的重要性,慢慢将公益从某个企业领导的个人面子工程,变成一个成体系、系统性的工作甚至企业战略。

现今国内很多企业已经"卷"得苦不堪言,整个社会文化和人员结构也在慢慢走向"反对卷"的方向。笔者发现很多企业如果只讲究效率和利益,不追求公益和道德的话,难以得到长远可持续的发展,所以在可持续发展越来越"火"的今天,企业公益对企业的发展越来越重要。

但这个理念说起来很容易,很多人内心都有这个概念,比如我们在生活中经常听到一句俗话:"只要人靠谱,事情就一定做得好。"以至于大家都觉得公益和工作、管理一定有联系。但现实当中很少有足够的资料单独研究公益和企业的整体联系,以至于出现了大家都觉得做公益是个好事,未来也可能对自己的工作和生活有所帮助,但是至于有什么帮助、有多少帮助就是一笔糊涂账,或者陷入了公益应当也要符合企业利益的误区,把公益作为营销的一种战术手段。

但是我们不是活在真空中的人，虽然说一颗公益之心不应该有太多的利益羁绊，可现实中大部分人如果没有任何的物质或者精神上的激励，甚至还需要自己"倒贴"，往往就很难坚持践行公益事业。笔者虽然认同公益应当尽可能地非功利化，但如果企业公益完全只是为了社会，对自己没有任何帮助，是很难长久持续的。所以，笔者想在本书中分析清楚以下四个问题：

（1）企业公益对企业有多维度的帮助；

（2）企业公益是战略型的行为；

（3）企业公益发心应当是利他式的公益；

（4）企业公益如何做。

本书以公益的概念为切入点入手，从公益对企业内外部多维度的直接和间接影响，不揣浅陋，尝试阐释公益对企业产生的巨大而深远的影响。以提倡全社会的企业将企业公益作为一个战略方向，未来更加重视公益，实现可持续发展。笔者也在书中提出了包含公益的企业未来核心竞争力的全新四能赋能理论，希望可以帮助更多的企业家理解企业公益的精髓。

为了避免不必要的社会争议，本书涉及的负面案例对象均为匿名。笔者能力有限，编写时间也非常紧张，书中一定有诸多谬误和不足之处，还请读者多多海涵且不吝赐教，笔者不胜感激。

第 1 章
绪　论

1.1　企业的价值目标——美国社会责任大辩论

在本章的开篇,笔者先抛出一个问题:读者能否明确地说出企业真实的价值目标?是来自弗里德曼所说的"企业的社会责任就是赚取利润"?还是来自约翰·马凯所写的《顾客第一》?

之所以在本章一开始就提出这个问题,是因为如果读者完全赞同弗里德曼的观点,那笔者认为企业的价值目标就太狭隘了,而且就目前的科技进步和社会发展来说,企业越来越需要树立一个良好的企业形象,维护良好的社会关系。

换言之,笔者认为企业并不是孤立存在的,企业最核心的目标当然是牟取利润,但是企业也需要在社会中生存。所有的企业都是依托解决具体的社会问题而存在,所以企业需要根据社会的特性而不停地改变和进化,换言之,笔者认为企业是社会的企业,企业依托社会环境而存在,价值目标和商业模式的形式也需要根据不同社会、时代去调整。

不可否认的是,弗里德曼所说的"企业的社会责任就是赚取利润"或者罗杰所说的"利润第一"在当年美国的社会环境下是比较符合现实的,就算当下,在一些不够发达的第三世界国家依然适用,但这并不代表是正确的道路,只是在某个特定时间点是最高效的道路。

笔者对人性的观点同马凯所认为的一致,人性是复杂的,社会对企业的期待形象绝不仅仅是一个冷酷的盈利机器人。但笔者又不能完全认同马凯的推导过程,比如马凯将顾客利益置于股东利益之前,导致笔者认为马凯观点在企业发展过程中无法适用(实然和应然分离)。

无论是什么社会、什么情况,现实的观点是:企业的最大出发点一定是最大化股东所有者的利益,如果一个企业都不最大化所有者的利益(所有者个人意愿放弃除外),这不就相当于要求人人都倾家荡产地去做公益,这样现实不现实呢?

笔者想到一句也许不是太过恰当的话:"通往地狱的大门往往充满鲜花。"虽然现代企业中存在社会企业这个状态,但笔者认为在现实社会中,可预见的是长期来看不是一个主流的企业形态。社会企业由于各种伦理悖论和现实难题,注定不是理想的高效率的机构。

社会企业更像是通过一个商业模式的闭环,使得非营利机构有更强大的能力和可持续发展的能力。所以笔者通篇所说的企业,除了第7章明文特指的社会企业之外,仅狭义地特指传统企业,不包含社会企业。

1.2 笔者对于企业价值目标的思考

企业是营利机构,最终的目的是最大化股东利益,但这个利益绝非股东的短期利益(亦即不是短线投资者和部分管理层的短视主义),而是所有权人的长期利益。

但是企业是(基于)社会的企业,企业不是活在真空里,现在科技发达、信息通畅的情况下更是如此。企业需要投入越来越多的资源到公益等领域,虽然短期看损失了股东的短期利益,但是长远来看满足了股东的长期利益。

但企业又不是社会(拥有)的企业,企业的价值目标无论从理论还是实践中都不可能将非所有权股东利益(部分不健康的企业管理层可能是实际的所有权人)作为企业的第一目标。

即使对于社会发展程度尚不发达急需利润维持企业运营的时候,企业可以尽可能少地投入资源到非关键领域,但企业应该时刻清楚,未来当企业发展强大后,还是需要投入一定的资源到公益等其他领域。

企业的价值目标存在应然和实然两种状态,这两者在企业的不同的发展状态、不同的社会环境下是可能存在偏离的。如果一个企业只有应然没有实然,那是脱离实际的乌托邦。如果一个企业只有实然没有应然,那就是一条没有可持续发展能力和内在自驱力的"咸鱼"。

应然和实然两者不可偏废一方,企业应有一个解决社会问题、有崇高企业社会责任感的应然,也有根据现实条件、社会文化修正的实然。

说到这里，一定有读者问（也是大部分人的理解）："我能不能在需要营利的时候极端功利主义，等企业发展壮大后再追求社会责任。"笔者认为，这在现实中是极难实现的（这也是笔者后文所阐述的诸多内容的目的）。

罗翔在"刑法学"课程中曾经说过一句经典的话，笔者今天也用在这里：手段代表形成中的正义和正在实现的理想，人无法通过不正义的手段实现正义的结果，因为手段是种子，结果是树。

如果内心没有对企业价值目标正确的概念，即使凑巧赶上时代的风口，企业发展壮大，那也是一时之成功，难以长久。笔者在本书第6章中列举的柯达的例子就可以证明这点。

而现在的中国已经过了盲目扩展，完全不顾任何企业伦理的阶段，并且在可预期的未来会越来越强调企业伦理。但是笔者亲身感受，无论是在课堂上还是在很多商业合作伙伴的意识中，仿佛企业伦理就是合法合规，在此基础上商业讲究的就是不择手段。笔者并不能完全认同这个观点，正如近期小米 SU7 发布会雷军邀请国内竞争对手的企业参与一样，一个优秀的企业应当，也必须和企业的一系列内外部关系（员工、供应商、消费者、社会、环境、竞争对手，等等）形成一种和谐共生的所必须遵从的道德和伦理价值观，唯有此，企业才能长期和谐稳定地发展。

目前社会上对企业社会责任持有不同的观点，企业公益是企业的工具（功利主义说），企业公益是企业的责任（社会责任说），更有认为企业公益是道义或者纯粹的价值观的追求（道义说、社会正义说）。

但从企业实践中来说，这些理论都有重大的缺陷，所以难以服众。笔者认为公益慈善本身并非和企业盈利是一个对立的关系，两者完全是可以统一的，企业公益本身对企业的长远发展有着重大的意义。

笔者认为不能将企业公益单纯地认为是道义的公益，也不能将其认为是宣传和盈利的工具，企业在践行公益的时候，即体现商业向善价值观，同时也对企业的长远发展有着重要现实意义，企业公益是实现企业走向长期可持续发展的一条康庄大道。

也就是说，企业公益既有形而上的道德意义（商业向善并不是功利性的将公益作为工具），也有现实的实际意义（也决不能脱离现实实际，不切实际地无限拔高道德标准），但是现实中笔者发现没有合适的书籍或者文章将这两者的关系作系统性的统一阐述，这也是笔者书写本章的核心原因。

第 2 章
公益是什么

公益是什么,一千个读者就有一千个哈姆雷特,也会有无数种区分方式。笔者在本章中用公益的四个维度,即公益活动之形(外在具象化的属性)、魂(内在抽象化的联系)、利(公益对于企业的意义)、困(公益的难点和困境)简要介绍一下公益。

2.1 公益之形——公益活动的属性

2.1.1 公益活动的基本特性

公益,顾名思义是代表对社会的利益和福祉产生积极影响的行为和活动。公益本身体现了对他人和社会的无私关怀和奉献精神。公益活动的本质就是通过行动提升社会的整体福利水平,促进社会公平与正义,满足社会成员的基本需求,并帮助弱势群体改善生活,是高水平道德现实具象化的表现。个人和组织在公益活动的过程中努力解决社会问题,创造社会价值的过程中往往可以自觉或者不自觉地收获一些显性或者隐性的回报。

公益活动往往有以下四个特性:

1. 非商业性

与商业活动相对应,公益活动通常具有非商业性质。与商业活动迥异的是,公益活动并不追求经济回报(与实践中产生收益并不矛盾)。其主要目标是创造社会价值,实现社会福利的最大化。公益活动一般是由慈善机构、非营利组织、志愿者组织或个人为了满足普通大众(尤其是弱者)的最基本需求和以提高社会福利为导向发起的。

2. 社会性

公益活动强调社会效益。公益活动虽说具体行为上关注个体利益,但整体上关注社会整体或某一个特定团体的利益和福利。例如,如果是同情某个具体的个人而去帮助,如果其对社会整体没有带动或示范作用,我们很难认为这是一个公益行为。但如果我们通过帮助某个个体可以有很强的群体示范作用,可以使得某个群体更加积极帮助他人或者使得某个群体更容易被社会关注,此时我们可以认为这是一个公益行为。同时,如果是直接帮助社会某一个群体甚至是整个社会的行为,那更可以认为这是一个公益行为。

社会通过无偿或者近乎无偿地提供各种公益活动,可以改善社会资源分配的不均,提高社会公平性,满足社会的共同利益。但囿于规模限制,公益活动本身直接的作用并不大,更多是起到一个带动作用。即使财富多如比尔·盖茨或者贝索斯,他们设立的公益基金也只能起到一个示范带动作用,更别提国内的公益规模远不如前两者。

在公益活动的实施中,各方角色需要相互合作和共享资源,共同努力解决社会问题。公益事业一般涉及多方利益相关者,如政府部门、企业、慈善机构、志愿者和社会群众等,需要通过各种合作和协同的方式,共同实现公益目标。公益的成功,离不开各方力量的共同参与和合作。

3. 公众参与性

在此并非说个人默默坚持或者没有公众参与的就不是公益行为,而是说如果想要达到比较有影响力的规模或者比较好的效果,就需要发挥带动作用。所以一个好的公益活动应该是有公众参与性的。发动公众通过捐款、志愿服务、参与公益项目等方式,积极参与到公益活动中,为社会福利的提升贡献力量,虽然每一个个体都是微不足道的沙粒,但是聚沙成塔。公益活动具有更广泛的影响力和社会认同度,首先需要的就是公众参与。只有公众广泛支持并乐于参与的公益活动,才会有比较好的可持续性效果。

4. 道德性

公益活动强调道德性,即大众会给予公益活动一个非常高的道德标准,实践中无论是公益组织还是孤立的公益活动,还是行为、财务都需要满足最高的道德标准(往往对目的也有要求,但笔者并不完全认同对于公益的目的有过高的道德要求)。由于公益活动本身是高道德标准的具象化表现,参与者往往会有利益牺牲,所以以最苛刻的高道德标准去要求,在一定程度上是合乎情理的表现。

总结起来,公益活动超越了个人的利益追求,是对社会和他人利益的无私奉献和保护以及对社会整体福利的提升。公益活动的概念和特征体现了社会公平、社会效益、公众参与和合作共享等重要价值观和原则。公益和企业精神在某种程度上有着相近之处,企业精神强调的是企业的社会责任与使命,而公益则更加注重整体的社会福利和利益的最大化。从这个角度来看,公益和企业精神是相辅相成和互相促进的。尊重公益精神也是企业应有的社会担当和道德追求。

2.1.2　常见的公益活动类型

公益活动的分类形式五花八门,在此难以一一列举,并且笔者在后文中也通过不同分类形式列举了多种企业公益类型,所以笔者这里以大类的形式来阐述公益类型。

1. 社会类公益

顾名思义,社会公益的主要目标是针对社会群体,旨在扶持和救助弱势群体、改善社会环境、推动社会进步和促进社会公平。

社会类公益常见形式有:

(1) 救助贫困人口、关爱弱势群体;

(2) 教育和科技发展;

(3) 环境保护和文化传承;

(4) 改善基础设施(如通信或者供水)。

2. 环境保护类公益

环境保护类公益也是公益中一个重要的分支,它的目标是主要是为了保护和改善地区的自然环境,实现可持续发展。随着全球环境问题的不断加剧,人们越来越认识到环境保护的重要性,环境保护类公益成了许多组织和个人重点支持的领域之一。

环境保护类公益常见形式有:

(1) 生态环境保护(大气保护、水源保护、减少污染物);

(2) 生物多样性保护或特定动物的保护;

(3) 影响或改善气候变化(减少温室气体排放);

(4) 能源可再生性问题。

3. 教育类公益

俗话说得好,授人以鱼不如授人以渔。对于一些贫困地区没有条件接受良好教育的孩子,教育类公益主要专注于提供更多的优质教育设施、知识或教师等资源,给他们提供获得优质教育的机会,帮助他们突破现实的束缚,平等地拥有更好的未来的机会。教育类公益不仅仅满足贫困地区的孩童个体的教育需求,也着眼于整个社会的教育发展。

教育类公益常见形式有:

(1) 兴建学校或者教育机构;

(2) 提供教育设施或者图书;

(3) 对教育资源匮乏地区进行支教。

4. 健康医疗类公益

健康医疗类公益和社会类公益有类似之处,但是由于健康医疗涉及人的健康和生命权,所以笔者在此单独拿出来谈一下。

健康医疗类公益的主要出发点是为了改善那些缺乏医疗资源和服务的个体或一些特殊群体的健康状况。由于我们每个人都是活生生的人,所以对于健康医疗类都很容易感同身受,所以这也是一种特殊的公益。

健康医疗类公益常见形式有:

(1) 兴建医院或者医疗机构;

(2) 无偿献血或者捐献造血干细胞;

(3) 对于医疗资源不足地区进行医疗援助或者在社区义诊;

(4) 不单纯以营利为目的研发罕见病药物(如笔者后续提到的"蔡磊"案例);

(5) 赠送药、医疗物资或医疗试剂,让无法购买得起药物的群体低价购买。

2.1.3 公益活动以目的分类(非功利性和功利性)

公益活动根据行为目的是否直接追求个人或组织利益,分为功利性公益和非功利性公益。

但首先我们还是要将公益活动和营利活动区分开来。首先无论公益活动是否功利,区分的标准都不应该是结果,而是应该以发起和实施时的目的来区分。也就是非功利性公益有可能歪打正着产生了巨大的利益,但是这并不影响其本身是非功利性公益。同理,我们也不可能因为营利活动最后由于意外因素血本无归、赔本赚吆喝就说其是慈善行为。所以我们可以对以下三类活动进行如下定义。

第一类,非功利性公益活动是指通过各种方式传播人们的无私奉献和深切关心他人的精神，主要以帮助他人为目标，不追求直接的个人或组织利益。并且由于人生而平等，每个人都应当被公平对待，所以非功利性活动并不会针对某个特定人群而特殊照顾，只会针对某个特定的社会问题或者社会利益而投入自己的努力。

第二类，功利性公益活动是指为了一部分自利因素（但投入绝对大于回报），而从事的一系列公益活动。自利因素往往体现在精神层面，具体的呈现形式有两种：

（1）特定群体功利性公益。此类公益不一定有很强的自利，但由于往往难以惠及社会的所有团体，往往是发起人或者组织因为某个特定原因（例如笔者曾是受帮助群体的一员）。所以对某个特定群体有特定的认同感，所以出于自己满足自己内心的成就或需求感，从而实施的公益活动。

（2）自利功利性公益。此类公益组织者或团体往往是出于一定的以自身利益目的而实施的公益，但是实施此类活动往往并不要求收益大于付出（否则就是营利活动）。典型的如很多企业实施公益时，往往附带输出自身的价值观、维护企业形象，某些企业家或者个人组织公益活动时，往往希望获得个人或者社会的认可，可以获得一些奖状或者荣誉。

第三类，营利性活动是指为了获取一定的利益，而从事的一系列经营活动（目的是获取利益，结果并不区分的因素）。本书主要研究公益活动，亦即非功利性公益活动和功利性公益活动，对营利活动本书不做过多研究。

笔者认为，虽然公益活动的分类不能以结果论，但是从社会效应的角度，我们还是应该考虑结果。我们毕竟生活在现实的世界，而不是理想的乌托邦，非功利性公益的出发点固然很高尚，但是世界很大，情况很复杂，笔者曾经在肯尼亚和坦桑尼亚游历，亲眼见证过那里的贫穷和疾苦。

虽然功利性公益活动的出发点不如非功利性公益行动高尚，但是毕竟相比营利活动来说，功利性公益活动也可以帮助很多社会底层的人摆脱困境。更何况功利性公益活动也可以是非功利性公益活动的一个过渡。只要都有一个正确的观念，亦即最高尚的公益活动一定是完全不带任何功利性的，并以此作为一个愿景即可。

也因为如此，功利主义的理论框架更强调实现最大化的效益与利益分配以及社会利益和个人利益的协调统一，关注的是以获取最大化的社会效益为目标，通过有效的资源配置和运用，促进社会福利的增进。

所以笔者认为功利性公益活动虽然初心不是最完美的状态,但是毕竟一样可以造福大众,金无足赤人无完人,我们还是应该抱有宽容的态度支持公益,哪怕其初心可能带有一部分功利性。

2.1.4 非功利性公益和功利性公益的关系

前面讨论了非功利性公益和公益性公益的区别,但是现实当中往往存在非功利性公益和功利性公益并存的时候,笔者认为其关系如下:

1. 可以互补

功利性公益与非功利性公益并不是完全对立的。尽管功利性公益的动机是出于个人或组织的利益考虑,但在实践中,它们与非功利性公益之间是可以相互融合与互补的。对于大部分人固有的思想道德标准来说,要求人人都大公无私地为了社会利益去努力,这不切实际,也无法长久。所以我们需要用功利性公益来激发大家的动力,并适当获得回馈和收益,以便于更加长期持久地进行公益活动。并且功利性公益也更灵活,也可以为非功利性公益提供更多的资源,完善非功利性公益无法覆盖到的面。

2. 经常融合

正如笔者所说,非功利性公益和功利性公益在现实中往往会出现融合的现象,所以大可不必无法接受功利性公益。

功利性公益经常和非功利性公益融合在一起以消弭自己的功利气息,而非功利性公益也需要依靠功利性公益的资金和资源支持,才能更好地推动公益目标和使命。

例如,许多企业会和公益组织合作,企业捐款、赞助和提供资源,公益组织则通过其专业水平来实施,在这个案例中就是两者的融合。企业提升企业形象,从而为自身带来更多的商业利益,而公益组织也获得了大量的资源可以更大规模、有效地实施具体公益行为。

所以,实践中功利性公益和非功利性公益可以互相融合形成协同效应,以实现更好的效果。

3. 差异性

但功利性公益和非功利性公益在目标和方法上也存在差异。功利性公益往往在出发点上存在一些自利性因素,而非功利性公益不存在自利性因素,更关注与社会利益和公平正义透明的价值观。由于本质的出发点的方法有所不同,所以存在较大的差异。

功利性公益往往实现的方式比较复杂,因为其需要将商业模式和社会利益相结合,但是其调动的资源和力量都比较广泛。而非功利性公益由于单纯只是为了社会公众利益所以实现方式就比较简单,但是往往会在资源和长期可持续性上陷入瓶颈。

4. 不可或缺性

说到这里,读者可能会问,那么如果社会发展到一定地步,是否功利性公益都会转换为非功利性公益,笔者的回答是否定的,这两者都有其不可或缺性。

首先从人性来说,人性有善恶两面,而非功利性公益体现了人性向善的一面,如果一个社会所有的公益都以功利作为基础,那么这个社会的文化将是相当可怕的。

但社会毕竟不是乌托邦,人性天然也有向恶的一面,"存天理,灭人欲"在现实中根本没有可操作性。所以功利性公益就兼顾了人性向善和向恶的两面,在兼顾一部分自利性因素下可以实现社会价值。

所以笔者认为在一个更加美好的明天,非功利性公益的比例会大大增加(很多是由功利性公益转换的),但是也会有很多原本不参与公益的个人或者组织新增很多功利性公益。如果没有非功利性公益,功利性公益将异化为虚伪的牟利手段;如果没有功利性公益,非功利性公益也会因为道德绑架而丧失基础从而消亡,所以两者如人之双足不可或缺、不可替代。

5. 受众群体不同

非功利性公益和功利性公益还有一个非常大的差异在于,其受众群体不同。

非功利性公益往往由一群极高素质水准的人组织,这类人群虽然不属于社会的主流,但拥有强大的自驱力,往往会自我感动。虽然有时候也会受到社会公众群体的广泛支持(内疚效应),但是都无法长久,受众群体比例不高。当然笔者认为随着社会的发展和物质的富足,这种情况会有所好转,但是短期来说非功利性公益受众群体仍然不太可能是社会的主流。

而功利性公益往往需要一群极具能力的且有一定公益之心的人组织,其兼顾了人性的两面,往往更容易被普罗大众所接受。正如笔者在交大安泰经管学院组织公益活动时候的感触一样,如果笔者只是自身践行公益,笔者大可以做到全力奉献。但是笔者想带动大家一起实施公益的时候,就需要将自利性因素和公益相结合,这样会取得更好的效果。

2.1.5　企业对于公益常见的误解

在现在的商业社会中,越来越多的企业都开始意识到公益的重要性,但是由于缺少系统的理论或方法论,所以企业对于公益往往有很多误解,往往把企业实施公益活动的行为短期化、偶然化。

正如很多企业家会有误区,将企业伦理认为是单纯的道德伦理(道义化)或者是单纯的盈利或者可持续发展工具(功利化),企业公益也存在一模一样的问题(道义化或者功利化)。

笔者在此简要介绍三种企业常见的对公益的误解。

1. 公益对于企业是一个纯"烧钱"行为,是一个纯费用中心

这是典型的功利主义者容易有的观点,正如笔者前文和后文所说的,公益对于企业并非是一个纯"烧钱"的行为,公益对于企业也存在现实的实际意义,对企业的运行无论是对内还是对外都有短期和长远的影响。

从营销、企业文化、社会关系等多个角度,公益对于企业都不是一个纯"烧钱"的行为,运用得当都可以将企业社会责任和商业利益相结合,笔者在后文中会展开细述。

2. 公益对于企业来说是一个远期行为,是大企业的门面

有关这个问题,笔者在一开始已经阐述,如果一个企业在运营中没有一个公益之心,当一个企业即使成了行业顶级企业,等到需要公益去补强自己企业的时候,企业也难以转型。

3. 公益只是企业领导人的一种情怀、一项门面工程

这其实是一个很有迷惑力的误解。因为一方面一个企业如果需要实行公益,的确是需要企业领导人的推动或者投入。但是另一方面,如果一个企业的领导人只是单纯将公益作为企业的一种情怀或一项门面工程的话,这件事本身就不是一个企业行为,容易异化为个人行为,难以将公益形成企业的一个长远的可持续性的行为。

所以企业领导人的确需要作为榜样做出推动公益的行为,但是企业领导人需要注意以下两点:

(1) 不要将企业的公益行为异化为完全是个人喜好的个人行为;

(2) 考虑到公司整体员工的价值观,多进行沟通取得共识,从而获得员工的认同和共鸣。

笔者认为无论是企业伦理还是企业公益，它们绝非是割裂的道义或者功利，笔者会在后文通过多维度、多视角去反驳这些误解，并且详述这些误解可能给企业带来的危害。

企业公益和企业伦理一样，应当是道义和功利结合的产物，公益必须有道义之魂，但是在企业公益中又需融入功利元素方能长久，这才是对企业公益/伦理的正确解读。

2.2 公益之魂——公益心理学

2.2.1 心理学基础

佛教名著《华严经》曰：相由心生，境随心转。作为一个不以利益为导向的特殊行为，公益背后的心理学一定是一个重点研究对象。而要研究公益行为的心理学，就得了解心理学基础。

心理学的主要方向是研究人类行为和心理过程的学科，所以研究心理学对于如何高效、精准推进公益具有重要的系统性理论指导意义。而心理学理论中主要包括了精神分析理论、行为主义理论、认知理论、人本主义理论和社会认知理论等，这些理论均有一定的支撑，但又各有局限性。但是综合看待这些理论为理解人类行为尤其是公益活动中人们的原因和动机提供了一种科学的框架。

1. 精神分析理论

精神分析理论的最经典模型是弗洛伊德革命性地提出的人格三相论，其将人格结构分为了本我、自我和超我。

本我指的是人与生俱来的本能、欲望和冲动。根据传统解读大多认为这代表了人性中无序（恶）的一部分。但笔者并不能完全认同，笔者认为人性本善但又本恶，人性既有向恶的自私，却也有向善的公平正义和良知。

超我是道德化的人格，由于我们后天会有各种学习，学习中习得各种道德规范、良知、价值观，从而知道和约束我们的行为。根据传统解读大多认为这代表了人性中有序（善）的一部分。但笔者同样不能完全认同，虽然后天学习的有些部分的确让我们克制了欲望、遵守了规范，却也让我们学习到了一些不够光明的部分（比如虚伪、权谋、势利）。这也可以解释为什么很多人越学习反而道德素质越低，而我们大部分成人在很多最基础的道德层面可能还不如一些小孩（所以才有"天真无邪"这个成语）。

而自我则是我们平常接触到的自己的心理面，根据现实情况权衡利弊，平衡超我和本我，既要满足本我的欲望，又要符合超我的规范，从而做出一个个我们自己能认同接受的行为。

正如企业也需要一个向善的企业精神才能保证长期发展一样，如果一个人的自我无法平衡本我和超我，那长期来说一个人一定会陷入严重的精神疾病旋涡中。

而公益可以满足我们本我中的对于公平、善良的追求，也可以符合我们超我中道德秩序的规范，从这个角度来说是可以使我们的自我更容易平衡本我和超我，从而减轻压力。所以这可以在一个角度解释，人们往往愿意超出纯利益范畴，去做一些利他的公益活动。

2. 行为主义理论

行为主义理论主张意识等主观的部分不应是心理学考量的范畴，只应该研究所能观察到的且可以客观地进行测量的刺激和反应，这个理论强调环境因素对人类行为的塑造作用。根据这一理论，人类行为是由外部刺激所引发的反应，人通过反馈和强化来学习和形成某种行为模式。行为主义理论最经典的例子就是巴甫洛夫的条件反射学说。

而在公益领域，行为主义理论的概念可以解释公益环境对人的正向反馈机制，所以我们可以通过设计和改变环境来促使人们做出更多的公益行为。

例如，为了鼓励人们捐赠，可以设置便利的捐款途径和提供实时的反馈机制，以增强人们的捐赠意愿。

3. 认知理论

认知理论认为学习是由人内部有组织的形成和重组而不是外在刺激，同时影响学习的主要原因是注意、认知结构、悟性、个人的发现和接受能力，中止不是刺激或者反应的单纯强化。所以认知理论更关注人类思维和信息加工过程对行为的影响。根据认知理论，人的行为受个体心理过程的调控，而非简单的刺激或者反应。

所以在公益事业中，认知理论提示我们应该更好地去引导他们的意愿，而非简单地强化。根据这个理论，我们简单地重复说"践行公益、无上光荣"这类假大空口号是无法激起大众对于公益的兴趣的。只有通过传播他们感兴趣、可以接受、愿意学习的公益信息，引导人们积极地思考和提供相关的教育资源，才能提高人们对公益事业的认同感和参与度。

4. 人本主义理论

人本主义理论与以上两个理论不同，以上两个理论一个强调行为，即人只会对强化的外在刺激进行强化，另一个则强调心理过程的调控，人往往会受到内在的有组织因素的影响，但这两者都忽视了人的自由意志的因素，即使我们受到再多外在刺激、再多内心的引导，我们仍然有完全自由的意志可以控制我们的行为。根据人本主义理论，人们参与公益的重要参考因素是，公益遵循了以人为本的理念，倡导维护尊严、追求平等、高尚道德等美好的价值观。所以人本主义提示我们应该关注人们参与公益事业的内在动机。

5. 社会认知理论

以上几种理论都把人作为一个孤立的个体来看待，但是现代人越来越多地拥有社会的属性，所以将人的行为置于社会情境中来阐述就是社会认知理论。

根据这一理论观点，人的行为不仅是由个体的意识所决定，往往还会或明或暗地受到社会因素和他人期望的影响。在公益领域，这个影响尤其明显，笔者后文说到的很多企业公益的优势和困境大多源自社会的认知。所以深刻了解社会认知理论，对公益有着莫大的帮助。

以上不同的心理学理论虽然各有不同的侧重点，但是都从不同的角度解释了人的诸多行为模式和原理，都给笔者后文对于公益，对于企业的利与弊的讨论提供了基础的理论平台。在现实世界上中，我们不仅可以了解心理学理论从而帮助我们更好地了解自我和亲密的人，我们更可以深入研究心理学理论从而更好地推动企业与公益的联动，以公益带动企业腾飞。

2.2.2 公益心理学

几百年前陆游秉烛夜读时，写下了那句"纸上得来终觉浅，绝知此事要躬行"，这句话用在公益上更是恰如其分。很多人在践行公益时，经常会遇到这样的困惑，为什么自己做的公益总是被人吹毛求疵，为什么往往只有自己剃头挑子一头热。原因在于公益因为有以上特殊的基本属性，所以人们往往对它有特殊的需求和心理预期。虽然人类行为的心理学理论可以解释所有人类的行为，但是公益毕竟是一个特殊的行为模式，还是需要总结归纳一套独特的心理学体系来指导我们更好地践行公益。

笔者在前文总结了一些心理学理论，但是公益是一个个体和社会相结合的领域，单一的理论难以解释现实中复杂的公益现象。所以我们需要将传统的人类行为的心理学理论结合到公益中，形成一个独特的心理学理念，这就是公益活动背后看不见的幕后抓手——公益心理学。如果我们不研究公益心理学，我们无法将公益成功地转化为对人精神的指引，更遑论产生其他功利性的现实利益了。

随着21世纪的到来，我们逐渐走上社会主义现代化的道路，物质生活的极度丰富、社会的进步和人们自我意识的觉醒，越来越多的人已经不再为了温饱而奔波，但是我们的精神却不会自动充实。仓廪实而知礼节，但并不是自然而然的知，而是应该加以引导，所以公益事业的重要性日益凸显。从慈善捐赠、志愿服务，到环境保护、社会公正，公益事业已经渗透到社会的各个领域。公益事业的推动和成功离不开人们的积极参与和支持。在这个过程中，公益心理学的研究和应用成为关键。

通过心理学的理论和方法，洞察人们内心潜藏的公益意识、分析和解释人们参与公益活动的原因和动机、增强个体在公益中的体验和感受，以便可持续地实施公益。这就是公益心理学的主要出发点和目的。

所以公益心理学的研究内容涉及以下三个方面：

1. 个体的公益意识和公益动机

公益意识是指个体对公益内心的认知和理解。不同的个体由于生活经历和认知甚至是立场的不同会对公益产生不同认知和迥异理解，我们可以通过教育和宣传等手段进行公益意识的培养和引导，但绝不可以去强制要求所有人都认同统一的公益意识。

公益动机是个体参与公益活动的内在驱动力，一般来说主要是道德追求、情感共鸣或一些自利性因素混杂。了解和激发个体的公益动机，有助于公益活动取得更好的效果，而对于企业公益来说更是如此。

所以一般来说，组织面向群体的公益，应当以多种形式去覆盖不同的人群，以契合不同的公益意识。同时应当适当地考虑一些动机因素，以尽可能多地激发大家的公益动机，形成影响力。

2. 公益活动对个体和组织的影响

不同的公益活动形式各异，个人在公益活动中的参与度也有所不同。不同的个体在公益活动中会受到不同的影响，而组织又由一个个的个体组成，个体在公益活动中受到的影响也会反馈给组织。而组织在实施公益活动时也会对组织内在的文化和发展产生影响,这往往是现在很多理论所忽视的一环。而正是因为有此互相的作用,所以公益既能促进企业的业务开展,也是企业的可持续发展之魂。

3. 公益与社会的互相影响

正如上述所说,现代人越来越体现出社会性,社会对人的影响也越来越无法忽视。而公益显然会对社会产生重大影响,而社会也对公益有巨大的羁绊。那如何能让公益真正地产生比较好的正面影响,避免费力不讨好的事,同时也加强社会对公益的支持,减少来自社会对公益的阻力,避免陷入公益的伦理困境也是公益心理学需要研究的一个方面。

2.2.3 公益情怀

以上介绍了公益之魂中的公益心理学,但是由于公益天然的高道德标准和非营利性的一面,不可否认的是,如何长期坚持公益行为是一个艰巨的难题。

情怀指的是超出利益之外的充满某种感情的心境,上文之所以说了那么多公益行为的心理学,其实笔者在此是想说,一家企业如果想要享受到公益之利,就必须存在公益的情怀,哪怕企业暂时没有条件举办大规模的公益。

情怀如同春风细雨,润物细无声。笔者曾参加戈壁挑战赛,并担任戈友公益基金会的志愿者。

戈壁挑战赛(简称"戈赛")本身是全国众多商学院一同在戈壁上进行的一个户外运动,而戈赛在商业中之所以如此成功,笔者认为是存在一种情怀,并且这种情怀绝非商业驱动,而是绝对的公益情怀。

玄奘之路商学院戈壁挑战赛起始于2006年,毫无疑问是一个商业活动,但仅靠商业绝不能长久。所以戈友公益援助基金会是在2011年成立的,这说明在活动的举办之初,不可否认的是商业组织并不能立刻有大量资源投入公益,但是显然戈赛的创始人曲向东先生是一个极具公益情怀的人,所以在戈赛举行之后的第五年,戈友公益援助基金会就成立了。

戈友公益基金会的徽章是一个花形设计,代表的是公益之花。戈友公益基金会作为一个非营利机构,在消费者和组织方之间起到了一个戈赛公益情怀的纽带作用,通过宣传公益情怀,牢牢地将很多"老戈"和戈赛建立起浓厚的感情。

所以笔者认为公益情怀是公益之魂,一个企业可能会存在不同的行业、不同的发展时期、不同的社会环境等复杂的因素,对于公益的投入会有不同的形式和不同的资源,但是一个企业是不可以缺失公益情怀的。

如果一个企业缺少公益情怀,它对外可能只能提供给客户功能价值或者合算价值(社会价值和情绪价值缺失),企业发展严重受限,难以长期可持续发展;它对内可能会导致企业内部充斥一种纯粹功利性的文化,导致企业内部一样难以可持续发展。

2.3 公益之利——研究公益对于企业的意义

2.3.1 企业和公益的共赢

1. 企业与公益的关系常见误区

笔者之所以把这个问题放在公益利益之首,就是笔者曾经和很多企业的老板或者高管聊过,笔者发现,虽然大家都有所隐藏,但是对于公益往往有以下五种笔者不敢苟同的观点:

(1) 公益就是纯"烧钱"的费用中心,虽然可能会有些意外收获或者名声,但却是纯亏钱的;

(2) 公益营销是行不通的,我也按照这种模式去做过,别人根本就不参与,可能这个只适合外企。国内大部分人思想道德没有进化到这个层次,还不适应;

(3) 公益无非是有些大老板赚钱赚多了,心虚,花钱买个平安罢了;

(4) 公益只有有钱人和有钱的企业才能做,而且做公益也是为了避税;

(5) 公益不是我们这种小人物小企业应该做的,等到企业大了发达了再说。

诸如此类的观点不胜枚举,如果读者读到此处,扪心自问一下,自己是不是有以上的观点或者类似的想法? 如果有也不用多想,这都是常见的想法,并不奇怪。笔者写这本书的初心,就是为了向大家说明公益和企业之间是存在着共赢关系的,从而从根本上反驳以上的观点。

当然会有读者问,如果公益存在盈利的功利心,那不就非公益了吗? 笔者前后文都会有强调,只要存在公益的一面,即使是功利性公益也能造福。笔者通篇想要表达的核心就是,只要企业是出于内心的真心想做公益,公益就一定会在很多方面与企业共赢互利。

公益(图2-1上的爱心献血屋)和商业(图2-1上的百联南方购物中心)可

以互惠互利,相伴而生,并且现实中我们往往已经意识到这点,只是往往大部分企业管理层还没有一个系统性的科学认识。

图 2-1　百联南方购物中心和爱心献血屋

现在有句俗话:"9.9 交个朋友。"所以笔者认为企业在这方面和人与人之间的交往类似,根据人际社交理论,如果是奉献型交往风格,人际关系就会呈指数型上升,人际交往是如此,企业又何尝不是如此呢?

2. 公益与逐利的义利关系是企业组织伦理的核心体现

企业组织伦理的根本动因是企业营利,而企业组织伦理的一个重要外在体现是公益与逐利关系的处理。朱熹说:"义利之说,乃儒者第一义。"

公益虽然要求出发点不能以逐利为目的,在此其和传统的 ESG 或者义利模式有本质的区别,但是笔者也同样赞同功利式公益对社会和企业的贡献。虽然目前现代的企业伦理学已经不再认为公益和逐利两者是对立关系,提倡义利共生,但笔者认为义利虽然共生,却也有明确的界限。

公益和逐利在结果上可以并存,但是在决策中应当独立,而绝不应混同。笔者将在本书的第 7 章"企业公益实践"中详细阐述我们应该如何在实践中处理两者微妙的关系。

如果过度强调义利共生并存,将两者用某一个框架强行统一(例如 ESG),其结果正如弗里德曼的著作《还慈善事业一个清白》中所认为的,这仅仅是一种虚伪的粉饰(把一部分商业活动包装成社会责任)。

当企业为了自己的利润,盘算着投资回报率,计算着有多少退税,然后再精准推动节能减排,当然能在 ESG 报告中给出一个又一个漂亮的数据,这也许更符合有些功利主义者对于 ESG 的定义。可是这是真正的企业社会责任吗?这是正确的义利观吗?这个问题一直存在很大争议,即使是笔者在本书内所举例子的企业部分也有上述情况,笔者认为很难给出一个让众人信服的答案,希望大家在看完本书后有一个自己的观点。

2.3.2 研究公益对于企业的意义

1. 了解公益对企业的意义,从而使企业践行公益

对于一个现代化的社会来说,企业毫无疑问是一个非常重要的组织,如果公益活动无法和企业这个现代化社会最重要的组织之一联系在一起,那公益活动的效果和力量就会大打折扣。当然不可否认的是,即使没有任何的利益导向和理论指导,由于公益的特殊属性和人性向善,很多企业也会在一定程度上践行公益。例如,每当遇到重大灾难的时候,企业往往会纷纷踊跃捐赠,很多企业内部也会有自发性的组织或者机制去推动企业员工或者团体参与公益。但是如果没有系统性的阐述或者研究公益活动对于企业管理的益处,大家只能通过感觉去做的话,企业内在公益的自驱力和积极性会严重缺失。完全靠某一两个人的喜恶去推动公益,不仅仅效果欠佳,还难以稳定和长期可持续。而如果我们理清了看上去貌似赔钱的公益和企业运营之间的关系,那么企业践行公益的动力会大大增加。

所以对于作为整个社会重要组成部分的企业来说,公益精神的融入和推广有助于促进公益活动向更广泛的领域和更大的范围发展,同时也可以提升企业形象、加强企业的文化建设和企业精神以及核心竞争力的建设,更是为企业 ESG 打下了良好的基础,为社会的可持续发展作出更大的贡献。因此,深入系统地研究公益和功利利益以及企业管理的关系对于建设高质量企业,推动社会发展和构建和谐社会具有重要意义。

前文简单阐述和介绍了公益的一些基本概念。由于公益对企业的各个层面的影响十分深远,影响的角度也多种多样,所以后文将以四个维度来一一阐释公益对企业的影响,即:

(1) 公益对企业外部的直接影响;

(2) 公益对企业外部的间接影响;

（3）公益对企业内部的直接影响；

（4）公益对企业内部的间接影响。

直接影响指的是可以短期体现量化并且直接作用的影响，间接影响指的是虽然也有影响，但是并非可以短期体现、难以量化或者通过其他媒介间接作用的影响。

如果一个企业的内部关系理不顺，那么即使拥有强大的品牌和销售，但是产品供应短缺、质量存在问题，那么也无法产生有效的竞争力。而一个企业如果外部关系存在问题，即使他有优秀的产品，但是"酒香也怕巷子深"，叫好不叫座的事情在当今社会也时有发生；如果客户对一个企业产生了负面的形象或者偏见，即使产品再优秀，也容易被口诛笔伐，从而严重影响企业的利益。

典型的企业外部关系是：

（1）销售和用户关系；

（2）供应链关系；

（3）项目合作方关系；

（4）社会关系；

（5）政府关系；

（6）其他外部关系。

典型的企业内部关系是：

（1）企业上下级关系；

（2）企业同级部门或同事关系；

（3）企业职能关系；

（4）以及权、利、责关系（企业所有权和经营权的、管理权、执行权的关系）；

（5）其他内部关系。

所以我们从企业的内外部关系管理和公益的多角度直接或者间接关系入手，即可阐述公益对企业的重要意义，从而使企业未来有更强的动力来践行公益。

2. 公益促使企业可持续发展，做好准备迎接未来的挑战

公益对企业的作用也绝非是纯利他性的，公益也会通过以上所说的各种关系对企业产生各种有利的影响（长期效果为主）。当然众所周知，公益是需要投入时间和金钱成本的，企业为什么要投入这些成本？除了社会责任或者高尚的道德之外，更重要的是了解清楚公益对企业的长期影响，公益为什么可以使得企业更容易实现可持续发展，并且更容易地迎接未来的挑战。

而公益对企业最主要的作用就是对企业各种内外部直接和间接的作用，从而

使得企业在运营模式、公共关系、企业文化、员工管理等多个维度产生长远而深刻的影响。并且公益在可持续发展上有着独特的作用(正如后文所说唯一可以修复企业逐利性带来的破坏),所以公益对企业未来可持续发展有着重要意义。

不仅如此,由于现在世界正处于百年未有之大变局中,就在笔者写作的时候,又有一个新势力车企停工停产,而其领导者总结危机的原因就是其用传统的思维无法应对当下的市场竞争态势。其实现在已经越来越明显,只是像过去那样低调做好自己企业和产品已经越来越难应对未来竞争,如何将企业和企业内的特定人展示出一个良好的形象从而帮助企业扩大影响力、展示人文气息(这样才能区分和 AI 的区别),越来越重要。

过去那种低调不犯错就能成功的陈旧思想应该被摒弃了,只有拥有良好的形象并且进行高调的宣传(所以越来越多的企业领导人开始重视微博、抖音等互联网社交平台),才能让企业未来形成有利的竞争态势。而公益就是一种很好的建立良好形象,并且消弭高调所带来的风险,同时造福社会公众的方式。

所以从以上这些点来说,企业应该将研究公益放在战略层面去重视。

2.3.3 研究公益组织对于企业的启发

笔者是长期的无偿献血者,截至本书截稿时已经献血近 30 000 毫升,曾经获得 2020—2021 年和 2022—2023 年连续两届全国无偿献血奉献奖金奖(图 2-2)。

图 2-2　笔者获得 2020—2021 年全国无偿献血奉献奖金奖荣誉证书

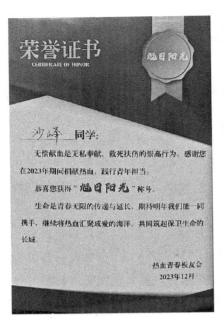

图 2-3 笔者于 2023 年 12 月获得由上海市血液中心颁发的"旭日阳光"荣誉证书

2023年12月,上海市血液中心因为笔者在2023年无偿献血超过20次,特地授予笔者"旭日阳光"的荣誉称号和证书(图2-3),以表彰笔者对于无偿献血事业的支持。

正是因为以上的经历,笔者对献血这个领域的知识有较多的了解。笔者就以无偿献血为例来讲述研究公益组织对企业的启发。

公益活动也需要宣传,而以献血为例,是因为献血是公益活动中的一部分,公益活动本身需要对自己的身体有一定暂时性可恢复性损伤(主流理论),这时公益活动的宣传就有比较大的难度。研究这个案例对企业如何进行宣传有比较大的启发意义。

首先我们来分析一下上海市血液中心的献血宣传和企业宣传之间的异同之处,详见表2-1、表2-2。

表 2-1 献血公益宣传和企业宣传类似之处

1	需要确定目标人群 1)无偿献血主要的人群集中在18—30岁 2)企业针对行业和产品特性也会有不同的目标受众人群
2	需要明确的宣传策划 1)上海市血液中心的宣传策划为接地气、谈热点,同时采用通俗好玩的形式来激发青年人的公益之心 2)企业市场销售部门也需要根据目标客户的人群喜好来进行精准的宣传策划,过去那种单纯的展示宣传产品的手段已经不符合未来时代潮流发展
3	需要典型的宣传手段 1)都可以采用代言人或者热点的IP进行联名活动 2)一般而言也需要制作一些宣传片来进行自身企业文化、形象、产品的宣传
4	需要投入一定的资源 在活动组织前,活动的影响和效果存在较大的不确定性,由于宣传活动的间接性和长期性。虽然宣传活动有些可以短期提升成果,但最终效果是否成功仍然较难衡量

表 2-2 献血公益宣传和企业宣传不同之处

1	宣传目的不同 1) 公益宣传的目的是为了推广公益活动,而商业宣传的目的是为了推广具体的、盈利的产品和业务 2) 献血公益宣传主要是宣传意识和概念,激发人们的公益之心。而商业宣传往往有意识概念宣传和产品宣传两种(当然国内大部分是产品本身宣传) 3) 公益宣传为非营利性质,商业宣传为营利性质
2	可调配的资源不同 1) 公益宣传由于其公益属性和其他商业实体没有竞争关系,可以和其他品牌协同宣传。更容易获得一些无形的高附加值的 IP 的支持。但由于公益机构本身是非营利机构,其在金钱上的资源就比较紧张 2) 商业宣传由于其为商业机构,且宣传本身是为了创造盈利,所以其在金钱上的支持相对充足
3	社会公众的预期不同 由于公益存在特殊的属性,所以社会公众对公益的道德预期特别高,而商业由于天然的存在利益因素,所以社会公众对其道德预期比较低,所以公益宣传一定要做到透明公开

1. 公益宣传案例

前文分析了公益宣传和企业宣传的异同,我们可以从中看出,公益宣传虽然和企业宣传存在一定的区别,但是企业宣传和公益宣传仍然有很多共同点,企业宣传有时候可以利用公益的特殊资源进行公益营销或者宣传,所以分析公益宣传的具体案例对我们企业如何做好宣传,有着重要的现实意义。

众所周知,中国实施无偿献血制度,所以需要广大群众热心自愿献血,这就对献血的公益宣传各方面要求很高。

在此笔者想列举两个实际的案例,即:

(1) 上海市血液中心创新公益宣传。

(2) 戈友公益基金会。

笔者是资深定期献血者,同时笔者于 2023 年参加了第十八届玄奘之路戈壁挑战赛 EBMA 组的比赛,所以对上述二者印象深刻。

笔者发现上海市血液中心采取创新的宣传方式,准确地摸准了年轻人的脉搏,采用适合年轻人的宣传方式,大大提升了上海民众无偿献血的意愿和积极性。其中很多创新的宣传方式也很值得企业学习。上海市血液中心不同于其他地区常规的宣传方式,经过精心调查,确定了年轻人为主要目标群,并根据上海青年的具体情况制定出了需要活动够好玩才能吸引年轻人的思路,这个宣传策略非常值得我们借鉴和深思。

具体执行中,上海市血液中心将献血和热情、勇气、阳光、积极等正面的词语联系在一起,并与国内外知名的动漫形象(奥特曼、新世纪福音战士、南天门计划战机、齐天大圣、崩坏三、小王子等)和品牌IP(Hello Kitty等)进行联名互动,举办组织活动,起到了非常好的宣传效果,其中奥特曼的活动更是火爆热搜,最高关注度达2.1亿次,其面对如此困难的献血领域仍然可以取得如此之好的宣传效果,其中的经验难道不值得我们企业好好借鉴深思吗?所以笔者在第3章会就此展开进行详细的剖析。

笔者在代表交大安泰参加"戈十八"戈壁挑战赛的时候,也深深地发现,由于

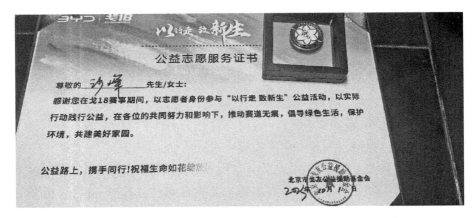

图2-4 笔者参加戈赛公益活动获得的公益志愿服务证书和徽章

图2-5 笔者的戈赛纪念品一览

戈赛主要面向的是国内商学院 EMBA 的同学，所以不可避免地会有一定的商业气息。那么如何平衡可能会有些浓重的商业气息，回归戈赛精神本源呢？笔者认为戈赛的组委会想到了一个既能做一些对社会有益的事，又能强化戈赛精神宣传的两全其美的办法，即成立戈友公益基金会。在戈赛举办的时候，强化对公益的宣传，笔者在戈赛参赛期间也是全程参与公益环保活动。

通过"以行走，致新生"这个公益活动，戈赛可以实现以下五个宣传目标：

（1）丰富戈赛精神内涵。原本的戈赛精神更多的是追求理想、坚忍不拔、团队拼搏等方面，加入了公益这个元素，可以使得戈赛的精神文化层面更加丰富、升华，更具备人文关怀的温暖。

（2）弱化戈赛的商业和竞争气息。不得不说戈赛原本的初衷应该是戈赛精神，但不可否认的是，我们不是生活在真空世界，一个每年有数千名商学院 EMBA 学员参加的活动，商业和竞争气息与日俱增几乎是难以避免的事，但是公益元素的加入，可以有效地淡化商业和竞争气息，使得戈赛的受众面更加广泛。

（3）公益本身就是一个良好的宣传手段，借助公益活动，可以吸引到一些热衷于公益的同学参与戈赛。

（4）公益本身还可以提供一个社交的纽带，众多有志于公益的 EMBA 的高管、企业家和高校商学院借助这个平台和活动还能更加方便地认识。

（5）公益基金本身就能募集更多的资源去践行公益，为了保护环境、帮助弱者而贡献自己的一分力量。

所以，综上可以看出戈赛融入公益元素是一个非常成功的案例，值得我们深思。

2. 献血宣传的误区

（1）完全以无私的精神，口号式地宣传无偿献血。

道德上完全没有问题，可有一句俗语："水至清则无鱼。"如果仅仅喊口号式地宣扬无偿献血，最后只能增加被宣传对象的道德绑架感，嘴上虽然不说，但是行动上会有抵触不予配合。

企业对外宣传往往不会出现这个错误，但是企业的内部宣传往往会有这个误区。企业所有者或者管理层往往单纯出于自身的利益考虑，对内宣传采用无限上纲上线的手段。例如洗脑式地要求员工无私付出或者要求员工时刻处在高压状态，否则随时会被裁员。

虽然笔者理解中国企业生存艰难，所有者和管理层有比较大的压力和焦虑感，但是以笔者经验，这种宣传手段往往并不能提升员工的效率，反而会激发员工的抵触心理（尤其是自我意识逐渐强化的 90 后、00 后），从而起到负面作用。

（2）允诺一些功利性因素，鼓励大家以"血液银行"等思路进行无偿献血。

笔者对于功利性公益也是有一定的认同，但是具体到献血上，由于我国血液供应紧张，并且存在急救和孕妇救助优先的伦理问题，所以虽然规定了无偿献血者优先用血，但是现实中因为各种因素并不一定能得到彻底的执行。但是公众对于公益的道德预期非常之高，所以一旦出现这类的问题，反而会严重影响社会大众对献血的公众印象。

企业在对外或者对内宣传的时候，经常也会做出一些承诺。做承诺本身没有问题，但是需要考虑合理性和企业的可承受能力，无论对内对外都不要因为非对方的责任导致的承诺不予兑现（不可抗力或公序良俗可接受的特殊情况除外）。尤其在国内一些所有权和经营权没有分离的企业，往往做出承诺的决策比较随意，更改也更随意。

一旦做出的承诺没有非常充分的理由无法兑现（企业本身需要付出比预期大的代价的理由并不充分），短期来说会导致企业的活动彻底失败，并且遭受指责，长期来看会导致企业信誉的损失和企业文化的崩塌，企业本身往往会得不偿失。

（3）采用传统的手册、口号、广告等传统的方式刻板宣传。

这种宣传在现在献血主流均为年轻人的群体中收效并不好。更有甚者，由于现在科技进步、社会节奏加快、工作和升学压力与日俱增，很多年轻人除了手机和电脑内的世界，就是单位（学校）和家里，其他的现实世界他们并没有过多的了解。

所以上海市血液中心进行了调查，发现 75% 的献血人群均为 35 岁以下，并且上海的年轻人普遍具有国际化视野、生活方式多元化并喜好朝气蓬勃、积极向上的文化。所以他们制定了三种策略吸引年轻人：① 活动够好玩，吸引年轻人关注；② 和著名的积极向上的 IP 或者青少年喜欢的 IP 进行联动宣传。如奥特曼、初音未来、蛋黄君；③ 和 B 站、微信、抖音、小红书等互联网媒体合作，与传统的媒体一起形成传播矩阵。

图 2-6 是笔者个人通过献血活动获得的徽章，图 2-7 中展示的是上海市血液中心和中航环球联名宣传的"南天门计划"献血活动，如此有纪念意义的飞机模型，让很多年轻人都对献血公益跃跃欲试。

图 2-6　笔者献血所获得的徽章　　　图 2-7　笔者在上海市血液中心门口实拍的照片

上海市血液中心和初音未来联合推出了公益单曲《热血！Shining Heart》（图2-8），这首歌和献血受众的爱好高度相符。

图 2-8　笔者的 QQ 音乐截图

上海市血液中心和崩坏三、Hello kitty 联合举办的宣传活动，图2-9为笔者参加这场献血活动获得的纪念手提袋。

如果读者或者读者的子女也是年轻人，难道不会被这些专门为年轻人打造的宣传方式所影响吗？

（4）有些地区献血除了纪念品外，其他的文化纪念气息乏善可陈。

应当充分利用和其他品牌的联动及青年人喜欢集章、个性化的心理特点。

图 2-9　笔者获赠的 Hello Kitty 和崩坏三的纪念手提袋

所以除了以上的实物纪念品之外，上海创新的在献血证上以加盖纪念章的形式迎合年轻人盖章的心理需求。

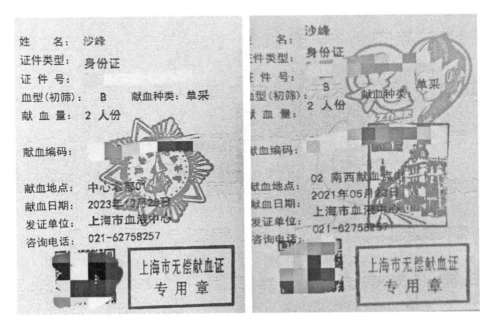

图 2-10　笔者的献血证件 1（加盖热门 IP 印章）

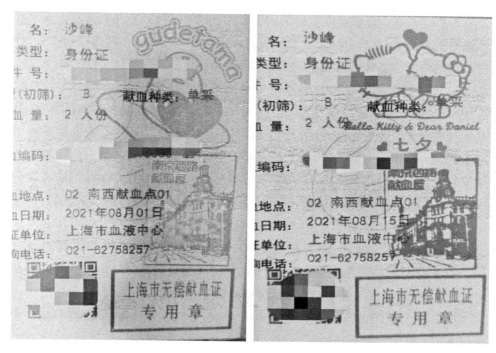

图 2-11　笔者的献血证件 2(加盖热门 IP 印章)

　　图 2-10、图 2-11 的热门 IP 印章分别是南天门计划、奥特曼、蛋黄君、Hello Kitty,从献血证的实物可以看出,通过加盖印章使得献血证本身也成了一个纪念品,加盖不同 IP 的印章,使得献血证这个媒介也能成为一个链条。

　　其中需要着重提出的是上海市血液中心和奥特曼的联动。由于奥特曼形象有相信光的理念,和献血精神非常契合,加之又是小朋友们非常喜欢的热门 IP。所以一合作就引来了极高的关注度,微博热搜高峰值达到 2.1 亿次,在宣传角度上是非常成功的经典案例。

　　综上我们可以看到公益宣传对现代企业的借鉴之处,目前很多企业针对年轻人的宣传往往不成功,现在企业大部分管理结构还是传统的金字塔型,企业宣传设计的策略,需要企业高层掌握,但是大部分有决策权的企业高管往往较为年长。众所周知,近 30 年社会的物质文明和科技水平的高速发展以及精神文明的相对滞后(因为精神文明的进展需要时间的沉淀),导致了不同年龄层思想代沟巨大。如此巨大的代沟在家庭内部沟通时都容易出现不和谐的声音,在市场宣传的层面更是可想而知。

所以笔者认为目前企业宣传的困境由两个因素导致：① 年轻人是企业现在和未来的客户，但是针对现代的年轻人有特定的宣传模式；② 现代企业模式，往往设计战略的市场宣传策划由年长的领导负责决定。

25—30 岁的基层员工在 35—40 岁中层领导的指导下制作的宣传方案，经过 40—45 岁分管领导的审核后，给予一个 50—60 岁的领导人获得最终批准。虽然现在很多企业领导已经认识到了这个问题，在理念上对年轻人的思路给予一定的包容。但即便如此，为什么现实中往往不尽如人意？笔者引用古希腊哲学家赫拉克利特说过的经典名言作解释："人不可能两次踏入同一条河流。"同理，60 岁的企业领导认知范围内的抖音和 20 岁年轻人认知范围内的抖音，还是一个抖音吗？所以这里面存在巨大的认知差距。

梁启超的《少年中国说》对比了少年人和老年人思维的差距，但对于绝大部分企业来说少年人都是未来企业的核心客户。所以如何和年轻人做朋友，做好对年轻人的宣传，都是未来企业最重要的必修核心课之一。

所以，企业的管理层应该从这些成功的公益活动的宣传案例中受到启迪，服务好年轻人和自己企业产品所针对的目标群体的企业，才能有更好的未来。

（5）回避或美化不利的事实。

正如之前调研时发现的一样，上海的年轻人普遍具有国际化视野，现在不仅是上海，全国各地的年轻人受教育程度也越来越高，同时科技的发达、信息的通畅会使大家对相关知识储备的要求也越来越多。加之公众对公益宣传道德预期非常高，所以宣传的时候一定要秉承客观、中立、真诚、透明的态度进行宣传。一旦被现在知识储备丰富的年轻人感受到有刻意规避献血对身体可能产生的轻微可逆性损伤的嫌疑，即使他们本来愿意接受献血，也有可能产生厌恶心理，从而不愿意献血。

企业的宣传往往也会陷入这个误区，在外部和内部宣传时，由于出于一些目的或者私心，往往会对一些自己认为不利的事情加以回避或者予以一定的美化，这其实无异于掩耳盗铃。

因为前文所说，目前现代年轻人的知识储备和眼界已经非以往能比，况且现在就算年轻人本人不清楚，还可以"摇人"（询问朋友或者互联网），各种爆料自媒体或者知识类百科也是层出不穷，所以这种小技巧几乎不可能瞒过所有人。

而即使被察觉，有些企业管理层似乎也不以为意，原因有两种可能：① 对内宣传被察觉，但是员工迫于压力不愿意声张，甚至违心支持。但这对企业的内部氛围、效率、企业文化都有长远的危害。并且员工内部也会心生抵触情绪,"我不能硬抵制还不能软扛吗?"最终的结果是难以实现宣传的目的;② 对外宣传被察觉,有时候消费者会有强烈反应,引发出带有不满情绪的舆情。但有时候可能不会有非常明显的反应,所以企业管理者会有侥幸心理,认为消费者没有发现。其实不然,有时候消费者是懒于发作,所以短时间内会给人一种难以察觉的假象。当然还有一种细思极恐的可能,就是企业和最终客户的信息传递,在过程中被歪曲了。虽然现代科技的信息沟通越来越通畅,但是法人只是一个抽象的存在,执行层可能因为个体利益去歪曲,决策层可能因为偏见去误读,每个个体都可能因为各种原因有意或者无意地去歪解,这才是最可怕的误区。

综上,公益宣传和企业宣传虽然有一些差异,但是也有很多共通之处,对于一些经典的成功公益宣传案例,企业对于其深入研究,对于企业宣传的有效性、企业未来的发展和与年轻人的沟通方式有极大的借鉴意义。

2.4 公益之困——公益活动中的难题

2.4.1 公益活动的现实困难

1. 法律法规不完善

目前中国的民法体系,对于不诚信行为的处罚力度较弱,对于做好事的激励体系和保护体系并不完善。

虽然公益存在公益性和功利性的悖论,按理说公益不应该追求功利,但是吃亏的公益是无法长久的。《民法典》也有自甘风险和各类降低风险或无因管理免责的条款,但是以笔者曾经接受过培训的 CPR 心肺复苏术为例,如果笔者在地铁站遇到一个人突然濒临猝死,笔者还是会有很大的犹豫是否上去采用 CPR 急救,毕竟有效的 CPR 急救需要的力度很大,很容易导致对方受伤。即使笔者所有的操作全部正确,笔者也没办法阻拦对方或者被对方家属起诉,即使最后免责,笔者显然要讼累其中,受到巨大的身心伤害。

未来需要弘扬公益精神,整个法律法规层面还需要更加精细地平衡公益和功利的关系,适当的公益可以获得一些功利上的激励,可能会对社会的道德文明建设更有帮助。

2. 责任不明确

在某些情况下,公益活动可能面临责任不明确的问题。在处理复杂的社会问题时,公益组织可能不清楚自己应该承担何种责任,从而导致行为失当或者背负本不应该背负的责任。

法律保护不完善,就会出现公益活动做了好事后反而陷入无穷无尽的麻烦的可能。比如某公益组织在沙漠种树后,树的后续维护保养怎么办?后续能否砍伐一部分树木来资助维护保养的资金(成林树木不得随意砍伐,否则构成滥伐林木罪)。如果当公益后续还可能让自己陷入麻烦时,恐怕大部分人都不会加入公益。

3. 社会功利性文化

伴随着改革开放和科技大爆发两个因素的堆叠,中国在过去30年进程中的社会物质文明发生了天翻地覆的变化,我们的社会观念和思想也不可避免地发生了重大变化。但是我们的精神文明需要一定时间去更迭,比如我们老一辈人需要时间去适应,人群结构也需要时间去自然更新换代,对于精神教育也需要时间,这也是所谓的"十年树木,百年树人"。

而当下的我们正处于物质文明高速发展并远高于精神文明的完善速度的矛盾时期,所以社会中会存在过度功利化的现象,包括婚恋观的冲突、价值观的多元化、生育率的下跌其实都是由于这个因素导致。

这种过度功利化的现象对于社会的整个精神文明发展很不利,对于公益建设也是最大的阻碍。功利性的文化只会觉得公益是一个很愚蠢的行为,所有利他不利己的行为都是不应该考虑的,这也就滋生出一大波极致利己主义的人在社会和职场中横行。

不可否认,功利性文化蔓延现象是公益的一大困境,但是笔者认为精神文明虽然需要时间发展,但是总会慢慢跟进,我们社会的未来也注定会越来越真善美,所以这既是公益的困境之一,却也是公益必须发展的目的和契机。

4. 信任缺失

信任缺失也是目前公益活动中的一个非常大的难点,信任缺失由于多种因素共同导致,这个现象的存在并不仅仅是我们个人素质的问题,更是现在这个环境的必然结果。

社会在几十年的迅速发展中,一定会出现个别公益组织和活动存在不合理、不合规的问题,而在这些个例中的监管存在着一些错位或者滞后,所以导致现在社会对于公益活动存在信任危机。

笔者经常听到很多人不愿意参加公益活动的原因,即"谁知道这个钱花到哪里",当然笔者理解对公益有更高的要求,但是一旦这个要求变成了严重阻碍公益活动的绊脚石(笔者在 2024 年 2 月底参加一个公益活动论坛时,某公益组织者和笔者聊天说道:"现在有些公益活动组织结束后,面对质疑还要花费精力和捐助者进行沟通解释,可能要比公益活动本身花费更多时间。"),那就有点舍本逐末了。

信任缺失在当下的社会环境下很难彻底解决,唯有更加大力地推动公益组织和活动的透明化,更加提倡对公益活动、不同价值观的包容心态,加大对科技新技术的应用。并且,公益组织和个人应当更加严于律己,用更高的道德标准来约束自己,而监管层也应该加大对于个别极端违法犯罪案例的惩罚力度,从而提升整个社会的互信程度。

5. 瑕疵公益无用论

瑕疵公益无用论,是笔者在献血活动或其他公益活动中经常听到的一种论点。笔者单独拿出来讲是因为虽然理解起因,但对此并不认同。

笔者在前文也有阐述,笔者知悉并且理解认同社会公众往往对公益有更高的道德预期,较高的道德预期有助于提高公益质量、外部监督公益组织依法合理地实施公益。但是过犹不及,一旦将道德标准无限拔高,往往就会出现这类瑕疵公益无用论。

此类理论往往以无限高的道德标准要求公益组织者,只有纯粹的公益才能符合他们的预期。但现实是我们活在真实世界中,无限拔高公益的道德标准,只会让功利性公益甚至是纯粹的公益都望而却步。毕竟现实特别复杂,有时候以乌托邦的理想主义精神,在现实生活中可能处处碰壁,无法生存。所以面对有些无限拔高公益道德要求的人,现实中就只能为了不犯错而不做事,可如此风气,最终受损的是那些需要帮助的人。

所以在现实当中,我们对于公益组织还是需要心存一定的宽容,对于一些白玉微瑕,更多应该以帮助的态度,协助他们提高,并且鼓励他们继续践行公益,而不是一味地批评指责。

6. 民主与效率的矛盾

在公益活动中,民主和效率常常是矛盾的一对,尤其是公益会受到下文所提到的各种困难和悖论限制,这就要求公益有更高的透明度、道德标准,更多的沟通和民主,否则就难以达成共识,很容易陷入各种困难、悖论和矛盾的价值观中无法自拔。

公益的民主和效率矛盾具体体现如下:

(1) 民主是公益的核心价值观也是需要关注的地方,资源在弱势群体的分配中,一定会存在不同的价值观,也会有更多的潜在的质疑和批评(道德预期高)。这时候一旦不遵循民主,就很容易落人口实,被人攻击。

(2) 效率也十分重要,时间就是金钱,时间就是生命。有一句话说得好,迟到的正义就难言正义,推而广之,某些时候迟到的援助能言援助吗?假如一个紧急援助,因为各种扯皮,导致资源无法及时被有效利用,导致巨大的浪费,这难道还是援助吗?

公益是一个需要形式正义,又需要追求实质正义的地方,如何在公平和效率之间取得平衡,是一个难以解决的两难问题。但笔者认为,如果这两者出现难以调和的时候,笔者还是更倾向于公益需要追求实质正义。

毕竟不忘初心才是做事的根本,不能为了减少自己的阻力和压力,因为各种流程和内部沟通,导致需要帮助的人无法及时受到帮助,做人还是需要有担当。

7. 应对措施

针对上述现实困难,我们可以采取以下应对策略:

(1) 强化责任意识:公益组织应明确自身的社会责任,提高从业人员的责任意识,以避免行为失当。并且在活动一开始时就保证既符合满足公众利益、符合社会公众的期待要求,也不会陷入两难的境地导致吃亏。

(2) 利益平衡:在面对利益冲突时,公益组织应充分考虑各方利益,寻求最佳的平衡点,从而减少行动阻力,提高共识度。

(3) 公平公正透明原则:公益组织应遵循公平公正透明原则,确保资源公平分配,同时接受社会的监督和评价。在涉及公平公正悖论的时候,正如后文那样多进行沟通,以便寻找最佳的一致认同的解决方案。

(4) 强化宣传:宣传公益精神和文化,弱化社会的功利性文化的影响。

(5) 平衡民主和效率:在组织公益活动之中,往往会陷入民主和效率的矛盾之间。笔者更认同应该偏向于效率。如果因为组织内部的民主,从而使得需要被帮助的人无法受到及时的帮助,笔者认为这是对弱势群体更大的伤害。

所以公益活动的组织和普通活动不同,需要战略上的集权、战术上的民主,从而解决民主与效率的矛盾问题。全社会有无穷无尽需要帮助的人,战略上可能永远无法讨论出结果。而战术上为了避免道德危机,则应该尽可能的公平、透明,从而平衡民主和效率。

2.4.2 公益的伦理困境

所谓伦理,指的是"人与人相互关系的行为准则,或指具有一定行为准则的人际关系"。

在正常情况下,各种道德准则不会有较大的冲突,应当是统一的,但是公益作为一个非常特别的领域,由于公众对其有非常高的道德期待并且本身也是一个非营利的行为,所以在面临复杂的现实情况时,经常有可能会出现各种本身正确的道德准则互相冲突的时候。

所以公益行为也面临着诸多伦理困境,这些困境涉及价值观、责任、公正等多个方面,平衡这些矛盾本身就是世界难题之一。笔者在此只能给出个人的倾向意见,但关于伦理困境问题,也许每个读者心中都有自己的答案。

公益的伦理困境主要有以下八方面因素:

1. 价值观冲突

在公益活动中,不同的价值观之间可能发生冲突,尤其是在同一件事上不同维度的保护出现了冲突的时候,比如个人自由与集体利益、效率与公平、经济发展与环境保护等。这些价值观的冲突可能导致公益行为的伦理困境。

举个实际案例,某公益组织发现某西部地区存在环境恶化导致的粮食不足的问题。那么这时候到底是投入资源增加粮食产量——但有可能导致土壤肥力下降环境恶化,还是退耕还林,就成了一个现实的伦理悖论。当然本例中,公益组织最后可以通过产业升级(旅游业)、高效高科技的农业(减少土地肥力损失提高效率)等诸多方案来规避这个伦理悖论。但是如果出现难以规避的情况时,如何选择呢?这在现实中是一个难题。

针对这个问题,我们只能在开展公益活动前,明确组织价值观,确保行为与价值观一致来缓解内部的矛盾,对于外部的争论只能加大公开和透明度来获取社会的理解。

2. 个人利益和集体利益的冲突

在公益活动中往往会出现个人利益和集体利益的冲突。其中最典型的就是个人隐私权与信息公开的冲突和为集体谋利益时可能会伤害无辜的个体利益。

在公益活动中,信息公开透明是必要的。然而,公开的信息可能涉及个人隐私权的问题,如何在保障个人隐私权的前提下实现信息公开,是一个需要思考的问题。

此外,在任何为群体谋福利的时候都可能导致个体利益的受损,这个时候我们是秉持利益最大化的功利主义还是坚持公平公正的原则就很难判断了。此类伦理问题还和后文中公平和公正的伦理矛盾结合在一起,成为现实中一个非常难以抉择的困境,也是公益活动中的一个重要伦理困境。

在此,举一个伦理学中典型的例子——"悖论电车困境":

当铁路道口一节火车驶来,左右两个道岔,一侧是一个乞丐,一侧是一家五口。如果不掰动道岔,火车会驶过一家五口,如果掰动道岔,火车只会压死一个乞丐。那这个时候到底是出于功利主义的角度掰动道岔,还是出于公正的角度不掰动道岔,这是一个非常难以回答的问题。这就是伦理学中经典的电车难题。而用在这里也是恰如其分,如果当你做公益时,面临可能会损伤一个普通人的利益造福很多人的时候,该如何权衡?

笔者在此给予个人答案,由于笔者曾经通过了法律职业资格考试,所以笔者的认知是,一部分利益可以用功利主义去衡量,但是有一部分利益不能以公益角度去衡量。

如果涉及人的生命、健康权时,这些就不能衡量。所以笔者会选择袖手旁观,以待天命。

如果仅仅是财富性权利或者其他位阶较低的权益时,笔者会选择功利主义的思想,选择价值更高的权益去保护帮助。

所以,个人利益和集体利益可能出现矛盾的更集中的体现为个人隐私权与信息公开的平衡。

公益活动中,以下三点是必须同时做到的(理想状态下):

(1)保障捐赠者的知情权和选择权,确保捐赠行为透明、自愿;

(2)应尊重受助者的人格权和隐私权,避免对其造成二次伤害;

(3)应该保证公众的知情权和监督权,以便对执行机构的监管和管理,确保其行为合规、高效。

在实践中,由于现实世界的复杂,在一个公益活动中捐赠者的知情权、受助者的隐私权、公众的知情权和监督权,在特殊情况下可能会存在难以调和兼顾的冲突(理想和实践的区别),这是我们不得不想办法去化解的难题。

针对这个问题,公益活动在满足公众知情权公开信息时,也应该注意尊重个人隐私权和人格权,对一些个人隐私保密。但又要考量在和公众利益相矛盾时,需要做出取舍权衡。所以应建立严密的隐私信息披露机制(明确什么时候应当披露,什么时候无须披露),避免非必要泄露个人敏感信息,确保公开的信息不涉及个人隐私,同时尊重受助者的人格权。此外,应加强信息保护技术手段的应用,保障个人隐私的安全(避免被黑客入侵导致信息泄露)。

只有在脑海里时刻提醒自己一定要平衡公益活动中的个人利益和集体利益的冲突,才能有效规避这些困境。

3. 捐赠者和受助者权利平衡

一般来说大部分公益活动捐赠者往往不带有功利色彩,并且捐赠往往并不带有明确的指向性,所以一般来说公益机构或者组织往往在其中可以轻易平衡好捐赠者和受助者的权利平衡,往往常用的两种方式如下:

(1)隔离捐赠者和受助者信息,公信力由公益机构和组织提供,以保护双方的隐私权和受助者的人格权;

(2)严格保护捐赠者和受助者的隐私信息,只对外披露必要的财务信息,既满足了公众的知情权,也保护了两者的人身安全和隐私权。

但以上两种方式在一些特定类公益下无法使用,一般来说具有以下特性的公益,捐赠者和受助者的权利可能会出现冲突,需要有特别的手段对两者的合理合法权利进行平衡。

(1)指向性明确到个人的慈善行为。

比如:特定到某个具体个人的点对点捐赠。

(2)对捐赠者有一定损伤的行为。

比如:捐赠造血干细胞、器官捐献。(当然这也是针对个人)

针对以上的行为,捐赠者往往会有强烈的要求知悉受助者详细信息的冲动,受助者往往也会有强烈想了解捐赠者的意识,但双方很多时候还不希望对方知道自己的信息。毕竟现实中了解了对方的信息,甚至都有可能存在一些风险。

所以现实中捐赠者和受助者的权利在一些特殊形式的公益中会存在一定的冲突,现实的公益实践中,往往采用信件或者其他方式变相地平衡两者的隐私权和知情权的冲突。

4. 平等公平公正之争

我们往往说社会应该追求平等、公平与公正,貌似平等、公平和公正似乎是三兄弟,永远相伴相生,可现实并非如此,尤其在复杂的现实社会中,平等、公平和公正有时会出现矛盾和冲突。

笔者专门做了一个插图来展示平等、公正、公平的区别(见图2-12)。如果平等的话,我们就不应该干预不平等,但是这样就导致了中间的小孩和右边的猫咪没法看到烟花;如果公正的话,为了保证过程中的正当性,大家要站在同一平等的平台,只能将基础提高,但是猫咪仍然看不到;最后的公平,为了实现最后三个人或动物都能看到烟花的公平结果,所以对于过程中的不公正采取包容的态度,即三个人站的台阶并不平等。由此可见,平等、公平、公正之间可以产生多么巨大的差异。

图 2-12 平等、公正、公平之争

公平感往往说的是结果上的公平,而公正感往往说的是过程上的公正。当你更倾向于公平时,这也就是更倾向于左,当你更倾向于公正时,这也就更倾向于右,全球大多数国家和地区都存在左派和右派之争,所以这个问题没有标准答案。

根据领导力模型中的交易型领导关系中领导下属交换理论来说,员工往往会对自己回报和投入进行对比,而一个很容易的对比目标就是和同事对比。而在现代企业运营管理的实践思维中,更多会倾向于结果公平。其中很重要的一个原因是中国的文化中更讲究人情文化,对过程公正并不那么追究;另一个原因是过度自信的自我错觉,总认为可以实现绝对结果公平。

所以现代企业运营心理学越来越提倡在企业营造一种公平的氛围,从而让下属感觉多投入就可以多收到回报,会有一种激励的作用。

但在道德预期很高的公益活动中,这个伦理困境就很麻烦了。如果你针对某一个群体重点进行支持,虽然对某个群体而言获利很多,但是其他困难群体而言,如果不能站在同一个水平线一视同仁,未免有厚此薄彼的嫌疑。

图 2-12 展示出平等、公平、公正的区别,可以看出平等有时候并不公平,公平并不公正,公正并不平等。但是又说回之前的价值观的伦理困境,每个人内心的价值观并不一致,更别提对于同一件事,究竟是平等、公平还是公正了。

对于公益活动有限的资源到底以平等、结果公平还是过程公正的方式分配给需要帮助的人,一百个人针对一百件事可能都会有一万种答案。针对这个千古难题,有时候也无法分清孰是孰非,唯一的解决办法只能是更多的民主、公开、透明,以期用足够的协商沟通来求同存异了。

5. 利人不应损己

公益活动有时候还会有损己难题,虽说利人不应损己这个道理大家都非常清楚,但现实当中,有些公益行为难免会出现一些意外,导致利人的时候损己。而公益活动一旦出现非自愿的利人损己的可能或者风险,就会陷入巨大的道德争议和旋涡中,从而出现巨大的伦理问题。

笔者曾经阅读过一个案例,也许这个案例是真实存在的,也可能经过了艺术加工,在此分享这个案例来给大家解释一下这个伦理问题。

> 某个女生学医,喜欢热心帮助他人,有一天她接到造血干细胞捐献的电话,她就欣然同意捐献了,但是在捐献的过程中血细胞分离机出现了故障,导致女孩昏厥。但是故障前提取到的造血干细胞并不足以被捐献者使用,但女孩心有余悸,不愿意再继续进行造血干细胞的捐赠,此时便陷入了一个伦理困境。

如果我们强行要求女生继续捐献,显然是强行要求女孩冒着身体损伤的风险继续助人,不合情理且有强迫的嫌疑,一旦再出现不可预测的事故,更是要承担法律责任。但如果此时女生不再捐献,由于被捐献者已经清髓,没有合适捐赠者,被捐赠者可能会因此承受一定的健康风险。这时候就陷入了两难的困境。

因为这个问题本身极其棘手,所以针对这个问题其实没有一个标准答案。到时候还是只能以沟通和协商为主,争取能够取得一个双方都能接受的妥协答案。但是最根本的解决方案是公益活动在一开始设计时,就需要极力避免出现这个问题。

比如前文所说的干细胞捐献,如果在捐献前对设备进行详细检查、采用行业内顶级稳定的设备、在捐献时投入更多的资源监控状态,也许就能避免这个伦理困境。

而前文的利人损己往往还是意外因素,可能有些时候还能接受,而且也能尽量避免。但现实当中还有一种隐蔽的情况,那就是企业做公益,让员工买单,笔者在第 6 章中也举了一个反例。一旦企业利用对员工的强势地位,强行违反利人损己这个伦理困境,企业可能往往不能享受到公益之利,反而会遭到反噬从而得不偿失。

6. 公益性和功利性公益的矛盾

前文已经阐述,公益存在纯公益性公益和功利性公益,以及两者的区别和关系。在此只想再阐明一些有关公益和功利性公益的伦理冲突和解决方案。

不可否认的是,纯粹的公益性是我们应该追求的终极目标,但是正如上文所说,我们生活在现实的世界而非乌托邦,功利性公益也可以帮助万千需要帮助的人(并且现实中如果以规模论是公益主流)。

所以针对此类困境,我们应该将纯粹公益性的公益作为一个长期努力目标,尽可能地在每一次公益中减少自利性因素,而社会各方面也需要对功利性公益予以宽容。毕竟功利性公益也是纯公益的必经之路,而且功利性公益总比不做公益要强得多。

包容并且正确去应对现实世界中的不完美,我们才能有一个更美好的未来。

7. 道德绑架

道德绑架往往指的是希望以过高甚至不切实际的道德要求来攻击别人,道德绑架有两种常见情况。

(1)被指责者对比其他类似的公益组织,公益程度不足,没有达到指责者的心理预期。

(2)被指责者根本没有竞争对手可以对比,但是指责者仍然认为没有达到其目标而进行指责。

不得不说道德绑架对公益的危害是长远而又巨大的,道德绑架形式上似乎是希望以更好的标准、更大的规模支持公益,但是由于其违反了公益的自愿性,同时让公益实施者不仅没有受到该有的赞誉,反而被攻击,很容易导致对公益兴趣的完全丧失。

我们永远要牢记公益是一个自愿行为,永远不要用道德标准去指责别人。只要自愿地实施公益,都值得我们社会去弘扬、鼓励。

为了体现道德绑架的概念,笔者设计了一个调查图(见图2-13),从中可以得出超过50%的人都体现出明确的道德绑架倾向,在公益活动实践中,严格来说都存在着帮助一部分人但导致极小一部分人利益受损的情形,如果按照调查的结论,其实往往最终无法实施公益,这个显然是有损于社会公共利益的。

正如图2-14显示,道德绑架在现实中往往体现为:如果一个捐款活动没有任何人捐款,大家也无话可说;一旦有人捐款,虽然那个人的确非常有钱,但是他只捐了100元,就会有很多没有捐款的人评价说他很抠才捐款100元,这也就是现实中常见的"逼捐"。

这种道德绑架显然对公益有很大的伤害,会导致很多有善心的人对公益望而却步。笔者在此还是要呼吁,只要真诚投身于公益,我们不应该过度苛求,应该怀有一定的包容心态,鼓励公益,才可能让世界变

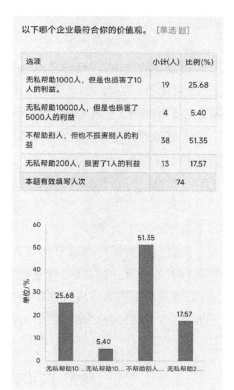

图2-13 道德绑架调查表及对应柱状图

图2-14 道德绑架

注:插图的创意及版权归笔者所有

第2章 公益是什么 | 041

得更美好。

8. 公平与效率的平衡

在公益活动中,应充分考虑公平和效率的需求。虽然公益活动要求公开、公正、透明化等,其实都在一定程度上影响效率,但有很多公益活动对时效性还是有比较高的要求(尤其是捐献物资),需要对公平和效率进行平衡。

大家都看到过类似的新闻,某某机构由于人手不足对接收到的捐献物资未能及时公平分配,导致物资过期或者不再需求使用,或者,某某机构捐献物资由于管理混乱,导致捐献的物资已经全部分发完毕并且使用情况不明。

这其实是两个极端,一个极端是为了追求公平性放弃了效率,另一个极端是为了效率放弃了公平性。

但公益的公平性和效率都需要追求且不可偏废,所以这个时候我们就需要平衡两者的矛盾,我们既需要制定时间表,以确保公益活动可以满足对效率的需求,也需要制定明确的流程制度,确保需要的财务信息和其他信息可以正确地公开披露,唯有此公益之路才能走出困境。

2.5 好风凭借力,公益入青云——媒体与公益

2.5.1 媒体对公益的助推

公益,是企业腾飞的天使之翼,如何在腾飞的时候可以事半功倍呢?显然媒体宣传无疑是其中的东风,也是公益对于企业腾飞能否成功的重中之重,如何理解透彻媒体与公益的关系,对用好媒体,对公益产生更好的助推有重要的影响。

"酒香不怕巷子深",这句话常常被引用在如果一个产品或者活动足够好,没有宣传也会自发地吸引到拥趸。但是这句话显然在公益领域不太适用,因为公益显然是一个足够"酒香"的领域,但不可否认的是这个"酒香"并没有利益上的实际意义,更多的是道德上的香。这种香,大部分人更愿意用语言而非实践去支持。

所以媒体对公益的帮助至关重要,媒体对公益的作用主要有以下四点:

1. 宣传公益活动

由于公益活动难以强制实施,更多是以自愿的形式,所以需要有足够多的人知晓公益活动,才能筹集到足够的人和资源来实施公益活动。

同时也可以通过各种媒体的宣传方式,宣传公益活动的内容和理念,以便于找到更多志同道合的小伙伴参与活动。

2. 激发人们心中的同理心

不可否认的是,每个公益活动都有其高尚的初心和出发点,而我们人性中也有同理心。媒体不会也不能去创造新的出发点和受众的同理心,但媒体可以通过各种形式从而以最合适的方式展现活动的出发点,激发人们心中的同理心,让更多的人有更强的主观能动性参与活动。

3. 放大公益的影响

我们都知道,无论是任何一个组织还是个人,力量都是有限的,难以靠这点力量改变什么。但是媒体的宣传更像是一个放大器,可以放大公益的有益影响。从而使得公益活动可以以点带面,引起更多的社会其他力量来加入,以帮助更多社会上需要帮助的人,让世界变得更美好。

4. 迎合未来社会的文化——让公益真正成为企业的助力

这点和传统的公益理念并不完全相同,正如笔者将在后文举的例子(比如"娃哈哈"和"农夫山泉"),一些传统企业认为公益不需要宣传。笔者认为低调行事,在以前信息不通畅的年代有一定的合理性。

但是显然在互联网越来越普及,信息大爆炸的时代下,越来越不适合低调实施公益。因为个体或者个别企业的能力有限,如果要起到以点带面的宣传作用,那就不可离开媒体宣传的助力。

所以如何让公益真正成为企业腾飞的天使之翼、融入企业未来的发展、助力企业的 ESG 可持续发展,将公益从一个战术行为上升为长远战略,这都离不开媒体和公益的助推。

但是由于公益的特殊性和伦理难题,公益活动在进行媒体宣传的时候,和普通的商业活动显然有很大的不同,需要讲究和注意一些特殊技巧。总结如下:

(1) 媒体宣传公益活动需要特别注意真实性,避免出现误解、夸张甚至是虚假宣传的现象。当然现实中对这个问题往往都有所认知,很多时候之所以还会犯这个错误,更多不是认知问题,而是禁不住诱惑。

(2) 媒体宣传公益活动需要特别避免道德绑架,要尽量宣传公益活动的高尚之处,但是一定要避免说不做公益就是不高尚,从而将公益活动变成了道德绑架。

道德绑架一旦出现,不仅仅使得原本不参与公益活动的人对公益活动更加漠视，也会使得愿意参与公益活动的人压力更大，从而影响最终的效果。

（3）媒体宣传公益活动要考虑大众的接受程度，避免出现一些存在争议或者容易导致价值观不同的宣传。

所以我们可以看到，不借助媒体，公益难以发挥效果，而不注意运用媒体的细节，不仅对公益没有正面帮助，甚至可能会招致媒体宣传反向放大。正确运用媒体的手段，对于公益融入企业、助力企业有着决定性的作用。

2.5.2 媒体对公益的反噬

公益需要媒体的宣传助推，但是也有需要注意的地方，现实当中很多企业在面对公益项目宣传时，仍然采用商业宣传的逻辑和方式，从而在宣传公益上吃了大亏。媒体宣传是一个放大器，而公益又是一个公众喜欢拿放大镜检查的特殊领域，两相一叠加，一旦不合理地运用媒体，不仅无助于帮助应该帮助的人，甚至可能会招致媒体对公益反噬，所以需要我们思之慎之。

前文述及了媒体与公益关系的反例，大部分企业也都知道公益的特殊性，知道如果在公益活动上过分夸张甚至是虚假宣传容易招致更强烈的反噬。所以笔者在此更专注于认知层面的偏差所导致的反噬。

在此，笔者举一个经典的道德绑架和认知观不同导致争议从而使得企业公益被媒体反噬的例子，即"超级鸟局"送鸟争议。武汉有一家企业开设了"超级鸟局"连锁店，让儿童在商场内可以和鹦鹉、小猫、小狗进行近距离互动，并且提供一个动物科学养育和交易的平台。不得不说这是一个非常好的将生态保护、公益教育和盈利相结合的经营创意，企业创始人也不可谓没有公益之心。

"超级鸟局"第一家店在武汉武商世贸广场开业之时，为了增加开业人气，也为了宣扬其动物与人共生的理念，采用了前三天赠送鹦鹉的方式来招揽人流。从商业宣传的角度来说，这也是一个没有什么问题的决策。

但是在活动的具体实施中，由于前期准备不足，人手紧缺，加之活动中由于参与的消费者素质良莠不齐，所以导致了部分鹦鹉的死亡或被孩子不正确地对待。

将鹦鹉这种小动物作为开业礼品赠送，从商业角度来说无可厚非，从另外的角度来看就绝非如此了。加之活动中的确存在一些问题，所以保护鹦鹉的公益组织对"超级鸟局"产生了强烈的反感。相关公益组织方也认为，动物应当被尊重，不应当作为商品被赠送，同时办活动时也需要绝对地保护小动物的生命和健康安全。后续在互联网媒体上发起了强烈抵制、恶意差评、连篇累牍甚至有一些夸张和添油加醋的抨击。从而使得"超级鸟局"的正常营业活动受到严重影响，社会评价也降低，企业公益受到了媒体的强烈反噬。

此事的冲突核心点在于：公益组织不能接受将动物作为商品的价值观，认为保护动物应当摒弃一切功利性思维（纯粹的公益）。而"超级鸟局"则认为动物作为商品的一种不仅可以激发人心中的善念，更可以作为一种盈利的模式，从而可持续更快地发展。

图 2-15 笔者使用天工 AI 生成的人与动物和谐相处的图片

因为价值观的冲突，所以公益组织会感性地以更严苛的标准去审视，从而试图发现道德绑架式的攻击。

笔者不讨论双方价值观孰对孰错，这也是公益的伦理难题的体现，笔者也不否认保护鹦鹉的公益组织做了很多保护动物的善行，理念也有很多可取之处和道理，但是仅就此事而言，"保护鹦鹉"公益组织的做法，笔者是无法认同提倡的。笔者的观点也与法院类似，后续"超级鸟局"起诉保护鹦鹉的公益组织认为其侵犯了名誉权，需要在各大社交媒体连续刊登 15 天的道歉声明，并且需要赔偿对方的合理费用。

笔者想以原告的起诉状中的一段文字来佐证自己的观点：针对活动中出现一些问题，如果有不同意见或者更好的建议，应当以友善沟通、共同支持（比如志愿者支持）、鼓励帮助等更合适的手段来帮助。对于价值观不同的地方，应当求同存异，这样也可以更好地体现公益组织"保护鹦鹉"的初衷。

但是笔者也认为，"超级鸟局"在践行企业公益时，显然也没有考虑到不同价值观和道德绑架的威力，从而使得自己陷入了旋涡之中，也应当引以为鉴，应当组织更多的资源和力量，保证鹦鹉的生存环境，从而实现企业开办的初衷。

从"超级鸟局"这个案例我们就可以看出，其实"超级鸟局"和与其冲突的公益组织，双方本身都有很好的出发点和初心。平心而论，这件事存在价值观的差异，就价值观而言，难言谁对谁错（伦理问题的通病），但是"超级鸟局"本身在活动细节和执行上欠妥，没有考虑到可能会有的风险和不同价值观带来的冲突（理解了不同价值观就应当更加谨慎），从而使得其招致了媒体对于其公益的反噬。

所以企业践行公益时也需要借鉴这个例子，考量不同的价值观，也避免陷入道德绑架的泥潭中，同时也要尽量包容和理解不同的价值观，对不同意见虚怀若谷，尽可能地理解。从而规避媒体对企业公益负面的放大效应，形成强烈的反噬。避免一片好心做公益，结果反而影响了企业的主营业务和生产运营。

2.5.3 媒体与公益关系的第三方观点

笔者在写这本书和公益实践的过程中都深深地感受到公益和媒体之间的重要关系，由于公益的特殊性，公益比任何其他领域都更需要宣传和推广。宣传得好不好，这几乎可以决定一个公益项目的成败。同时，在互联网高度发达的时代，媒体的宣传不仅仅可以助力公益，还可以让好事变坏事（媒体反噬公益），所以笔者深感公益和媒体的紧密而又特殊的关系。

与此同时，2024 年又是一个百年未有之变革前夕的 AI 大年，AI 正在改变这个社会的一切。值此特殊年代，上海广播电视台也发布了中国第一个 AIGC 生成的公益片《因 AI 向善》。

虽然笔者在本书各个章节各种零敲碎打地简述了媒体和公益的关系，以及 AIGC 对媒体和公益的赋能以及加持，但不可否认的是，由于媒体行业非常专业，笔者对于这些方面的研究仍然不够深入透彻。

为了彻底地阐述媒体与公益的关系，笔者特地邀请了上海广播电视台的田虹副研究员单独撰文，作为第三方观点来帮助笔者对于媒体和公益的关系进行介绍。

笔者也在此简要介绍一下下文的作者：田虹，上海广播电视台、上海音像资料馆副研究员，作为负责人之一，参与国家社科基金项目《工人之路》的研究，组织策划《工人之路》在一大会址、北京大学等知名机构公益巡展，创意并策划了纪录片《老兵不死》，共 70 集，在上海新闻综合频道播出，作为纪录片《孙正阳》的资料导演，该片获得国际电视资料联合会（IFTA）最佳档案成就奖，其撰写的多篇论文在中国广播电视协会及诸多行业协会获奖。同济大学经管学院高级工商管理研究生（EMBA），热心公益活动，曾多次支持并参与各种类型的公益活动。

笔者在此特别感谢特邀嘉宾田虹对于本书的支持和帮助，也希望本章的内容可以在媒体和公益的关系方面阐述得更清晰、透彻，可以帮助读者们在阅读时获得更多的启迪和收获。

媒体之手温暖公益之路
——论媒体在公益领域的社会责任与实践

田 虹

上海广播电视台、上海音像资料馆副研究员

一、公益与媒体关系

在古人的箴言中,我们可以汲取到对于公益与媒体关系的深刻启示。正如孟子所言:"得道者多助,失道者寡助。"在公益道路上,媒体正是那得道者,以其广泛的传播力和深远的影响力,汇聚了社会各界的力量,共同推动着公益事业的发展。媒体,作为信息传播的载体,自古以来便是社会进步的重要推手。在古代,尽管没有现代意义上的媒体,但诗书、戏曲、壁画等都是当时传播思想、教化人心的重要手段。而今,随着科技的进步,媒体的形式更加多样,电视、广播、报纸、互联网等,都在以前所未有的速度和广度,传递着公益的理念和行动。

在公益之路上,媒体正是发挥着连接民众与社会的作用。通过传播公益信息,媒体让每一个人都有机会参与到公益事业中来,让民众的力量得以发挥,让社会的需求得以满足。在公益之路上,媒体通过报道那些需要帮助的人群,激发人们的同情心和责任感,促使更多的人投身于公益事业,共同为社会的和谐与进步贡献力量,从而赓续公益的传统美德。媒体的这种作用,不仅体现了其服务民众的宗旨,更是推动了社会的和谐与稳定。

所以说,把媒体比作公益的最紧密的挚友也不遑多让,在公益之路上,媒体相伴左右,不可或缺。它以其独特的方式,传播公益理念,汇聚社会力量,推动公益事业的发展。媒体在公益之路上的作用,是坚持、是积累、是连接,更是推动社会传播公益、践行公益的重要力量。

二、共生共荣:媒体与公益的交汇点

媒体作为社会信息传播的主要渠道,承担着向公众传递重要信息的责任。在公益领域,媒体不仅传递信息,更是推动社会进步的重要力量。通过报道公益活动,宣传公益理念,媒体能够唤起公众的公益意识,激发社会各界参与公益事业的热情。

在当今社会,随着信息交互的便捷,媒体和公益共生共荣的关系愈发强化。

两者之所以紧密相连,原因在于媒体的传播能力和公益的社会需求之间的天然契合。媒体作为信息传播的工具,拥有广泛的覆盖面和深远的影响力,而公益则需要这样的平台来扩大其社会效应,提高公众的参与度和关注度。与此同时,公益的向善、非营利、助力弱者的美德也能让媒体健康发展。在这个交汇点上,媒体与公益之间的关系呈现出一种互惠互利、共生共荣的状态。

1. 媒体对于公益事业的帮助不可替代

媒体有着广泛传播信息的渠道和强大的影响力,通过报道和宣传,媒体可以为公益事业筹集资金、物资和人力资源,提高公众对公益事业的认知和理解,唤起公众的爱心和参与意识,促使更多人加入公益行动。媒体通过倡导公益理念,承担社会责任,推动社会价值观的建设,坚持正确的舆论导向,为公益事业的发展贡献力量。

2. 公益组织对于媒体的帮助同样不可或缺

媒体通过报道公益活动、宣传公益理念,不仅能够提升自身的社会形象,还可以提升媒体的公信力和社会责任感。媒体作为社会的信息传播者,其社会责任就是弘扬向善的理念,关注公益和帮助有需要的人群。与公益组织的合作,使媒体能够更好地履行其社会责任,传播正面的、向善的、积极向上的公益活动,有助于建立特有的品牌,提升媒体的品牌价值。

3. 媒体与公益更是相辅相成、目标一致

媒体与公益两者的目标是一致的,都是在传播社会正能量。媒体通过报道公益事迹和活动,弘扬社会主义核心价值观,促进社会和谐。公益组织通过实际行动展现社会责任感和爱心,两者共同推动社会正能量的传播和普及。两者共同促进社会进步,媒体通过揭露社会问题、报道公益组织的解决方案,激发公众的参与意识和行动力,共同推动社会问题的解决和社会进步。公益组织则通过实施项目,直接参与社会问题的改善。一起提高公众意识,媒体通过报道公益活动,提高公众对于社会问题的认识和理解,增强公众的社会责任感。公益组织通过教育和倡导,同样致力于提升公众意识。两者的目标一致,更是为了增强社会凝聚力,通过媒体的宣传和公益组织的实践,两者相互支持,共同为提高人们的生活质量和幸福感而努力。

媒体与公益组织在目标上的一致性使得它们能够形成强大的合力,通过相互支持和合作,媒体与公益组织能够更好地实现各自的使命,共同维护社会的和谐,推动社会向更加美好的方向发展。

综上所述，不管是媒体对公益事业的帮助，还是公益组织对于媒体的帮助，他们之间的共生共荣，互惠互利，都需要两者不断地沟通与协作，以实现共同的目标。各自发挥各自的优势，媒体应当发挥其传播优势，承担起社会责任，公益组织传承乐善好施的价值观，共同为建设更加和谐温暖的社会贡献力量。唯有如此，媒体与公益的结合才能真正发挥出其应有的价值，弘扬向善、积极向上的正能量。

三、媒体的力量：公益活动的助推器

媒体在公益活动中的作用是多方面的，它不仅是信息的传播者，更是社会动员的催化剂、社会问题的揭示者、公益品牌的塑造者、社会监督的执行者、创新模式的探索者以及国际合作的桥梁，以媒体的力量来助推公益活动的开展。

1. 促使信息传播与公众意识的提升

媒体最基本的功能是信息传播。在公益活动中，媒体通过新闻报道、专题节目、社交媒体等渠道，将公益信息快速传递给公众。例如，冰桶挑战通过社交媒体迅速传播，吸引了全球范围内的关注。名人和公众人物的参与，如比尔·盖茨和马克·扎克伯格，使得"渐冻症"这一罕见病得到了前所未有的关注和资金支持。这种传播不仅让公众了解公益活动的具体情况，还能够提升公众的社会责任感和慈善意识。

2. 促进社会动员与资源整合

媒体通过公益活动来解决社会问题的方式多种多样，它们不仅能够引起公众的关注，还能够激发社会各界的参与和行动。

首先，媒体在公益活动中扮演着动员者的角色。媒体在公益活动中的作用远不止于信息的传播者，它们更是社会动员的重要力量。地震救援是一个典型的例子，2008年汶川地震后，中国媒体在灾难发生后迅速行动，通过电视、广播、报纸和网络等多种渠道，全面报道了灾区的紧急情况和迫切需求。这些报道不仅及时传递了灾区的第一手信息，更是触动了全国人民的心弦，激发了社会各界的广泛关注和积极参与。在媒体的号召下，无数企业和个人纷纷伸出援手，捐款捐物，形成了一股强大的社会救援力量。从跨国公司到小型企业，从名人到普通市民，每个人都以自己的方式贡献力量，共同参与到这场规模空前的救援行动中。媒体的报道不仅传递了紧迫的需求信息，更重要的是，它们激发了人们的同情心和参与意愿，使得救援行动得到了迅速而有效的响应。此外，媒体还通过深

入报道救援过程中的感人故事和英雄事迹,进一步增强了公众的情感共鸣,提升了社会团结一致、共克时艰的精神。这些报道不仅为灾区人民带来了实实在在的帮助,也为社会树立了积极向上的价值观,展现了媒体在社会公益活动中不可或缺的动员和引领作用。通过这样的公益活动,还加强了社会的凝聚力,展现了媒体在塑造社会正能量方面的重要作用。

其次,媒体在公益活动中还是一位资源整合者。在2021年7月,河南省遭遇极端强降雨,造成了严重的洪灾。澎湃新闻迅速响应,启动了"河南洪灾紧急求助平台暨募捐项目"。通过这个平台,澎湃新闻不仅报道了灾区的最新情况,还提供了实时的求助信息和救援资源对接服务。同时,澎湃新闻与公益机构合作,发起了在线募捐活动,成功为灾区募集了超过1 000万元的善款。这里很好展示了媒体如何通过紧急响应和资源整合,将新闻报道与公益活动相结合,参与解决社会问题。

哔哩哔哩也孕育了各种教育公益项目,充分展现了新媒体平台整合教育资源方面的潜力。哔哩哔哩利用其庞大的用户基础和丰富的内容创作者资源,动员了众多UP主参与到乡村教育的支持行动中。这些内容创作者通过制作教育视频课件,为乡村地区的孩子们提供了丰富多样的学习材料,极大地丰富了乡村教育资源。该项目不仅传递了改善乡村教育的迫切需求,还激发了广大网民的参与热情。通过哔哩哔哩这一新媒体平台,更多的人了解到了乡村教育的现状和挑战,从而主动参与到公益项目中,无论是通过捐款、捐物,还是通过志愿服务,都为乡村教育贡献了自己的一分力量。"大家都认定星星和月亮没有声音,但我认定他们都有美妙的声音。月亮有轻轻的笑声,星星有非常小的眨眼声……"这是来自云南大理巍山县南诏镇"哔哩哔哩美丽小学"的一名学生创作的诗歌。看到其中充满温情的想象力,通过哔哩哔哩报名来到这里的支教老师和工作人员都非常感动和惊喜。

3. 媒体监督提升公益的透明度

媒体在公益活动中还承担着监督者的角色,是社会监督的重要力量。在公益领域,媒体的监督功能尤为关键,它确保了慈善活动的透明度和公信力,从而促进了整个社会的监督机制和透明度的提升。"乡村儿童操场"公益计划是关注乡村儿童的运动和娱乐设施。媒体通过报道和监督,确保了项目的顺利实施和资源的合理使用,提升了乡村儿童的体育活动条件。还有"等着我——融媒体寻人平台"利用电视和互联网的融合,构建了中国最大的公益寻人信息数据库,媒体在这里发挥了关键的监督作用。在每次的灾害救援中,社会公众都会向各个红十字等慈善组织捐款、捐物,媒体对这些捐款、捐物等情况进行跟踪报道、确保透明度,在物品的合理使用,进行透明的信息披露,媒体的第三方验证能够增强公益项目的公信力,增强公众对慈善组织的信任。

4. 媒体助力公益品牌的创建

一个品牌的推广离不开媒体,公益品牌亦是如此。媒体经过广泛的报道、大范围广告等形式的宣传,让公益项目能够让更广泛的受众群体知晓,快速提升某个公益项目的知名度。这种高频率的曝光有助于公众记住项目名称、目标和使命,从而潜移默化地在公众心里植入公益的种子,建立起印象深刻的品牌形象。比如广告片的制作通常采用感人的故事、鼓舞人心的故事来叙述,这种正面的叙事方式不仅能够激发公众的同情心和参与感,还能够塑造公益项目的专业、可靠和值得信赖的品牌形象,并与公众建立起情感上的联系,激发公众的情感共鸣。随着媒体对公益项目的持续报道,公众会开始将项目与其代表的特定社会价值和行动联系起来。这种品牌联想有助于在公众心中建立起公益项目的独特地位,使其成为该领域内的标杆和典范。

5. 促进国际交流与合作

在全球化的背景下,媒体还能够促进国际间的公益交流与合作。联合国儿童基金会(UNICEF)等国际组织通过媒体宣传,加强了国际间的儿童救助合作,如通过媒体倡导和筹款活动,为全球范围内的儿童提供教育和医疗支持。这种国际合作对于提升国内公益活动的质量和效率具有积极意义。

四、跨界合作:公益项目与媒体内容的融合

1. 公益项目如何成为媒体内容的创新点

公益项目背后往往有着感人的故事和人物,这为媒体讲述故事内容提供了丰富的素材,如环境保护、教育扶贫、健康关怀等,这些议题能够引发公众的广泛讨论,感人的故事又能够吸引观众的注意力,在内容为王的时代,成为媒体内容创新的关键。

(1)增强故事性。

上海广播电视台制作的《老兵不死》系列片通过讲述抗战老兵当年经历的真实故事,让观众们不忘历史,不忘老兵,用故事的方式唤起公众对老兵的关注和关爱。

首先,这些故事都是亲历者的第一手叙述。《老兵不死》系列片邀请了抗战老兵亲自讲述他们的经历,这种口述方式为观众提供了直接、生动的历史见证。

老兵们的故事充满了细节和情感,使得历史事件不再是遥远和抽象的,而是变得具体和真实,增强了故事的吸引力和感染力。

其次,揭示历史的细节。节目中,老兵们讲述了许多鲜为人知的历史细节,如洛阳城攻城战的惨烈、东北抗联在极端严寒条件下的生存挑战等。这些细节揭示了战争的残酷和抗战的艰难,同时也展现了老兵们的英勇和坚韧,增加了故事的深度和复杂性。

再次,个体命运的关注。《老兵不死》不仅仅关注战争本身,更关注了幸存者在战后的命运。这种对个体命运的关注,使得公益活动更加丰富和多元,也更能触动观众的情感,引发人们对战争后果和人性价值的深思。口述历史的价值的体现,节目通过口述历史的方式,收集和整理了众多老兵的讲述,这种方法有助于还原历史的真实面貌。通过史料的佐证,每个人的讲述能更接近历史的真相,增加了故事的真实性和可信度。

最后,记录和保存历史。《老兵不死》系列片的制作和播出,是对抗战老兵故事的记录和保存。随着老兵们逐渐凋零,这些珍贵的历史见证变得尤为重要。老兵们的讲述传递了他们对国家的深厚情感和坚定信念,为公众提供了一次深刻的历史教育和情感体验,增强了公益的教育意义和激励作用。

中央电视台的《向幸福出发》是一档真人情感类公益栏目,通过真实的故事展示社会公益事业的进展和一件件感人至深的故事。该节目以一个小故事为切入点,通过记录受助者与助人者之间的真实互动,那些来自社会各界的捐助者和志愿者,帮助那些生活在困境中的人们克服困难,重拾信心,迈向幸福,展示了社会公益事业的力量无穷。在每一期节目中选取了具有代表性的公益项目和实际案例,节目组深入受助者生活的真实现场,通过记录受助者的心路历程,展示了他们在困境中奋发图强、求知若渴、顽强拼搏的精神,以及助人者的关爱、付出和责任。通过真实而感人的故事,节目传达了对困境中的人们的关心与支持,激发了社会各界对公益事业的关注和参与。

(2)增加互动性。

公益项目常常鼓励公众参与和互动,通过媒体的桥梁作用来增加互动性和用户粘性,鼓励各个阶层的观众参与和响应。在FM105.7上海交通广播名牌公益栏目《1057大家帮》活动庆典上,创新启用"小小义拍官",让两名小朋友参与到爱心拍卖中,用稚嫩的声音增加活动的趣味性。新颖的活动形式为节目内容增添了新鲜感,吸引不同年龄层的观众关注,公益活动从娃娃抓起,让小朋友们一起参与公益活动。"1057大家帮共建图书馆"揭牌仪式,以及"1057大家帮"爱心图书漂流行动的启动,鼓励市民捐赠图书。这些通过互动性的公益活动,各个阶层的市民,不仅仅有青年人还有小朋友、老年人,都可以直接参与到节目中,提高了节目的参与度和观众黏性。

全国公益巡展也是增加互动性的一个非常好的形式。上海广播电视台举办的《工人之路》珍贵党史文献全国巡展是一个旨在传承和弘扬中国共产党历史、教育公众特别是青年一代的公益活动。

首先,在展览内容的互动性上做足文章,通过挖掘这份百年前的报刊内容,展出了大量珍贵的党史文献资料,包括李大钊等人的诗作、报道、戏剧等,这些内容不仅具有历史价值,也通过展览的形式与公众进行了互动。观众可以通过观看这些文献资料,了解中国共产党早期的历史和革命先辈的奋斗故事,从而增强了公众对党史的认识和理解。

其次,展览形式的多样。巡展活动不仅仅局限于传统的图片展览形式,还结合了现代多媒体技术,如影像资料的展示,使得观众能够更加直观地感受到历史事件的现场氛围。

再次,教育与讲座的结合。巡展活动中,主办方还组织了相关的教育讲座和专题研讨,如"俞秀松与《工人之路》"的专题讲座,这些活动不仅提供了专业知识的传播,也为公众提供了与专家学者互动交流的机会,进一步提升了公益活动的互动性。

最后,全国各地机构的合作。巡展活动还与不同的机构进行合作,如北京大学、中共四大、国歌馆、第一次全国劳动大会旧址,以及各个革命烈士纪念馆等进行了珍贵的资料赠送仪式,这种跨界合作的方式扩大了公益活动的影响力和参与度。通过上述方式,《工人之路》珍贵党史文献全国巡展有效地增加了公益的互动性,不仅让公众更加关注和理解党的历史,也为传承红色基因、弘扬革命精神做出了积极的贡献。

2. AI科技注入媒体,开创公益新纪元

随着新媒体技术的发展,媒体在公益活动中的形式也在不断创新。媒体通过创新的传播方式,如数字媒体、电视直播、纪录片、短视频等,借助电视、网络等媒体平台,为公益品牌注入新的活力。媒体与科技结合的创新探索,也为公益提供了新的可能性和发展方向。

以上海广播电视台出品的AIGC系列公益广告《因AI向善》为例,进行分析，这是中国首部利用人工智能生成内容（AIGC）技术制作的公益广告片，开创了公益广告片的新纪元。

（1）增强创意和多样性。

AIGC技术可以模拟多种风格，为创作者提供更多的灵感和选择。这种技术的应用使得公益广告在题材、创制、传播等方面具有更广阔的发展空间，能够以更多样化的形式吸引不同受众的注意。《因AI向善》系列公益广告聚焦于六大主题，包括"绿色出行""节约用水""光盘行动""垃圾分类""礼貌用语"和"公共场所"，旨在通过人工智能技术的力量，提升公益传播的影响力和价值引导力。第一季的广告片利用了上海广播电视台推出的首个AIGC应用集成工具Scube，结合了可控图像生成、人物动态生成、文生视频等前沿技术，将AIGC技术与具体的公益场景紧密结合。该系列广告片的美术、分镜、视频、配乐等全部由AIGC技术完成，这标志着生成式人工智能技术在公益场景应用的一次先锋实践。此外，广告片的配音选用了上海广播电视台旗下数字主播申苏雅的声音，增添了现代感和技术感。

（2）提高效率和降低成本。

AIGC技术能够快速生成具有丰富细节和逼真效果的动态场景，与传统的两周制作时间相比，显著缩短了制作周期，AIGC技术将原来传统的制作周期为二个星期，缩短至短短的三天，这不仅提高了工作效率，也大幅降低了人力和时间成本，而且其展现出来的效果、完成的质量有过之而无不及。

（3）提升吸引力和影响力。

结合AIGC技术制作产生的公益广告，能够以更加生动、吸引人的方式呈现，观众也往往对新的事物非常感兴趣，从而提高观众的观看兴趣。AIGC技术的应用为公益宣传提供了新的表达方式，使得公益广告不再局限于传统的制作手法。这种技术的应用使其更容易被大众接受和传播，从而有助于提升公益的传播力，同时也为公益领域带来了新的活力。

未来，AIGC技术的持续完善，人工智能在公益宣传领域的应用潜力将不断释放。要探索生成式人工智能技术在公益领域的创新应用，以技术创新拓展公益宣传的宽度和广度，让更多社会公益议题走进大众视野并引发广泛共鸣。上海广播电视台AIGC媒体融合创新工作室还将推出更多紧扣时代脉搏、弘扬向善向上、坚持守正创新的AIGC公益系列作品，以凝聚共识、促进行动，持续助力"全民公益"。

五、携手共进：挑战与未来展望

1. 媒体在公益传播中面临的挑战

（1）可信度问题。

根据霍夫兰的"可信度效果"研究，信源的可信度对说服效果有显著影响。公益传播特别依赖于可靠的信源，因为公信力是影响公益活动最终效果的关键。然而，在新媒体环境下，由于网络的特性，建立公信力变得更加困难。需要虚实结合，有政府机构站台的公益活动可信度更高。

（2）技术与平台的适应性。

随着社交媒体和移动设备的普及，公益传播需要适应不同的技术和平台。如何在不同的媒体平台上有效地传播公益信息，以及如何利用这些平台的特性来提升公益传播的效果，如现在大型的广电媒体，广播、电视这种传统的传播方式已经不能满足大众的需求，除了在传统电视渠道播放内容，还应该将内容分发到各种新媒体平台，如抖音、微信视频号等，以覆盖更广泛的受众群体，以适应技术带来的传播性的变革。

（3）舆论引导与风险防范。

在5G全媒体时代，公益活动随时可能成为舆情焦点。社会组织在公益传播中需要及时发布信息，有效引导舆论，并做好风险防范，以避免负面信息对公益项目的影响。

面对这些挑战要求媒体和公益组织不断创新传播策略，以适应新媒体环境下的公益传播需求。

2. 公益与媒体合作的潜在风险以及如何防范

（1）防止公信力受损。

虽然公益本身就有公信力受损的风险，但是媒体作为宣传的行业，不能扩大公信力受损的风险。如果媒体报道的公益项目存在问题，比如公益项目执行不透明、资金使用不当等，又或者因双方沟通交流不畅，公开数据不及时，不明确等，都会直接影响到媒体和公益组织的公信力。其次，防止商业化倾向，公益组织与媒体合作时，可能会引入第三方企业，在利益面前，就有可能出现过度商业化的风险，使得公益活动的本质被商业利益所取代，削弱了公益项目的社会价值和意义。再次，防止事实失真，在追求收视率、点击率和曝光率的过程中，有可能会对公益事件进行夸大或扭曲事实，有意无意地导致事件失真，进而影响公众对公益组织和媒体的信任。

(2)采取措施防范风险。

如果要确保公益项目在媒体报道中的真实性和透明度,不会被商业化取代,真实客观的传播公益事件,那就需要媒体、公益组织以及公众共同努力。首先,加强信息披露。公益组织应主动公开项目的详细信息,包括项目目标、执行计划、资金使用情况、项目进展和成果等。媒体应该帮助公益组织及时、有效的公开和发布。采用科学统计手段来提高透明度,确保捐赠流程和资金去向的可追溯性和不可篡改性,可以定期进行第三方财务审计,并公开审计结果,以增强财务透明度和公信力。其次,确保内容的真实性和准确性。媒体应遵守新闻职业道德,避免夸大或曲解事实,不进行煽情化报道,保持客观公正的立场,在报道公益项目前,还应进行充分的调查与核实,以保证报道的真实与准确。最后,建立有效的反馈和投诉机制。这需要公众参与和监督,可以参考"中基透明指数FTI",建立透明度评价体系,通过评分和排名激励公益组织提高透明度。通过上述措施,可以在一定程度上确保公益项目在媒体报道中的真实性和透明度,增强公众对公益项目的信任,促进公益事业的健康发展。

3. 未来发展趋势与创新机会

(1)数字化转型赋能媒体与公益传播。

随着数字技术的发展,公益组织的运作和传播方式正在经历数字化转型。媒体可以通过网络平台、社交媒体、移动应用等数字渠道,更高效地传播公益信息,吸引更多的关注和参与。利用大数据分析和人工智能技术,媒体和公益组织可以更好地理解受众需求,制定更精准的传播策略,提高公益活动的影响力和参与度。利用区块链、虚拟现实(VR)、增强现实(AR)等新兴技术,媒体可以为公益项目提供新的展示和参与方式,增强公益传播的真实感和沉浸感。

(2)跨界融合带来的新的机遇。

在合作对象上,媒体和公益组织的合作可以与不同行业融合,比如企业、学术机构、政府部门等进行跨界合作,共同开发创新的公益项目,实现资源共享和优势互补。在内容形式上,更可以探索更多元化的方式,如短视频、直播、互动游戏等,以更生动、直观的方式展现公益项目,提升公众的参与感和体验感。在构建平台上,利用现代科技网络技术建立跨界合作平台,如公益信息共享平台、公益项目孵化器等,促进不同领域和行业的组织共同参与公益活动。

(3)可持续发展目标(SDGs)的一致。

众所周知,面对百年未有之大变革(AI、信息化),所有的行业对于未来可持续发展都存在迫切的追求，媒体行业更是如此。可持续发展目标（Sustainable Development Goals，简称SDGs）是联合国在2015年提出的一系列全球性目标，旨在到2030年实现更加公平、包容和可持续的发展。这是联合国提出的一系列的全球性目标，到2030年实现包括消除贫困、改善教育和卫生、性别平等、环境保护和促进经济增长等在内的17个领域的发展目标。媒体和公益组织可以将联合国的可持续发展目标融入公益项目中，推动全球性的社会、经济和环境问题解决。在战略上与SDGs对齐，公益组织在设计和实施项目时，应确保其战略和活动与SDGs的目标保持一致，例如通过支持教育项目来促进优质教育。媒体在报道时，应选择与SDGs相关的话题和案例，展现这些目标在实际中的应用和进展。媒体和公益组织通过合作和创新，共同应对全球性挑战，实现更加公平、包容和可持续的未来。

第 3 章
公益对企业外部的直接影响

3.1 公益与销售和用户关系

3.1.1 公益对销售和用户关系的帮助

说到企业外部关系，最重要也是最现实的自然是企业对销售和用户的关系。之所以将销售和用户分开来说，是因为对于有些行业来说，销售的对象就是用户（典型如 B2C 行业），但是对于有些行业来说（典型如 B2B 行业），销售的对象并非用户。但无论如何，对于一个企业来说，销售关系和用户关系永远是外部最重要的关系，一个营利性企业如果没有了销售和用户，那也就丧失了生存的基础。

不可否认的是，公益对目标客户购买行为产生了广泛影响，其对销售和用户的直接影响主要从以下两个方面产生作用。

一方面，公益活动可以提升消费者对企业的认可感和好感度从而间接影响销售。在竞争激烈的市场环境下，越来越多的企业意识到可以通过参与公益活动来赢得消费者的喜爱和支持。通过捐赠一定比例的销售额、参与公益活动等方式，企业能够增强消费者对其社会责任的认知，激发消费者的购买欲望和忠诚度。

另一方面，公益行为可以直接影响消费者的购买决策。正如笔者前后文都有阐述的，出于多种复杂因素的共同结合，消费者会更加倾向于购买对公益活动更加活跃的企业，所以公益其实有时候也能起到直接实现营销的效果，并且效果还非常不俗。

以下是不同种类的公益活动对销售和用户关系的影响。

1. 社会类公益

社会公益通过为社会福祉作贡献，可以很好地掩盖一个企业营利的本质，从而暗示实施公益行为的企业拥有一个能够更多地关注社会公平和关爱他人的企业文化。客户感知到这类企业文化和概念,就会潜意识打上这个企业比较负责的标签,这个时候就会影响目标客户购买的决策。

尤其值得一提的是,关爱弱势群体方面的社会类公益活动尤其会对某些特定群体产生重大影响。通过扶助孤儿、残障人士、老年人等弱势群体,会极强地激发部分群体的共情心。在一些行业领域,这种关爱意识塑造的企业形象是高度契合用户心理的,比如食品、母婴、女性化妆品等,所以可以使消费者更愿意选择那些能够为受助群体带来福祉和改善生活条件的产品和服务。例如,支持为残疾人员提供工作机会的社会企业可能会得到目标客户的青睐,因为购买这些企业生产的产品既能获得实际价值,又能间接地帮助弱势群体。

推动教育和科技发展方面的公益行为则是对科技企业尤为适合,这种公益形式会给消费者一种这个企业非常重视技术和长期可持续发展概念,并且对企业未来的人才培养也非常有利。

如果是一个区域性的企业,那么在环境保护和文化传承方面投入资源也是一件很划算的事。因为环境保护活动和文化遗产保护都有很强的区域性,很容易引发某个特定群体的共鸣。举个例子,一家绝大多数经营业务均集中在某一个区域的企业,如果投入精力对这个区域的文化遗产进行保护,显然会很受这个区域的消费者欢迎,从而提升企业形象,提升企业的市场占有率和销量。

2. 环境保护类公益

随着时代的发展,用户文化水平和认知越来越高,对环境保护的意识和知识储备也是越来越多。企业通过参与环境保护公益活动,传递给目标群体这个企业也对环境保护特别重视的价值观,从而争取到对企业产生认同感。

一旦认同了这个理念,消费者在购买产品或服务时就会下意识地倾向选择那些环境友好的产品(认为志同道合或者更有责任感)。他们在购买或选择使用产品或服务时,可能会优先选择纯天然材料制成的产品(环保)或者选择那些注重能源节约和环境友好的服务(绿色、低碳、低能耗)。

环境保护类公益往往不仅利他,还可能产生自利效果。在面临越来越多的环保压力和监管要求的背景下,一个污染企业即使当下能获得短期竞争优势,长期来看也有极大的合规性风险,企业长期运营存在重大不确定因素(ESG 评级低)。

所以环境保护类公益对于涉及自然产品的企业特别合适。比如服装行业，难以避免地会使用一些动物或者植物材料，此时如果可以宣传环境保护类公益，就可以给消费者一个非常负责且安心的感觉，从而更加放心地去购买产品。

3. 健康和医疗类公益

由于健康与医疗类公益的直接对象是具体的人，所以显然他有极强的影响力。当人们从这类的公益项目中获益，他们更容易有强烈的共鸣情绪，认为这个企业更有责任感，从而促进购买欲望。

例如，一个企业如果支持提供赠药的健康公益项目，帮助了饱受高价罕见病困扰的患者恢复健康。显然"救人一命，胜造七级浮屠"，往往会产生比较大的社会影响力。

但是这类公益项目也存在其现实中的难题。

健康与医疗类公益项目有很强的专业性，并且由于涉及人的生命与安全，很容易产生比较高的风险。比如赠药，企业只能保证赠的药一定是真的，但是最后能否起到效果拯救生命，这个是无法完全控制的。又比如健康讲座，讲座上涉及的知识是否客观没有争议，推荐的药物是否适合所有人群不会产生任何有风险的副作用。这些都是难以避免的问题。

然后健康与医疗类公益往往需要花费的成本比较高，一般人难以承受。对于企业来说虽然不至于不能接受，但是如果需要对一个群体进行有计划的系统上的支持，这个财力和资源的消耗也不在少数，实践的难度比较高。

所以健康与医疗类公益比较适合金融、医药、科技行业等。金融科技行业财力和利润比较雄厚，同时又需要塑造一个比较强的社会公益影响力从而改善自身企业形象。而医药行业本身就有这些方面的资源或者专业优势，所以推动健康与医疗类公益相对来说更为容易一些，也对自己的主营业务也有一定的促进作用。

4. 生物多样性类公益

在当今社会，随着出生率的降低和人与人之间的心灵距离的疏远，人们对动物共情或者心灵上的依赖与日俱增，所以动物保护的意识逐渐增强，这从大城市中大家对于猫狗的爱护也可见一斑，宠物相关行业也是未来的风口行业。

生物多样性公益的优点是有前置条件，可以对对象目标进行前置筛选，目标比较精准明确，读者可以设想一下，如果生活在乡村，食不果腹的时候，你怎么会有保护动植物的想法？在那个环境下，只要动植物没毒，可能你想的都是怎么样发挥他们的经济价值或者食用价值。正如那经典的"何不食肉糜"的典故，按照马斯洛需求层次理论而言，需要一定的生活条件基础的人才有可能对生物多样性有需求。

而基于这个特性，我们就可以勾勒出这种类型的公益对用户关系的帮助了，首先生物多样性公益往往集中于城市的中高端人群中，他们通常有一定的消费力，此外更多的还是在女性群体或是长期与子女分离的老人群体中更有影响力。

所以，目标群体集中于城市中高端人群尤其是迎合女性人群的奢侈品行业可以多关注生物多样性公益，同时本身主营业务就和动物相关的宠物类业务更可以在生物多样性上发力。不仅如此，如果实力强劲的企业想要更好地塑造高端的品牌形象，也可以在这个领域深耕，最典型的就是笔者将要在后文提到的"华为"和"小米"，为了契合或者提升品牌形象，二者都在生物多样性公益上发力颇多。

但是生物多样性在现实当中也有一定的风险，首先生物多样性往往格调比较高，容易令人产生曲高和寡的印象，除了奢侈品或者宠物类这种特殊行业，大部分行业都不太适合只关注生物多样性这类公益。并且在挑选生物多样性公益时，一定要考虑到社会接受度，比如对于宠物狗的保护，在一些特定区域或者特定人群中反而会产生较大的负面作用，需要企业从战略全局的角度来通盘进行考虑与权衡。

3.1.2　公益对销售和用户关系的应用

综上我们可以发现，无论是何种公益方式，通过参与公益慈善活动，企业能从不同的维度和方式提升某个层次消费者的认可度、影响购买决策、增强品牌形象和塑造消费者的行为态度和价值观。

因此，深入研究公益对目标客户购买的影响，对企业制定相关市场营销策略具有重要的指导意义。但是否所有企业都应该"眉毛胡子一把抓"，投入所有类型的公益，以便提升消费者认可度？前文也写到了不同行业有不同的适用性，主要的原因有两点：

（1）不同行业有不同的特性，比如机械制造行业如果突然投身于健康和医疗慈善，总会觉得和主业不符。

（2）不同的企业有不同的客户群体和文化认同，比如餐饮业大部分来说需要提供肉食,突然在保护动物领域发力,也有自相矛盾的嫌疑。

所以,如果一个企业需要决定投入资源于哪方面的公益,以提升用户的认同感时,应当考虑以下三种因素。

(1) 用户的年龄结构和文化。

比如某机械制造领域,其用户对于采购主要有重要影响权和决策权的关键人年龄普遍在40—60岁,那显然就应该投入资源到对应年龄段的公益活动。

比如商业化的采血浆,其目标群体主要是年轻低文化群体。那显然就应该投入资源到对应结构的公益活动。此时去投入资源到动物保护这类比较适合有一定知识基础的公益领域似乎就不太合适。

(2) 企业的主营业务。

在此并非说公益领域必须要和主营业务有关系,但是应该和主营业务存在一定的纽带。

比如医疗行业的企业,如果投身于健康领域公益自然是门当户对。但是如果整个行业都如此,客户也会产生审美疲劳和麻木。所以这个时候通过后文介绍的间接效应的影响或者采用旁敲侧击的寻求其他的认同,也是不错的选择。但不可否认,自己企业的主营业务一定是重要的考量因素。

(3) 企业的战略。

不得不说企业的战略也是选择何种公益的重要因素,比如当企业需要再某个特定的时候扩大社会影响力或者塑造良好的企业形象甚至是某个特定的目的,例如后文所说的降低风险,应对危机公关时,这个时候企业就应该大力投入各种各样的公益活动中。

笔者实践中曾任销售和市场职务多年,在实际的工作中,曾经多次感受到践行公益对工作的帮助,对笔者和用户之间维持一个长期稳定的正向关系起到了一个非常重要的作用。

3.1.3 公益营销的优点

1. 公益营销对于所有行业的裨益

既然我们已经发现了公益对于销售和用户关系的多处关联,那么我们应当如何运用好公益这个手段呢?这就不得不提一个理念——公益营销(也称"善因营销")。

公益营销是一种将商业行为与社会责任相结合创新的营销策略和方式,在公益活动中嵌套了商业模式,让企业更加有动力去实施公益,同时也让更多的社会群体获益,这也就是所谓的"义中取利"。

首先,公益营销由于将公益元素和营销结合,所以一定是一种功利性公益。其次,公益营销的出发点一定是践行公益,而不是纯粹的以公益为幌子谋取超额利润,为社会或者一部分人群造福是优先事项,回报或者获益只是考虑的一个因素。

笔者在此宣传公益营销的目的,是希望更多的企业可以巧妙地设计模式从而在公益中获得一定的回报与企业的发展共向而行,而绝不是以公益为幌子行攫取不义之财的行径。

公益营销可以通过以下四个维度帮助企业。

(1) 公益营销可以丰富企业的品牌维度,提升品牌的美誉度和价值。

由于公益本身自带的良善因素,商业企业在实施公益活动中会自然地树立良好的形象,可以传递自身存在的积极的价值观和社会责任感。并且一个品牌的形象往往过于单一,通过公益可以丰富企业的品牌维度层次,使其更加立体。

最典型的例子,贵州茅台集团携手中国青少年发展基金会,打造了"中国茅台·国之栋梁"公益助学品牌,至今已12年,累计捐资助学超12亿元,帮助全国各地23万多学子圆梦大学。茅台本身的品牌形象是一个酒企,显然和健康很难沾上边(喝酒有害健康,建议少喝或不喝酒)。但是其通过公益助学成功地将自身和教育、助学关联在一起,让品牌增加了健康、良善的维度,并且弱化了其高利润率的暴利形象,使得茅台这些年的发展越来越好。

笔者再举一个经典的"蚂蚁森林"的例子,支付宝原本只是一个功能性的支付APP,但是由于蚂蚁森林的出现,将支付宝的品牌属性丰富到了公益层面,所以大家就有更大的动力打开支付宝,从而扩展了其品牌维度。

(2) 公益营销可以拓展企业的市场份额和消费群体。

在市场竞争日益激烈的背景下,消费者往往已经厌烦传统的营销方式,曾经的洗脑式广告语在现在信息爆炸的社会已经越来越难以起到效果,而欧美和东南亚某些国家的广告之所以越做越充满创意,是因为商业企业需要通过创新的方式来吸引消费者。但是通过开展公益活动的形式,商业企业能够吸引更多关心特定公益事业的消费者,从而拓展市场份额和消费群体。

例如,麦当劳的员工志愿项目"麦麦义工团",整合了旗下10万多名员工的爱心与公益热情去推动与儿童福祉有关的公益项目。由于大部分女性对于儿童类公益都会有极其强烈的认同,所以麦当劳通过这种方式争取女性消费者的认同,就可以拓展大量的市场份额和消费群体。

(3)公益营销可以带来品牌价值的提升和商业利益的增长。

通过与公益组织合作,商业企业可以借助现代化媒体的传播,实现品牌价值的提升和商业利益的增长。例如,最典型的就是鸿星尔克,本来其经营状况堪忧,但是通过大手笔的公益活动,成功获得了广大社会群体的认可,从而大幅度提升了对应产品的销量和品牌的认可度。

(4)公益营销也可以成为企业创新的发动机。

首先将公益活动巧妙地融入商业模式中需要比较高超的技巧,这里面需要一定的创新精神。这绝不是光靠企业高管开会然后从上而下地推动就能实现的。公益讲究的自愿精神,往往需要群策群力,需要发动公司年轻人的活力,在这个过程中可以打破一些束缚创新的壁垒,活化企业内部环境。

还是以麦当劳为例,由于麦当劳企业结构特性所致,麦当劳的"麦麦义工团"充分发挥员工的自主创新精神,鼓励各地员工自行组织一个个小的儿童公益类活动。在公益活动组织的同时,也激发了员工的思维,使得麦当劳不断地迸发各种微创新,从而使得其保持长久的竞争力。

公益营销的核心还是公益而非营销,而公益就强调为社会公众利益造福。人们已经司空见惯了谋利式的企业,随着社会的发展,消费者越来越关注企业的社会责任和社会影响力。所以当用户看到创新性的公益营销的时候,也会感觉耳目一新,使其印象更加深刻进而实现更佳的营销效果。

公益本身还带有人本主义的色彩,给消费者带来一种人性温暖的感受,从而为消费者提供更好的体验和感受。同时在实施公益活动中,企业往往需要联合更多其他力量,与非营利公益组织、政府部门、社区组织等诸多平时不太会接触的合作伙伴合作。而每一个团体都有不同的文化和长项,通过这种接触,企业就可以学习不同组织的长项,提升自己的组织竞争力。

同时因为社会公众的期许,公益比较强调透明度和责任。公益需要企业主动公开信息,向消费者和社会公众传递真实的企业形象和公益意愿。公益带来的透明公开的气息可以净化企业内部的环境,减少企业内部违反道德的内生倾向,从而帮助企业实现长期的商业成功。

所以说,公益营销的理论为企业在非营利的公益和商业之间搭起了一个桥梁。通过强调社会价值的创造、创新和创造性解决方案、合作和伙伴关系的重要性以及透明度和责任,公益营销的理论帮助企业在争取消费者支持实现自身商业成功的同时,也创新支持了社会公共利益、履行了社会责任、净化了自身的文化。随着经济发展,消费者对企业品牌、文化、社会责任感的重视不断增加,公益营销将成为企业发展和商业成功的重要途径。

2. 公益营销对于特定行业(低频、重决策)的特别助力

众所周知,广阔的世界浩如烟海,说一些宏观的星辰大海有时候难以落到脚踏实地的实战中。而绝大多数企业会在广阔的世界中根据自己的优势或者资源选择一个或者几个赛道进行深耕,这就是我们所说的商业模式。

但是无论是什么样的商业模式,最终都离不开五个要素的流转和结合。也就是人、物、信息、资金和行政资源。而公益作为一个利他性行为,也会间接地对行政产生影响,也会对其他的信息产生改变,但最终作用的途径是人。

人之所以为人,在于其有感性的思维,现代营销学和组织战略的创新,很多时候其实都是借助了人的感性思维。

所以从这个角度我们就可以知道,在市场营销中,针对不同的行业和商业模式,从人的角度会有以下四个因素不同:

(1) 商业行为决策频率(比如你天天买水,但是你不可能天天买空调);

(2) 商业行为的黏性(比如你给自己买笔一定会很挑手感,但是你替公司买打印纸,只要使用部门不投诉你即可);

(3) 决策轻重(比如你买杯咖啡决策只需要3秒,你买个房子30天都决断不下来);

(4) 交付难度(买个口罩,交付很容易,但是买个3D机器人搬运系统,可能交付调试都需要好几个月)。

当然不同的行业有不同行业的特性,总体来说在同一个行业内,决策频率越高、粘性越高、决策越轻、交付难度越轻,相对而言这个商业模式会更好一些(但不能脱离行业的现实,为了轻而轻)。

笔者铺垫了那么多,就是想解释,公益营销当然在高频决策、黏性低的行业也有助力(比如饮用水公司带有公益色彩助力很大)。但是公益营销在低频、重决策的行业有特殊助力。

因为笔者曾经在涂装自动化领域深耕多年,所以就以此举例。涂装由于金额大、技术难度高、涉及上下游产业和学科众多、交付周期长、风险大(长期预付款、制造调试周期也极长),所以该行业属于典型的长周期、重资金、重决策、高交

付难度的领域,但是同时也能带来极强的用户黏性。

在这个行业,很多公司或者企业都为了两个问题烦恼:

(1) 如何获取项目信息(因为低频,所以获客成本畸高)。

(2) 如何获取客户信任(因为重决策、交付难度高,所以信任成本也很高)。

而公益营销在这个维度可以有效缓解两个问题。

在此还是要特别强调一下所说的公益营销并非是为了营销而假装做公益(这是公益工具化,违背了公益利他初心),而是培养具有公益气息和企业文化的企业,在助力公益的同时,也可以给客户一个具有社会责任、值得信任的心理暗示。

以涂装行业为例,笔者曾经和该行业众多领军人物沟通交流过,很多时候大家挑选企业的一个重要维度就是企业或者其代表人物的责任感或者企业形象。如果一个企业文化关注环境、热爱自然、对弱者充满同情,显然客户对于你的责任感判断就会比较高,在决策时候,风险就会偏低一些,从而更容易实现高质量营销(客户粘性高)。并且由于有了一个利他性的公益活动,企业和客户的沟通的维度也会更加多维,从而增加了沟通的频率,改善了商业模式。

不仅仅是涂装行业,对于几乎所有的低频、重决策、交付难度高的商业模式,公益营销都能起到改善客户的形象、降低获客成本、优化商业模式的作用。从而使得企业不仅可以更加发扬宣传利他性的公益,也同时可以在其中获利,实现义利的相辅相成、相伴而生、互相成就。

3.1.4 公益营销的说服途径理论及应用

从心理学或者市场营销学的角度来说,营销的本质是要通过某些手段,使人建立一种知觉甚至是知觉偏差,从而影响个体的决策(尤其是消费方面)。

但是笔者在下文仅仅是讨论公益影响的说服途径,也就是建立知觉甚至知觉偏差的原理,笔者不建议公益营销产生太大的知觉偏差,原因是在公益营销时,一旦受众感觉到知觉偏差,很容易产生非常强烈的负面刻板效应,反而对营销有害无益,所以还需要读者正确认识以下途径。

1. 深思熟虑可能性模型

从营销心理学角度来说,说服与影响是非常重要的,笔者在此引用深思熟虑可能性模型来解释公益影响的说服途径理论。

深思熟虑可能性模型中,人的思考路径分为中心途径和边缘途径两种,两者并非完全割裂的,并且也是可以慢慢相互转化的,而中心途径和边缘途径本身也有程度之分(比如男女谈恋爱时就是典型的超级中心途径)。

而深思熟虑可能性模型认为说服边缘途径和中心途径的结论,见表3-1。

表3-1 深思熟虑可能性模型表

	谁来说?	说什么?	说多少?
边缘途径	很重要 专家名人＞普通人	不重要 (感觉和情绪)	越多越好
中心途径	不重要	重要 (强有力的理由)	强有力的理由≤3 同一理由重复≤3

作为一种营销行为,大部分企业需要做的是尽量建立思考途径,并且尽可能将思考途径从边缘途径转化为中心途径(快消品或者小金额的交易行业或者极其善于利用冲动消费,无所谓退货率的企业除外)。所以公益营销在深思熟虑可能性理论上有以下两种途径来促进营销。

(1)建立边缘途径或使之更紧密。

建立边缘途径也是企业市场宣传营销中的一个重要途径,对于大部分非专业用户,先建立边缘途径,才有慢慢变成中心途径的可能。

社会上总是有很多人对企业的核心业务并不十分了解,亟须建立边缘关系。由于公益存在利他性等美好的一面,所以对公益的宣传相比普通的商业宣传,成本总是会稍低一些,因此公益途径就是一种非常好的建立边缘途径的方式。

而即便在上文中,笔者所说的特殊类型极其善于利用冲动消费,无所谓退货率企业,通过这种途径也可以大大提升消费者边缘途径,激起情绪,从而实现冲动消费。

(2)对企业主营业务从原本边缘途径移情到对公益的中心途径。

人性中先天有强烈的向善的一面,并且很多人在后天的生活中也会有很多经历会对公益产生共鸣。很多用户可能原本对企业没有任何思考途径或者仅仅是边缘途径。但是有句俗话,爱屋及乌,所以很多时候很多消费者会有移情效应,所以这个时候消费者会将本来对于公益的美好的情绪和思考中心途径移情至企业的核心业务,从而对企业的营销产生正面的影响。

(3)公益营销实践中的应用。

所以公益营销的实践中,需要考虑深思熟虑可能性模型的因素,从而实现更好的结果。

如果一个企业销售模式是大额金额采购是To B业务,或者是To C业务中金额没有小到目标客户完全无所谓的,公益营销需要将以上两个因素结合。

在这种情况下,公益营销需要用名人或领导表达一些不太重要的因素,说的越多越好,建立边缘效应;与此同时又需要以一般人以强有力的理由去深入建立中心途径。

但一个企业的销售模式是天量小额采购或者是善于利用冲动消费的企业,公益营销就仅需要建立边缘效应。在这种情况下,公益营销需要名人或领导照顾目标对象的情绪和体验,使他们在愉悦的心情中接受营销,从而实现更好的营销效果。

2. 首因效应

其实所有的营销,本质上都需要通过对人的知觉产生一定的影响甚至偏差,从而影响个体的决策,而影响一个人知觉的重要效应就是首因效应。首因效应指的是人们在第一次交往中对彼此的认知或对建立一个事物的总体印象的形成过程中有较大甚至是决定性的影响。

证明这个效应的实验简直数不胜数,而我们日常生活中也经常使用这个效应,比如男女朋友第一次见家长时都非常认真和紧张,唯恐留下一个不好的第一印象。

而一个企业如果适当地采用公益作为第一次和潜在客户接触的途径,自然而然会给客户一个非常好的第一印象,从而后续便于进一步的营销。

3. 移情效应和晕轮效应

移情效应指的是当人的思想、价值观和对象相契合时,人的大脑往往会发挥其想象力和创造力扩散主体情感,将主体情感移到外物身上。

移情效应其实在生活当中很常见,因为人类的大脑中处理感情的部分非常强大,最典型的就是在古诗中经常应用的移情法,如李白的"相看两不厌,只有敬亭山"就是非常典型的移情手法。

正如图3-1显示的移情效应,当我们看到花枯萎和鸟儿飞走的时候,有可能会感觉到伤心。正如杜甫的"感时花溅泪,恨别鸟惊心",例子里说的虽然是伤感的情绪,但是对于美好的情感也

图3-1 移情效应

注:插图的创意和版权属于笔者所有

是如此。如果可以通过移情效应将美好的情感转移到企业中,那不是对企业发展很有益处吗?

而公益可以激发出人们内心中向往美好的情感,此时如果本身营销不令人反感,公益营销很容易使被营销的对象将内心中公益的良好情绪转移到企业当中(企业披上一个公益的外衣)。这时候公益营销就很容易帮助企业和顾客之间建立友好的营销效果、塑造良好的企业形象,从而实现企业的长期稳定发展。

可能有读者会说:"我对公益没有那么强的共鸣,不会产生自发的移情效应,那是不是公益营销就无效了呢?"那自然也不是的,人的意识是自我的意识却又不是自我的意识。有一种晕轮效应,指当人对某个事物产生印象后,会自发地将这个印象进行扩张,如同月晕或者光环。

移情效应和晕轮效应非常类似,但是移情效应带有强烈的主观情绪往往能被个体所感知,而晕轮效应往往是不自觉所产生的。

当一个企业对潜在的消费者印象是公益的时候,无论是移情还是晕轮,都能对客户知觉产生影响甚至偏差,从而大大强化客户对企业的高端印象和感觉,从而提升营销效果。

4. 内疚效应

内疚效应应用在营销上的例子也比比皆是,当然这里笔者需要解释一下,此处的内疚指的是通过营造一种情境制造心理落差,而这个时候在消费者普遍存在内疚心理的情境下,会有很强的倾向性补偿心理,并且在完成补偿性行为之后,内心会获得更佳的满足感,从而对消费或者购买行为产生大量的正向导向。

正如图 3-2 显示的,当你看到一个小孩帮助老人走过街道时,内心会自然而然地产生一种内疚心理,也就是所谓的压力山大。而这个时候你也许会自然而然地寻找身边的机会去帮助他人。所以看到这个小孩后续被雨淋了,你会

图 3-2 内疚效应配图

注:插图的创意及所有权归笔者所有

自发地愿意去为他遮雨。这种效应在市场销售领域也是如此,消费者往往会对公益领域出力出资很多的企业的产品产生更强的购买欲望。

这也就是所谓的内疚式营销,而我们身边很多推广活动已经开始借用内疚效应以实现更好的效果,我们平时最常见的就是B站等视频网站在视频当中播放广告,从而引发观看者的内疚心理,不光大大提升了广告的有效观看率,而且大大提高了观看者对广告的印象(品牌塑造效果)和广告购买转化率(不光看得更起劲也更有购买的欲望)。但笔者在此也并不完全认同传统的消费心理学的内疚营销。传统的内疚营销往往认为,只有消费者才会内心纠结,企业往往更理性,不太会引发内疚效应,所以营造内疚的情境ToC的营销才更容易实现。

但笔者并不完全认同,首先即使是企业ToB的业务,其决策也是由个人所具体决策。另外正如笔者在上文中所说,ToC的业务说服途径更容易出现边缘路径,所以很容易产生冲动消费,可是即使是ToB业务的中心路径,也可以通过公益营销来推动营销,所以也可以提升营销效果。

笔者认为其关键在于营造的情景不同,一个普通的内疚影响,由于条件所限、时间很短,往往难以营造真诚、间接的场景,往往存在不够真诚、发力过猛的问题,而这点在公益营销上没有问题。公益由于需要真诚、长期性,所以往往营造的场景非常真实,从而即使在中心路径模式下,依然可以引发内疚补偿效应,从而实现比较好的营销效果。

5. 刻板效应

刻板效应往往在实践中体现为成见,这个对于不同的个体效应强弱有所不同。刻板效应的根源主要在于人性是非常复杂的,而人的大脑往往存在认知局限,没有精力去分析每一个人的性格细节。

刻板效应最典型的一个例子就是北方人豪爽、热情,南方人细腻、精明,由于笔者是上海人,所以也经常被扣上小气、精明的帽子。但是笔者个人的性格完全和上述刻板印象不符。

笔者不否认一些刻板印象有其一定的道理,有其复杂的形成机理,在大数据统计上也可能有概率偏好。但笔者认为刻板印象本身是只关注了概率却忽视了个体的差异。

但用在公益营销的角度,由于公益天然存在很多健康、阳光的属性,所以潜在受众也很容易有一个非常健康的刻板效应,忽视了这个企业内在的很多独特性的特质,从而影响其消费决策。

为了研究公益营销究竟会在何种程度影响消费决策,笔者设计了一个调查表,见图3-3。

从纯获利的角度来说,肯定是1包10元500 g的A选项最划算,但是如果从公益角度来说肯定是有公益捐款的更合算。

如果没有以上的内疚或者移情等复杂效应,B和C选项应该差不多。但是现实调查结论却证明了B选项的支持率最低,甚至低于毫无公益色彩的A选项,当然这和笔者的选项设计有关,如果没有C选项的话,笔者相信B选项完全会高于A选项。

之所以B选项1包捐款1元,并且1包只有450 g的这种从功利角度双输的选项,能成为压倒多数的支持,主要原因是由于移情效应和内疚效应的存在。

对比B选项,C选项企业愿意拿出大部分利润(远远大于0.01元)去支持公益,而自己只牺牲30 g,很多消

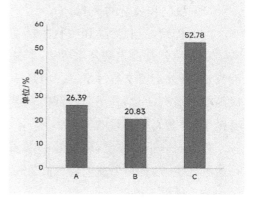

图3-3 公益营销说服理论调查表及对应柱状图

费者都会被企业公益行为给打动并产生很好的移情效应,在道德观念中存在歉疚感。为了弥补自己内心的歉疚,同时让自己在消费过程中感到更愉悦,消费者往往愿意牺牲30 g,而去选择克数更少但是公益捐款更多的选项。

3.1.5 公益营销的挑战和局限

1. 公益营销的挑战

当然前文说了那么多公益营销的优点,那么在实践中的公益营销为什么如此困难呢?显然有一句俗话说得好:"包治百病的不是止痛药就是假药。"公益营销显然是有其挑战和局限性的。下面我们来逐步分析公益营销在实践中面临的一系列挑战。

（1）诚信。

公益营销需要解决的是诚信问题。公益事业本身是为了社会福利而存在的,但在商业化的推动下,有些组织或个人出于掩饰其盈利的目的,而在商业上采取惯用的不够诚信的做法。但是由于公益本身会给人一个比较高的道德期待值,所以参与者会用一个极高的道德标准去衡量,这时候一旦出现一点诚信上的瑕疵,不但不能起到营销的效果,反而会适得其反。

因此,公益营销需要保持诚信原则,坚持真实和透明的原则,避免虚假宣传和意图不纯的行为。在企业制度尚不成熟的今天,大部分企业和组织对企业的实控人缺乏监督,所以让一个道德底色不够高的实控人在没有监督的情况下进行公益营销,结果可想而知。

（2）盈利和公益的平衡。

前文提到,盈利活动和功利性公益活动最大的区别是目的的区别。

功利性公益首先是公益活动,本身还是为了社会的福祉,只是夹杂一些自利性因素,并且不要求盈亏平衡。但是一旦没有把握好自利性因素,那就有可能变成纯粹的盈利活动,利用公益营销来谋取私利,将公益事业作为一种纯粹的盈利营销手段,背离了公益的初衷。

公益是一把双刃剑,用得好可以无往而不利,但是用不好,假借公益之名而行盈利之实,这将对公众的信任和支持造成更加巨大的负面影响。

（3）资源不足。

公益营销面临的挑战还包括资源问题。一方面,一个社会公益活动往往需要涉及不同领域的资源,一家企业通常难以独自完成,需要和不同的组织和机构合作,但是有些企业的文化在对外合作过程中可能进行得不那么顺畅,从而导致资源不足。另一方面,商业与公益的结合,尤其是大规模的公益活动,需要投入大量的人力、物力和财力,而公益给企业带来的益处又不一定能短时间内体现出来。所以企业公益常常因为管理层过度功利化,没有看到短期收益,所以虽然可以承受但是仍然会不愿投入资源。

因此,公益营销一开始需要立足公益,打通对外沟通合作的瓶颈,不以盈利为出发点,量入为出,该合理投入的就合理投入,不要以短期的回报作为衡量是否成功的要素。

（4）受众不足。

正如之前所说,公益活动往往面临受众参与的问题,如果没有受众参与,公益营销也就成了一场自我满足,无法达成公益营销的效果和目的。虽然公益的理念非常崇高,但是实际上常常面临曲高和寡的困境。

一方面,一些传统的公益模式可能比较抽象和距离受众遥远,消费者没有参与感,更无法直观感受到其带来的影响和效果,所以动力不足。

另一方面,目前很多公益模式过于陈旧,还是停留在集资捐钱的老办法和老路子上,消费者往往审美疲劳产生抵触情绪,导致公益营销效果不佳。如何发掘出一条创新的思路激发起公众的积极性,这是公益营销亟须解决的难题。

(5) 文化观念。

此外目前整个社会都处在社会文化变革转型的阵痛期内,公益活动也难以独善其身。当前社会的变革速度越来越快,人们的物质生活水平发生了巨大的改变,虽然观念和价值观也在不断变化,但是显然滞后于物质发展的变化速度。在这样的背景下,传统的公益模式可能无法满足现代社会的需求,至少是无法满足大部分的需求,我们必须借助创新的思维和技术手段,寻找适应社会变革的新模式和新途径。

例如,以下三种模式目前已经日渐式微:

1) 在国内建设希望小学。

过去物质不发达,穷困学生很多,但目前国内物质条件越来越好,大家更缺的是生源和长期坚持的师资力量。随着时代变迁,建设希望小学的情况已经越来越少。

2) 单纯捐款的需求减弱。

当然笔者在此不是说未来公益已经不再需要捐款,但是单纯捐款能起到的带动作用和效果相比之前已经弱了很多。在过去一个小团体可以筹资数百万元甚至一千万元组织一个基金会定向捐赠,但是随着社会物质的不断富足,实践中可以产生足够影响力的公益活动的金钱阈值也是越来越高。比如雷军一次性给母校捐款13亿元,曾造成了巨大的轰动。

3) 传统宣传模式。

除了个别有情怀的人,绝大部分公益的主要动力源泉在于年轻人,因为年轻人无论是未来潜力、冲劲、时间、精力、影响力等都和公益高度契合,这是公益宣传重点需要吸引的人群,所以需要和新科技、互联网、新的模式等有机结合,构造更有趣、更适合年轻人的宣传模式。当然笔者在此也并非说传统模式完全没有意义了,在一些特定群体中,传统宣传模式仍然有其用武之地,只是相比之前影响力低很多。

公益营销在实践中面临着诚信、资源、受众参与和文化观念等方面的诸多挑战,但世间万事万物,哪有没有挑战只有好处的事情。正因为有这些困难和挑战,我们才需要通过科学的方式,通过多方合作和共享资源,共同努力,推动公益营销的创新和发展。

2. 公益营销的局限

公益营销不仅仅有以上的这些挑战,其本身也不是一个灵丹妙药,也有很多由于其性质导致的局限性,其常见的局限有如下四种。

(1) 资金来源受限。

在国内,笔者经常听见很多企业家对于公益的态度两极分化,主要的风格有两类:要么有些老板直接拿出一笔钱,说完全不追求任何回报;要么有些企业家前期投入一些钱但是希望能看到回报。无论是哪一种模式的公益项目,都难以获得长期足够的资金支持,前者很难长久,后者太过短视,限制了其在规模和影响力方面的扩大。所以实践中公益往往又会采用与商业化相结合的方式。

但实践中,一旦引入了商业化的筹资方式,又很容易出现上文的公益和商业化的矛盾问题。所以引入多少商业化资金,以什么样的模式配合,本身就是一个难题。不是所有愿意投出的资金都能使用,如果是这样,公益就会异化成一个商业行为,但是如果只引入纯公益化的资金,那基本又入不敷出。从而导致了公益活动资金来源受困。

(2) 理念思维受限。

公益不可避免地存在不少的伦理困境和社会舆论风险,加之公益活动的组织者大多有一些社会阅历,所以公益对各种新技术和传播方式的运用一般来说都比较保守。以往来说,传统的公益更多是采用电视、报纸等传统媒体进行宣传推广。但随着科技进步,互联网的崛起,人们获取信息的渠道发生了根本性的转变。

以上仅是一个例子,实践中不仅仅只有宣传的方式,还有活动的形式、公益的模式、筹款的便捷度等都存在理念落后的问题。当然笔者理解公益应该更偏向稳妥,但是随着科技进步越来越快,公益也应该与时俱进。

但值得欣慰的是,我国大部分互联网科技头部企业对公益的支持力度都非常大,腾讯、阿里等行业巨头均有专门的公益部门处理公益宣传和对应的公益项目。笔者相信公益目前的理念落后和思维只是暂时的,这是我们需要解决的局限,不会是长期的。

（3）知识储备和组织架构受限。

不得不说,国内很多企业的公益营销的创意和创新能力有很大的提升潜力。目前国内大部分公益营销活动的创意和创新度相对较低,缺乏新颖的思路和突破性的创新点。这其实和对公益营销的知识储备不足和组织架构僵化有关。

大部分企业为了提高执行力,往往不希望员工在企业内有太多独立思考的时间,往往采取权威去推动,但这样的模式在公益营销中是无法实现的,因为公益是一个不适合以权威和强制力去推动的领域,所以传统的企业组织架构并不适合公益营销决策。

其实说到底,创新能力不足的本质是在功利化的社会中,社会资源总体是逐利的,优质资源总会纷纷向利益最大化的方向倾斜,传统思维下公益的确不是一个可以利益最大化的领域,所以往往被大家所忽视。所以如何能在公益活动中发掘提升创新能力是一个非常具有挑战性的课题。

（4）评估难。

公益营销的效果评估体系不完善。公益项目通常追求长期的社会影响和价值,然而目前公益营销的效果评估主要以瞬时的曝光量和关注度为评估指标,无法全面衡量项目的长期影响和持续效果。为了完善公益营销的效果评估体系,可以引入更多的指标,例如社会影响指数、用户参与度等,综合考虑项目的长期效果和社会价值。

3.1.6 公益营销的风险

公益毫无疑问会给企业的营销插上一对有力的翅膀,可万事万物都无法绝对而论,公益营销有那么多好处,但在实践操作中有一定困难。很多企业都敬而远之,是因为公益营销本身也蕴藏着巨大的风险,笔者在此试分析一二。

1. 品牌和声誉的风险

企业的品牌和声誉是其最宝贵的资产之一,它不仅是企业在市场上取得竞争优势的重要因素,也是企业在社会中赢得信任和支持的关键。然而,在进行公益活动时,企业也面临着品牌和声誉的风险。

首先,企业的公益活动如果在执行中出现瑕疵或者争议,可能会对品牌形象造成负面影响。并且公益是双刃剑和放大器,他能带来巨大正面影响的帮助的同时,一旦行为不当,造成负面影响的破坏力也是非常巨大和惊人的。

无论企业是以什么目的或者形式参与公益活动,企业内部决策的时候绝大部分公益往往难以避免会沾染一些自利性因素。但一旦企业公益展示出过度自利化的倾向,那么就可能会被公众质疑企业的真实动机,弄巧成拙,不但没有正面影响反而产生负面效果。在极端情况下,一旦被认为借用公益的幌子去盈利,甚至有可能会被认为是一种虚伪的行为。这种严厉的负面评价会直接导致消费者对企业的失望和不信任,也就是所谓的"众口铄金,积毁销骨"。如何把握好商业化和公益的平衡避免出现黑天鹅事件,是一个非常需要知识和能力的领域。

其次,一些企业在公益活动中可能面临道德失范的风险。有些企业为了获取更多的社会关注和好评,可能会过度渲染自己的公益行为。这容易引起功利性公益的悖论问题。

有些企业甚至编造虚假的公益活动来吸引眼球。这种不诚实的行为不仅伤害了公益的本意,也侵犯了消费者的诚信。一旦这样的行为被曝光,企业的声誉将受到严重损害,失去消费者对其可靠性和诚信的信任。

此外,企业还应当格外注意一些潜在争议或难以解决的公益悖论问题可能会被公益活动所激发。有很多的社会问题和敏感话题,如性别平等、人权保护等,公益领域也会涉及,但是笔者不建议公益领域涉及,如果实在需要涉及需要进行极其严谨细致的评估和执行。

因为这类领域,往往容易产生投射效应导致知觉偏差,哪怕企业宣扬的是一个非常良善的价值观,在不同的社会下,都有可能引发公众的反感甚至是争议和批评,进而对企业形象产生不利影响。就比如有一些欧美企业强制其供应商基于人种和性别而非能力对工作和高管进行配额,这种公益模式在国外就容易引发巨大的争议,在国内就更加不适合应用于公益营销的领域。

因此,企业在公益营销过程中,在享受公益之利的时候,也应该意识到公益之危,并采取相应的措施来管理避免对品牌和声誉带来风险。

第一,企业需要确保其核心价值观和公益活动的一致性,以此向公众传递企业的真实愿景和使命,否则能骗一时,难以骗长久。言行不一的企业,无论是谁都会对这样的企业的产品产生深深的问号。

第二,企业在公益领域应该保持诚信和透明度,以免对品牌形象造成严重伤害,就算有些涉及企业秘密不适合公开和透明的,至少需要做到不说假话。并且企业在公益领域应该摒弃传统金字塔管理模式,需要在公司内外建立有效的沟通机制,积极回应公司内部员工和公司外部公众对公益活动的提议、关注和质疑。

在一个日益看重企业社会责任的时代，公益和企业运营的关系愈发紧密。企业必须认识到品牌和声誉的风险，在参与公益活动时，始终保持诚信、透明和责任感，才能有效地进行公益和企业运营的结合，实现可持续的发展。

2. 公益道德与企业利益的冲突

在企业运营实践中，从表象上看，公益活动与企业利益之间往往存在着一定的冲突（公益活动需要花钱和时间）。公益活动中蕴含着道德和伦理的气息，他指导企业需要遵循道德规范和行为准则，它强调诚信、非营利（仅指公益活动中）、公正、透明以及对他人的尊重和关怀。然而，难以否认的是，企业在追求利益的过程中，有时候会和公益道德产生矛盾甚至冲突。

坦率地说，企业天生就具有追求利润最大化的逐利性，在目前激烈的市场经济竞争环境的背景下，那就更是如此了。因此，一些企业可能会将公益活动看作是一种投入，期望能够获得回报就变得可以理解。

然而，公益活动是以非营利为出发点，所以公益活动与企业之间在根本理念上是有冲突的。并且公益活动的效益往往不能在短期内用客观数据直接量化和衡量，与企业利润的具体数字相比，其有比较强的长期效应。这就使得企业在作出决策时，往往更倾向于放弃或减少公益活动，以追求更大的利润。

道德至上与利益至上的理念之争也会影响公益活动的开展。在实践中，无论我们教材上写得多好，在企业运营过程中，为了保证企业的利益和竞争力，可能出现一些违背道德的行为，比如虚假广告、不正当竞争、虚标参数、恶意竞争等。这些行为可能会对企业带来短期效益，但是会对企业文化带来负面影响，并且这也是与公益精神相悖逆的。作为管理者和员工，他们可能会面临道德困境。他们不得不在公益精神和企业利益之间作出抉择，在公开场合相信大家都会说我们要坚守道德，但是一个个实际案例都显示，两者冲突时我们往往选择了符合利益的做法。当然笔者理解两者之间两难的地方，只是希望企业在践行企业公益的同时，可以提升对利益渴望的阈值，让企业不至于为了一些蝇头小利就违背商业道德，让商业伦理真正从课本走向实践、走入人心。

从另一个角度来说，公益活动本身也需要耗费一定的时间、精力和资金。有些企业的领导层认为这可能会影响企业本身营利的时间，但笔者想说二八原则在工作中其实也适用。如果你的企业一年中有1—2个月高峰期真的需要"996"才能完成手上的工作，尚可理解。如果你的企业"996"甚至"007"是常态，只能说这个企业大部分时间都不在正常地工作。不可否认的是，公益的确需要投入，这个投入需要一开始就计划好，我们需要企业在公益活动和企业运营之间进行平衡。凡事预则立不预则废，只要提前有预算，绝大多数企业都有时间和精力去实践公益，从而实现企业利益和社会价值的统一。

同时领导层应当对公益活动进行足够的支持，不要因为短期可接受的投入没有看到效果就朝令夕改。这不仅会导致公益和企业的信誉受损，往往也会严重削弱领导层的领导力。

3. 投射效应产生知觉偏差

投射偏差指的是人习惯性地认为他人与自己会有类似的价值观、喜好和倾向性，从而导致公益营销活动和目标受众产生重大偏差。对于企业公益营销来说无疑是最大的风险，经常容易变成自我感动，甚至是"马屁拍在马腿上"起到负面作用。

这里主要可能会有三种原因导致公益营销无效甚至起反效果。

（1）公益主张的观点和目标客户人群有利益冲突。

笔者举个例子，假如一个企业准备投入资金支持清洁能源的公益活动，但是这个企业的主要目标群体是煤炭产业密集的城市，这就很不适合了。正如前文所说的，公益的伦理困境之一是利人不应损己，对于公益活动的组织者和受众都是如此。

但有时候部分公益活动组织者往往可能对自己过于自信，认为其价值观可以投射给大部分群体，从而使公益活动效果不佳，而这类问题一旦在企业公益营销中发生，会对企业的公益营销造成毁灭性的影响，很有可能不仅无法实现营销目标，反而会对企业品牌带来巨大的伤害。

所以企业无论是自行组织公益活动还是联合公益组织进行公益营销，一定要评估好企业自身客户群体，避免出现此类投射效应。

（2）公益营销的主张完全背离了目标客户的现实需求层次。

此类投射效应，笔者举一个最典型的典故，就是"何不食肉糜"。根据马斯洛需求层次理论，追求公益的组织者大多有比较高的需求层次，大多不需要为了最基本的生存需求犯愁，但是目标客户需求却并不一定如此。

比如企业在做公益营销时，采用的公益营销路线是比较高的层次（例如保护环境），但是绝大部分目标群体的文化水平都比较低；或者，当你的目标群体都是高知人群时，你却还在对他们做最基础的科普教育。当公益营销的主张和目标客户的现实需求层次完全背离时,虽说不至于像利益冲突那么可怕,却也很容易导致公益营销惨淡收场,甚至反而给品牌带来比较大的负面影响,从而得不偿失。

所以企业在设计公益营销策略时,一定要考虑好自身目标群体的层次,有的放矢,避免出现投射偏差。

(3)公益营销的发起人以为参与者和他一样道德高尚,从而将公益活动变成了一个人性考验实验地,企业自身也会陷入两难。

此类投射错误相比前两种,危害一点也不小,此类错误往往是由于公益营销的发起人通过自身的道德水平以己度人,导致公益活动规则设置出现缺陷,以至于活动变得丧失本身的含义甚至可能完全失控。使得公益营销活动需要提前终止违背承诺或者超出企业可承受能力而取消。

笔者记得有一些餐饮企业曾经推行公益餐,有困难的人群可以领取免费食品。活动发起者原本设想大部分人出于道德和面子顾虑,不会恶意假装贫困人群且不会恶意领取,但现实毫无疑问"打脸"了。现实当中就是有极少数人,不仅假装贫困人群,还多次恶意领取,把食品转卖甚至扔掉。活动发起后,企业会收到远超过其设想的需求,最后只能终止该项目。

而这绝非只在餐饮这种可能利己的活动中出现,哪怕是没有利己的公益活动,投射偏差导致的规则不严谨也会带来严重的问题。还有一家快餐企业曾经发起微笑捐款活动,只要上传微笑照片就能捐款,但是实践中慢慢开始有人上传虚假的微笑、动漫的头像甚至是不适合上传的图片,直到最后企业被迫停止该活动,本来应该双赢的公益营销变得一地鸡毛,除了给用户感觉企业组织活动的能力欠缺之外,恐怕也没有其他印象了。

笔者在此不想去抨击或者指责那些不道德的人,毕竟人性天然就有丑陋的一面。只是想说,如果想要公益活动和公益营销取得预期的效果,就需要避免投射偏差,提前将公益营销的规则制定完善好。

3.1.7 公益营销的伦理困境

公益营销作为一种既能传递品牌价值,又能为社会带来正面影响的营销方式,受到越来越多企业和组织的青睐。但因为其特殊性,同时也不可避免地出现了一些伦理问题——公益是否应该融入营利因素。

之所以说这些问题为伦理问题,是因为在这个问题上,可能会有不同的理解，主要有以下三种观点。

第一种，认为公益应该是纯粹的公益，不应该掺杂任何的营利因素。亦即前文所说的非功利性公益。

第二种，认为公益可以接受一定的自利性因素，但这仅仅是过渡，最终最好的结果应该是非功利性公益。但即使是功利性公益，目的也应该是造福大众，自利性因素不应该是主要目的，并且也不应该追求盈亏平衡。

第三种，认为公益和营利可以相辅相成，甚至公益只是营利的一种手段。无论如何，公益性营销毕竟还是带有营销的性质。

不得不说这三种观点各有各的道理，笔者也无法给出一个确定的正确答案，笔者只能以个人的价值观立场，更认同第二种观点。公益可以接受一定的自利性因素，但即使是功利性公益，也不应忘却公益的根本。其原因在于第一种观点，非常纯粹完美无瑕，可金无足赤人无完人，如果对于公益有过分高的要求和期待，只会让很多试图入门公益的人望而却步，对社会整体不一定是正面的效果。而第三种观点又过于市侩和现实，虽然公益作为营销手段也可以得到宣传，但是可能给大众带来一种虚伪的印象，从而招致消极的间接影响，长远对公益、对社会利益不利。由于以上的原因，笔者更认同第二种观点。

之所以我们要研究公益营销当中的伦理难题，主要涉及公益营销的目的，而目的又影响方法和效果等方面，直接影响着公益活动和企业的可持续发展。

首先要明确的事，公益营销的目的首先是真的为了社会公益，而非仅仅是为了企业的商业目标。这点非常重要，有些企业在进行公益活动时，可能只是单纯为了企业利益，改善公司形象吸引消费者。这样做虽然能在短期带来一定的社会效益，但如果企业的主要目的只是利用公益活动的幌子来获取商业利益，就违背了公益的初衷。

所以公益营销活动应当以实现社会价值为宗旨，企业应该积极承担社会责任，在此基础上再追求企业的价值。这一点其实是非常重要的，公益营销如果公益优先的话，两者相较其他营销方式有所不同的是因为公益营销主要打动的目标是每个人的内心，所以公益营销的方法一定要符合公众感受，合乎伦理原则。有些企业在进行公益营销时，即使做的事情从商业角度或者法律角度没有问题，但是忽视了公众感受和伦理原则，就容易被社会和公众批评，反而影响企业的品牌。

很多企业在公益营销或者处理一些社会关系的时候，往往就是没有解决好伦理问题,典型的如一些高利润的企业,社会就会对其提出非常苛刻的预期,除非其行为完美无瑕(现实中几乎不可能存在),否则就会受到公众批评和攻击。所以了解并且巧妙地处理公益营销中的伦理困境对处理公共关系,实现高质量的公益营销有着至关重要的作用。

3.1.8 科技和社会变革对公益营销的影响

随着社会的不断变革,公益事业在人们的日常生活中越来越受到关注。随之而来的是公益营销的创新。社会变革对公益营销的影响体现在多个方面。

社会变革给公益营销带来了更广阔的舞台。随着互联网的普及,信息的快速传播使得企业能够更加方便快捷地与公众进行沟通和互动。社交媒体的兴起为公益营销的宣传和推广提供了强大的平台来放大倍增影响,通过社交媒体渠道,公益营销可以将自己的理念和行动传播到更多人群中。

1. 社会变革对公益营销的影响

社会变革在以下三个方面影响了公益营销。

(1)老龄化和少子化。

随着社会老龄化和少子化的不断演变,子女工作压力也大,无力赡养老人。越来越多的老人越来越孤独,这个时候公益营销的一个很好的切入点就是孤独的老人,如何能让老人缓解孤独的同时又实现企业商业价值?没有子女亲自赡养的老人显然在生理上需要高质量的老人专属服务,同时心理上的孤独也需要陪伴。光这两点就激发出未来的两个万亿级热点话题——银发经济和宠物经济。未来如果有企业可以在银发经济和宠物经济上实践出一套成熟的公益营销模式,一定可以对父母和子女(子女最怕父母被无良机构诈骗)产生强大的吸引力,从而可以实现商业价值和社会责任的共赢。

(2)个性化。

随着独生子女和物质的富足,现代的子女往往享受着父母最悉心的照料和呵护,个体意识往往比以前时代的人强很多,并且有越来越强的趋势。正如之前所说,未来是年轻人的时代,除了特殊领域,未来所有行业都需要拥抱年轻人。那如何迎合个性化的年轻人?所以公益营销(其实不止公益营销需要)就需要打破传统的一些模式,大胆采用新思路、新创意(笔者文章也举了不少例子),迎合年轻人的个性化需求。

谁说公益一定要一脸严肃,无私奉献,大爱人间,难道就不能再轻松愉快的模式下,一起为社会作贡献吗?

（3）多元化。

随着信息大爆炸,社会在不断的变革中也愈发多元化,随着自主意识的不断加强,不同人心目中认可的公益也越来越多元。传统的公益模式通常是对贫困儿童或者特殊残障人士捐款、捐物或做志愿者。但随着物质的丰富,思想的多元,慢慢开始有了动物多样性、文化公益等多种多样的公益。公益营销也需要紧跟时代潮流,才可以抓住时代的脉搏,实现更好的效果。

2. 科技创新对公益营销的影响

社会变革指的是社会群体中软性的一面,而科技创新毫无疑问就是硬核的一面了,科技创新的速度远比社会变革更快更彻底,同样也给公益营销带来了巨大的影响和机遇。

（1）创新的传播渠道。

随着互联网和自媒体的普及,现代的公益已经远远不像过去只能依赖电视、广播或者线下传单的低效的传播方式,现在只要有一个戳到公众点的公益营销,在微博或者抖音顷刻间就能有数百上千万甚至数亿次的点击量。毫无疑问,这个时代无疑给公益营销带来了巨大的机遇,在中国传统的低调文化中,公益是为数不多的、公众对其宣传包容度比较高的领域。善用公益营销可以使企业在科技进步创新的互联网传播里有了一个合适的武器。

（2）互联网及 AI 人工智能。

前些年互联网带来了创新的交付方式和海量的数据,但是囿于处理能力,人工难以有效地处理,但是目前随着 AI 的蓬勃发展,对各行各业都带来了巨大的影响和助力。

互联网可以让我们高效便捷地沟通,同时还可以高效低成本地汇集海量小金额的捐赠,大大降低了募集成本。从而让无数善心人的涓流汇成大海的效应成为现实(互联网公益募集平台的机理)。同时我们还可以利用虚拟现实和增强现实等技术手段,创造更具沉浸感和参与感的公益体验(比如"蚂蚁森林"种好树后,成本所限无法去现场,但是可以在家看),从而提升公益的成就感和乐趣,吸引更多的人积极参与到公益活动中来,提升公益营销的效果。

而传统的公益活动为了实现高透明度,需要公布账目和审计,而且即使如此也难以杜绝流言蜚语。但是在互联网诞生后,公益活动可以在互联网统计账目并且公布,大大提升了透明度和效率(缓解了公平和效率的伦理难题)。不远的未来,公益活动还可以利用 AI 和区块链技术,更大幅度提升募捐透明度和信任度,增加捐款人的信任感和信心,确保专款专用,降低公益道德风险,从而实现更好的公益营销。

3. 公益营销的创新手段

针对新时代的科技和社会变革,创新的手段和方法不胜枚举,笔者无法一一详述,笔者在此列举三个常见的具体形式。

(1) 创新手段——社交媒体的运用。

社交媒体的兴起给公益事业带来了前所未有的机遇和挑战。作为一种强大的传播工具,社交媒体为企业提供了广泛的受众群体和互动平台,有力地推动了公益营销的创新发展。首先,社交媒体为营销的宣传和传播提供了全新的渠道和手段。通过社交媒体平台,营销可以与受众直接互动、发布信息、分享故事,同时也能快速反馈和了解受众的需求和反应。

企业可以通过微博、微信等平台发布有趣、引人入胜的公益活动内容吸引用户关注。借助宣传公益活动的契机同时推广自己的品牌(本文很多企业的公益宣传均是如此),从而扩大企业影响力和传播范围。并且企业后续在公益活动中还能够通过直播、短视频等形式展示公益项目的实施过程和效果,并可以与受众进行互动,在进一步提升公益活动效果的同时,也加强了客户的粘性和对品牌的忠诚度。

此外,社交媒体和公益营销结合还放大了企业找明星等代言的效果。现代很多企业往往和有影响力的人物或品牌联合,但是大家对传统的代言兴趣没有以前那么大,而且那些明星和企业也往往对代言和活动愈发慎重(踩了太多坑和雷)。

但是公益活动可以有效地缓解大家的疑虑,将公益、企业、明星三个要素结合,更容易在互联网上引发广泛关注和讨论,不仅能够提升公益项目的知名度和影响力,还能够让公益营销效果更佳,企业获得自己想要的品牌美誉度和影响力。

(2) AI 大数据分析技术的应用。

在当今信息科技飞速发展的背景下,尤其是 Alpha Go 战胜人类顶级棋手的分水岭事件之后,AI 已经发展得如火如荼。

AI 大数据分析不仅意味着信息的大规模积累和存储,更重要的是凭借 AI 强大的数据分析能力可以推动各个领域的创新发展。公益营销领域同样也可以受益于大数据分析技术的应用。

AI大数据分析技术可以为公益营销活动提供更精准的目标用户定位。传统的公益营销活动通常只能根据一些客户的表面要素（性别、年龄）来进行简单的筛选，再通过多次活动进行分类。然而，这种方法不仅效率低下，成本也十分高昂。

通过AI大数据分析技术，我们就可以通过APP的操作习惯深入挖掘用户的消费行为、兴趣爱好、社交关系等信息（笔者在此假设消费者同意采集数据，不存在侵犯隐私权的问题），从而更加准确地分析用户的心理和可能接受的公益需求。

基于这些分析，可以精准地投放用户可能感兴趣的类型的公益活动，实现精准化、个性化的公益营销，提高公益营销活动的效果。另外大数据分析技术也可以为公益营销活动产生的数据提供更强大、准确的数据分析。

一个营销活动的效果，往往需要依赖数据的支持和评估，而传统调查或者互联网填表方式受不可控因素影响较大，并且往往需要耗费大量的时间和资源。不仅可能影响客户体验，还难以获得全面准确的信息。

而AI大数据分析技术对于规则、海量的数据的处理能力相比人类效率高很多个数量级，可以帮助分析原本大家认为分析价值过高的数据。通过对海量隐含数据以人工智能的方式深度地挖掘和分析，就可以提炼出有价值的信息，从而为公益和营销活动提供更准确的数据支持。

例如，在公益活动中，AI大数据分析技术可以通过打卡、摄像头等多种模式，对每个用户具体停留的时间、参与的项目等要素，进行实时监测和评估，为后续的活动优化和调整提供参考依据。

综上，AI大数据分析技术在公益营销领域的应用开辟了全新的创新空间（当然也不止这个领域）。通过精准的用户定位、全面的数据支持和更加人性化的体验，可以实现更高效、体验好的公益营销活动，从而更好地提升品牌价值和社会影响力。

（3）跨界合作的创新实践。

随着社会进步和市场竞争的加剧，企业在推行公益事业中，开始寻求与其他行业的合作，以实现创新的发展。跨界合作作为一种创新实践的方式，被越来越多的企业所采纳，以增加他们的公益营销影响力和市场竞争力。

在传统的产品思维中，公益往往被认为需要和企业的主营业务相关联，但是目前已经转向用户思维,即使不同行业也会有相同的用户,而这个时候公益是个很好的纽带。在公益领域中,跨界合作可以扩大公益事业的影响范围和效果。不同行业的企业拥有不同的资源和专长,通过跨界合作,可以实现资源的有效整合和优势互补。

例如,一家公益组织与一家知名企业合作开展公益慈善项目,公益组织可以利用企业的品牌影响力和市场渠道,将公益理念传递给更多的人群。笔者在前后文都提到过类似的案例。同时,企业可以利用公益组织的专业知识和经验,提升其社会责任形象,增强消费者对其产品的认可度和信任度。通过这种跨界合作,公益事业和企业都能够实现自身目标的达成,进一步推动社会的发展。笔者在后文公益营销案例中也列举了咖啡和公益组织合作的实践案例。

同时,跨界合作也可以为企业带来新的商机和市场竞争优势。传统的营销方式往往面临瓶颈,并且已经为消费者厌烦,营销创新成为企业持续发展所面临的挑战。跨界合作可以为企业带来新的营销渠道和消费群体,拓宽企业的营销范围。

再如,一家公益机构与一家奢侈品机构合作推出联名款,通过公益和艺术元素的融入,吸引了更多受众的关注和购买,实现了品牌的差异化,并扩大了市场份额。(详见后文企业公益中的某品牌和上海市血液中心联合的实际案例)

在传统模式下,跨界合作在实践中不那么流行的原因主要还是因为以下两点:一是以前的消费者的自主意识不如现在消费者那么强;二是以前两个企业融合的往往是一小群群体,在传统的宣传模式下,即使他们有很强的影响力,也只能局限于一个很小的区域,但是在现在互联网信息爆炸的时代,一个流行的跨界很容易就产生黑洞效应一传十、十传百。

最典型的例子莫过于瑞幸和茅台的跨界联合,毫无疑问的是大家都关注到了它们的巨大流量,但是欣赏"酱香拿铁"的一定是瑞幸和茅台客户当中的少部分人,但是为什么能引起极大的关注效应,那是因为酱香拿铁在宣传时也邀请了罗翔老师对喝酒和法律责任问题进行了一次普法公益活动,"咖啡、白酒、法律、公益"互相结合,相得益彰,从而激发了巨大的传播效应,茅台和瑞幸都获益颇丰。

综上,跨界合作不失为公益营销创新的一种思路,但是我们虽然看到有成功的公益跨界营销,也要看到公益营销中的跨界合作也会存在一些特殊问题,并且一个成功一个失败的案例都出自一个企业。这说明公益跨界营销在实践中还是存在很多难题和巨大的挑战,需要我们好好地总结和反思。

3.1.9 常见公益营销的实例

虽然公益营销是一种创新的营销策略,但其实我们只是没有成系统成理论地去进行研究。现实当中其实我们很多的营销手段已经有了一些公益营销的概念。正如现代营销学之父科特勒所说:"营销 3.0 是要和人们在价值观和精神上寻求共鸣。"

需要强调,公益营销是一种功利性公益,所以要和公益式公益做区分,对于功利性公益伦理上存在不同意见,笔者在此仅表达个人倾向性意见。

在此列举四个常见的公益营销形式来进行分享。

1. 公益捐赠

而现实当中传统企业更加熟悉的是,提出一个公益口号,并且借助宣传工具或者热点时间进行公益营销宣传,从而提升销量,比如,英国 Life water 用一瓶水的价格销售半瓶水,另外半瓶水则捐赠给缺水地区的孩子,销售额提升了 652%;鸿星尔克在河南灾情期间捐款 5 000 万元,在网上产生热议,对企业的品牌形象产生了巨大的溢价。

但是由于这种方式更依赖于社会文化基础、企业领导人的决策、信息的传播,其存在较大的偶然性、不可复制性。但企业也随着社会的进步而进步,近些年来也慢慢浮现了更多的新型公益营销模式。

公益营销另一个典型形式是,互联网平台购买后,商家或平台允诺将一部分的钱进行捐赠。典型如某平台的公益宝贝计划,商家允诺将成交的每单金额的极小一部分捐赠给某某基金会或者某个公益项目,积少成多,聚沙成塔。

很多用户也会因为自己的一个简单的购买举动而能实现公益项目而感到消费体验非常好,从而实现更好的售前和售后的综合购买体验,不仅让消费者愿意有购买的欲望,也是让消费者加强粘性的一个方式,从而提升产品的销量。

本案例不仅仅是公益营销的实践,而且也体现了科技对公益营销的影响,如果是在过去,每单 0.01—0.05 元这样的金额,基本没有办法捐赠。但是在数字化的今天,科技的进步让这样的操作变得有可行性。

2. 公益联合企业宣传

笔者在写书的时候,肚子饿了准备用美团点外卖,就发现美团在平台公益捐赠这个手段上更进一步。美团将商家（企业）和美团公益活动项目链接在一起，不仅每单捐款，还总结了美团公益商家好事簿，将公益商家参与的公益计划天数（图3-4是笔者参与了302天）和美团乡村儿童操场的公益项目直接关联在一起。

美团借用公益的平台给予商家品牌宣传更大的助力，并且通过此举让更多的商家看到公益的力量（商家可以在后台线上签约）。正如美团页面上所说，让每笔订单更有温度，不仅温暖了受帮助的乡村儿童，也温暖了美团企业和员工，更是温暖了商家企业，美团实现了商业价值和社会利益的共生共赢。

图3-4 美团外卖截图

3. 和公益组织联合举办主题活动

典型如由心咖啡和Make-A-Wish慈善基金会联合举办主题活动（图3-5），推动公益理念，让更多罹患重病的儿童和青少年获益。

同时，也能进行高效的引流，借用公益的理念进行市场营销推广其咖啡品牌。

消费者可以在咖啡拉花的愉悦过程中进行愉快的分享，在互动中可以获得非常好的与众不同的消费体验，同时还可以感受到类似高素质价值观小伙伴思想的魅力。

将公益和营销完美地结合，是一个非常好的例子。

4. 公益主题企业

此类形式相比较前者更加深入，这个企业本身就是以公益的形式（帮助某类特殊人群）而创办，虽然也需要像传统的企业一样，通过正常的营销活动来牟取利润，但整个企业本身就是完全以某一类公益作为主题来进行营销。

此类模式在商业和公益上需要取得一个完美的平衡，现实当中比较难以实现。做得比较好的是在上海汉中路地铁站边上的爱·咖啡（自闭症实践基地）。

图 3-5　由心咖啡与 Make-A-Wish 联名宣传海报

图 3-6　笔者在爱·咖啡的实拍照片 1　　图 3-7　笔者在爱·咖啡的实拍照片 2

作为一个咖啡馆,需要通过营业正常运营,但店员都是自闭症患者,该店是自闭症实践基地,这种模式的新业态可以实现企业营利和社会价值的统一,值得我们支持。

无独有偶,除了自闭症实践中心,在上海也有多家针对盲人的熊爪咖啡店,其店员也都是盲人,其难度要比自闭症实践中心高出不少。笔者为了体验熊爪咖啡,特地拜访了张杨路的熊爪咖啡店,笔者发现熊爪咖啡店的内部设施设备高度为视障人士提供服务。笔者通过 APP 扫码点咖啡后,店员会听到语音提示,然后根据特别的机器人识别订单内容,而所有的原材料设备摆放的位置也是高度为盲人优化。

其中店后面那句"Imperfection is perfection"("不完美就是完美"),令笔者深深地感动,店员们虽然都是视力存在障碍,但是给他们一个合适的平台,他们也可以迸发出强大的动力,凭借自己的双手努力创造价值。更让笔者感动的是,店内提供残疾朋友每天一杯免费咖啡,并且贴心地专门设计了聋哑朋友的点单程序(因为盲人主要通过听觉接单),让所有想喝到熊爪咖啡的朋友都可以无障碍地喝到。

笔者在 2024 年 1 月的一个下雨天,点了一杯核桃冰拿铁,全程等待时间不长,成品口味非常出色,和正常咖啡店做出来的口味没有区别。虽然被冬日凛冽的寒风吹得瑟瑟发抖,但是笔者还是在看到盲人店员认真努力地制作咖啡时流下了热泪。

图 3-8　笔者在熊爪咖啡店实拍图

图 3-9　熊爪咖啡店内指示牌特写

这也给我们提供了一个新思路，"授人以鱼不如授人以渔"，与其仅仅想着捐款捐物，我们更应该发掘这些残障人士的能力，虽然残障本身的确会影响一些工作便利度，但是只要平台和工作内容合适，他们一样可以创造价值，凭借自己勤劳的双手，才是最好的生存之道。

3.2 公益与企业社会关系

3.2.1 公益对企业社会关系的帮助

1. 企业公益与公关

随着科技不断进步，时代不断变迁，人的社会属性越来越重要，人尚且如此，更别提影响更大的企业了。现实中，大家往往都在说，一个大型企业，就应该做更多的公益，在法律上这样的要求并没有任何支撑，但是在社会关系上却是不可回避的话题。所以企业和社会的关系也是一个重要的因素，而企业和社会关系的具象化的体现就是公关。

公益与公关两者有完全不同的概念，但是两者确有紧密的联系。公益是代表对社会的利益和福祉产生积极影响的行为和活动。而公关是指通过策划和实施一系列的传播活动，塑造企业或组织的形象，维护其利益与声誉。常规来说大家往往不会将他们联系在一起。但公益对企业形象有很好的塑造作用，公益和公关在对外宣传方面可能会有一些联系和交集。

对于企业来说，公益更是一种公关的方式（传递价值观、宣传企业形象），广义上受众是相同的。公益活动的目标是为了社会的利益和福祉，通过提供慈善捐助、救助贫困、环保、保护动物等方式来改善社会现状，虽然直接受众不一定是公众，但是公众一定是间接受众。

而公关活动的目标是通过营造良好的形象，树立企业或组织的正面形象，增强公众对其信任和认同，受众就是公众。也因为企业公益需要考虑社会影响、公众的看法，在这个角度和公关非常类似。

正因为此，公关可以将公益作为其重要战术和战略，同时公益也需要公关的专业宣传，从而扩大公益的传播效果、受众面以获得良好的效果。

由于公益行为的本身就暗含了无私奉献、关爱社会、公开透明等诸多良好的标签，因此将公益尤其是公益营销纳入企业公关的战略中，可以借助企业的资源,更容易形成良好品牌形象、提高社会声誉。

同时,公益活动也可以成为与公众进行沟通的纽带和渠道,增加公众对企业的认同感,这样也便于企业建立一个良好的公关关系。

另一方面,公关当中目前最具热点的就是危机公关。危机公关是指在企业或组织遭遇危机时,通过有效的传播和处理危机事件,减少负面影响,并恢复声誉。危机公关对企业影响巨大,以至于很多企业都求助于专门处理危机公关的组织和企业。笔者认为公关与公益的结合可以帮助企业应对危机公关。

公益有两种形式可以帮助处理危机公关:

(1) 公益提前形成道德大堤。

企业在积极参与公益活动过程中,可以在危机发生前树立良好的公众形象和声誉,形成良好的公众基础,就相当于在道德储蓄中有一笔储蓄。在危机发生时,道德储蓄就如同一道道德防浪堤,可以减轻甚至消弭一些公众对企业的负面评价,减轻危机公关的压力。

(2) 危机公关处理。

公益对危机公关的另一种助力就是在事发后采取公益行为从而消减公众的怨气。

危机公关常见的两种情况,一类是单纯的合法但不是特别合情的事件,比如某企业对其下属供应商的非法用工审核不严,在这种情况下,公益有很好的美化自身形象、弱化危机的作用,配合诚恳的认错,还有可能将危机变成一次企业的自我展示。另一类就比较严重,可能会违法,那这个时候公益也可以作为一个诚恳的表态展示,尽量减轻危机对企业的负面影响,减少损失。

正如图3-10所示,一个企业发展壮大,一定会有明枪暗箭攻击(公众更高的预期是明枪,竞争对手的落井下石就是暗箭了),这是难以避免的现象,千万不要以为靠某个领导人个人能力或者管理就能解决,短期没爆发不代表没有危机。而践行公益和带来的良好的企业形象则可以在企业外部树立一个无形的道德盾牌,可以抵挡或大大减轻这些明枪暗箭的伤

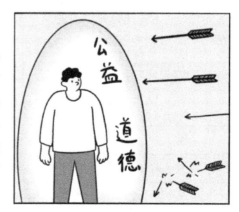

图3-10 道德盾牌

注:插图创意和版权为笔者所有

害,从而降低企业危机公关时的难度,让企业更容易实现长治久安。

很多人说到道德盾牌,有一定概念,但是难以系统性地理解,笔者在此详述一下道德盾牌的主要作用:

(1)帮助企业放大企业的正面形象,更容易获得支持。

这点很多读者大多都有概念,道德盾牌可以作为一个背景板,让企业形象、价值观等美德得到充分的放大,从而获得社会和政策的支持。笔者在后文中也有很多例子表述,所以在此不再更多地赘述。

(2)帮助企业在犯小错时,功过相抵。

笔者在这里要明确地阐明,这里的功过不是法律意义上的功过,更多说的是公众心理的社会关系上的功过。"常在河边走,哪有不湿鞋",一个企业在运营中难免会有一些小错误。虽然我们说功过不能混为一谈,但是坦诚来说,人是感性的,一个企业如果热心公益,那社会公众往往会对其更加包容,更容易网开一面。

(3)企业受到不公正待遇时,更容易受到帮助。

俗话说得好,"常在江湖飘,哪有不挨刀"。然而,"得道多助,失道寡助",种善因结善果。一个热心于公益事业的企业显然会因为其道德盾牌属性而获得更多的帮助,从而使得一个企业可以减少甚至消除损失,这难道不是很多企业梦寐以求的吗?

以上三点就可以看出,企业践行公益所产生的道德盾牌对企业运营有着巨大的助力,这难道不值得我们细细研究和重视吗?

笔者在此列举近期的热点事件论证公关与公益的重要性——农夫山泉公关危机和娃哈哈公共关系。2024年年初,娃哈哈创始人宗庆后离世,无论如何宗庆后作为一代巨擘,其高尚的品格和对弱势群体的公益之心无疑引起了社会的共鸣。但是农夫山泉显然是完全不同的风格。

以互联网公开信息为信息源,笔者整理了一个表格,见表3-2。

表3-2 农夫山泉与娃哈哈的公益形象对比

企 业	农夫山泉	娃哈哈
创始人	钟睒睒	宗庆后(独女宗馥莉)
营收规模	2020年228亿元 2021年296亿元 2022年332亿元	2020年439亿元 2021年519亿元 2022年512亿元

续 表

净利润	2020年53亿元 2021年72亿元 2022年85亿元	2020年57亿元 2021年62亿元 2022年32亿元
公益捐赠规模	2020年490万元 2021年535万元 2022年365万元	2020年3 100万+500万元 2021年远大于1 000万元 2022年远大于1 000万元
社会公众印象	儿子美国国籍 截至2024年3月， 被网络暴力攻击	累计捐款7.5亿元 截至2024年3月， 被全网怀念

备注：由于2021年和2022年笔者没有找到娃哈哈的社会责任报告，只找到了2020年全年数据，但是2021年和2022年娃哈哈均有单笔1 000万元的捐赠，所以笔者认定娃哈哈当年公益捐赠额应该远超1 000万元。

现在社会上有些企业家的理念如同本书序中所讲，认为自己最大的社会责任在于保证自己盈利，这些企业认为企业的公益除了对自己的主营业务有推动作用之外，其余和企业的发展无关，自己想捐就捐，不想捐就不捐。

笔者认为这种观念也对，也不对。企业合法所得利润是否捐赠的确是企业的自主权，公益慈善纯属自愿（所以笔者特别反对网络上一些逼捐或者攀比捐款额的行为）。但是，那些企业家有没说的潜台词就是就算我的企业不进行社会捐赠，大家也应该和之前一样购买产品和服务，那这就大错特错了。

企业植根于社会，所以维护良好的社会公众关系，无疑是企业的一个很重要的工作内容，随着信息科技的发达，互联网的威力越来越大，一个良好的公众形象对于企业的助力也更大（反之亦然）。

从农夫山泉的各项数据来看，不能说农夫山泉完全不做公益，但是农夫山泉对于广大让其发展壮大的消费者和社会来说，感恩之心是有所欠缺的，所以才招致社会舆论的反噬，从而导致现在的窘境。笔者在此反对任何互联网攻击和逼捐，但也希望未来农夫山泉可以投入更多精力在公益领域。

当然，后续迫于巨大的舆论压力，农夫山泉公布了其养生堂集团和其创办钟子逸教育基金会的社会责任的公示，但这毕竟不是农夫山泉实体捐赠的，还是有所差别。

而娃哈哈就是一个鲜明的对比了。宗庆后生于微末，发于华枝。虽然由于时代所限，宗老先生没有很高的学历，没有受过很好的教育，但是他始终有一颗尽力回馈社会的感恩之心，开办娃哈哈企业三十余载，总计公益捐款 7.5 亿元，其对于中国饮料行业的贡献和对于中国社会的无私奉献都将长存于人们心间。这才是一个优秀企业家应有的品格，不仅仅将企业做得非常好，而且也将社会关系维护得非常好（一个特殊的利益相关者，毕竟企业也是生存于社会土壤中）。

笔者在此也希望娃哈哈未来的掌舵人可以继承宗老先生未竟之志，带领娃哈哈走向更美好的未来，同时不忘初心感恩社会，使娃哈哈成为中国未来的百年企业之一。

2. 合规与社会关系的差异体现了企业公益的必要性

很多人都觉得一个企业合规合法，那就是对社会最大的回报，笔者认为这在企业发展的一定阶段是没有问题的，但是一旦跨越了一定阶段，这种理念就会成为企业的一个定时炸弹和致乱之源（如前文所说的农夫山泉就是最好的例子）。

笔者在此总结了三种企业合规模式，见表 3-3。

表 3-3　三种企业合规模式

不 合 规	合规合法	高道德标准
无法长期运营，有巨大的风险	企业运营的最低限度，在企业发展初期可以以此为标准	对企业各方面均有深远的助力，但是需要支付格外的成本

所以很多企业掌舵人往往会觉得企业只要做到合规合法就行了，这个显然是对社会关系的漠视。一个企业在销售产品、塑造品牌时往往利用了人感性的认知，在一个企业是否做公益的事上却又希望消费者完全理智。这岂不是只许州官放火不许百姓点灯的双重标准吗？

但是不可否认的是，由于公益效应的确不是特别直观，而且很多时候并不一定会在当下立刻发作。加之很多管理层因为各种原因，往往更倾向于短期主义。实践中很多企业往往忽视了公益的作用，更有甚者完全靠欺诈、权谋维护公共关系。

企业忽视公益，一旦出现危机，社会公众很容易将怒气和怨恨宣泄到企业身上，哪怕这个企业在这件事的合规性上已经做到了足够的审核，但是社会公众的情绪有时候是非理性的，即使合法也不太合情，比如高利润不做公益也会成为一个潜在的怒气点。

正如笔者之前所言，企业不是社会的企业，企业又是社会的企业，所以量力而行的公益对企业是有利无害的，更可以给企业建立起一块道德盾牌，何乐而不为呢？

3. 企业公益处理社会关系实践

从前文农夫山泉的例子就可以看出,目前企业公益往往有多种方式。由于企业需要处理社会关系,所以笔者在此以农夫山泉为反例,指出企业公益处理社会关系实践中需要注意的点。

(1) 企业公益应当注意实施主体。

现代企业公益,往往有多种形式和多种主体,农夫山泉可以以农夫山泉的名义实施,可以以养生堂集团名义实施,可以以其控制的基金会或者慈善信托名义实施,还可以以个人名义或者和其他非营利组织合作的方式实施。以上的形式都是常用的公益实施主体的形式,本身并无优劣之分,只要有助于帮助需要帮助的人都应该提倡。

但是从企业维护社会关系的角度看,一个组织的主要盈利实体应当以两种方式保证适度的公益投入:① 公益投入比例应当和主要盈利实体的营收和利润成比例,避免主要盈利实体几乎没有公益的窘境;② 如果有其他的形式实施的公益,可以和主要盈利实体一同联合实施,联合宣传。

很多企业家似乎有一个错觉,自己控制的不同实体,实施的公益最后功劳都能算在自己的公司下。这就显然把企业公益作为企业家个人的一种面子工程,不同的企业、组织和个人在法律下都有独立的义务和责任,做公益的时候怎么能把这些混为一谈呢?

(2) 企业公益应当适度高调宣传。

很多中国老一辈人或者企业家往往都秉持着低调行事的风格,这种风格可能在信息闭塞的传统时代比较合适(利大于弊)。但是由于目前互联网信息通畅,再低调也难免有一天被互联网扒出来。

所以如果企业公益需要起到对社会关系有利的作用,需要对其组织的企业公益进行适度的高调宣传,不要担心高调容易"枪打出头鸟"。在如今的信息技术时代下,不出头都会被打(尤其是利润率高和规模特别大的企业,实例屡见不鲜)。

与其毫无准备到时候特别被动,还不如适当地高调宣传一下,让企业在社会中有热心公益的印象,从而维护好社会关系,构建企业道德盾牌。

3.2.2 预期效应——大企业责任之源

从心理学来说,人的行为并不是完全受他们行为结果的影响,而可能是受他们预期的行为(对未来情况未发生的估计)会产生什么结果所支配。

预期效应中最有名的是廷波克实验,当猴子在完全没有心理预期的时候,你给它什么食物,它要么喜悦,要么无动于衷。但是一旦猴子有了一个心理预期,比如给它一个最爱吃的香蕉,再给它一个其他食物,哪怕这个食物本身也很不错,仅仅稍逊于香蕉,猴子也会表现得非常愤怒。愤怒并不是因为食物本身的优劣,而是实际和预期的偏差,这就是著名的预期效应。

而在企业运营中,我们常常也会利用预期效应,比如管理员工时,往往会避免给予其一个过高的预期,往往是给一个稍低的预期,后续实际执行中稍高一些,这样更容易让人接受。

比如一个企业年终奖有三种发放模式:

(1)允诺可能到 20 万元,最终以各种理由为借口,实际发了 12 万元;

(2)允诺可能发 12—20 万元,最终发了 20 万元;

(3)允诺可能发 10 万元,最终发了 12 万元。

由以上所知,大家都能感知到第三种发放模式是令员工感受最好的。

正如图 3-11 中,乞丐给右边的人 1 元钱,对方都千恩万谢,但是一个富裕的人给右边的人 100 元,右边的人却不屑一顾,这就是典型的因为预期不同所导致的不同反应,预期低的时候对于 1 元都千恩万谢,但是预期高的时候对于 100 元都不屑一顾,俗语"升米恩,斗米仇"更是将这个效应展现得淋漓尽致。

图 3-11 预期效应

注:插图创意和版权为笔者所有

预期效应在社会生活中广泛体现,但是往往很多企业会忽视预期效应对企业社会关系的影响。

前文已经说过,企业是社会的企业,所以社会和具体的每个个体群众必然会对企业有所预期,而这个预期效应往往导致很多企业折戟沉沙。

笔者为读者提供以下两个选项:

(1) 一家毛利率不足 8% 的血汗加工工厂,春节前给予员工每人 20 万元年终奖;

(2) 一家毛利率 80%—90% 的消费品企业,春节前给予员工每人 200 万元年终奖。

读者会有什么感觉?是否内心对这两家企业有了第一感觉?这就是典型的社会对企业的预期,并且因为预期影响了对企业的印象。

而历史上耐克和苹果公司都曾经因为忽视预期效应,受到过重大损失。耐克曾经明知其分包商残酷的劳动条件,但仍然因为经济原因采用血汗工厂的产品被大量环保组织和大学批评和抵制。

而苹果也曾经因为对一级、二级供应商的管理不严,导致了本来应该

请选择下列您认可的企业,可选择1或2家。
[多选题]

选项	小计(人)	比例(%)
利润100亿元, 捐款1000万元	31	43.06
利润10亿元, 捐款500万元	24	33.33
利润1亿元, 捐款100万元	23	31.94
利润5000万元, 捐款80万元	25	34.72
本题有效填写人次	72	

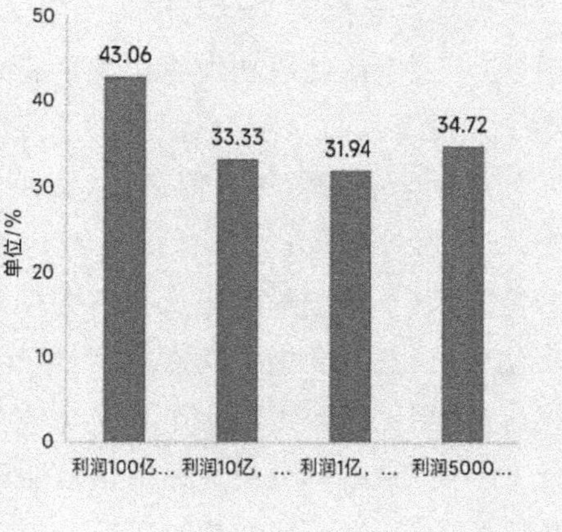

图 3-12 企业规模和公益预期调查表及对应柱状图

是供应商负法律责任的安全事故或者不人道工作条件反而成了"毒苹果""黑苹果"批评的论据。

为了验证大家对规模越大的企业,公益预期也越高,笔者特地设计了一个调查,结果显示对于利润越高的人,公众普遍有更高的公益捐款的预期。笔者调查中 100 亿元的企业捐款额已经达到所有企业中的最高 1 000 万元,但是认可度依然没有破 50%,从这点就可以明显看出绝大部分人对规模更大的企业有更高的预期。

当然不可否认的是,现在耐克和苹果等跨国企业已经针对其供应商进行了严格的可持续供应商管理。但如果后来者只是哀之但不引以为鉴,只不过能让再后来的人继续感伤这个后来者罢了。

3.2.3 国际公益对企业社会关系的影响实例

在全球化和信息时代背景下,国际社会对于公益和社会关系的重要性日益增长。为了更好地探讨公益和社会关系之间的关系,本文将通过对国外公益与社会关系的案例分析,来深入研究它们之间的相互影响与作用。

2014年的"冰桶挑战"公益活动是由美国波士顿学院前棒球手发起的,参加者需要把一桶冰水从头上浇下,身体力行地感受渐冻症患者的痛苦,完成后可以点名3个人,被点名的人要么参加要么捐款100美元,所筹集款项用于渐冻症治疗的公益项目。

该活动迅速在全球范围内引发了热潮(仅在美国就有170人参与、250万人捐款)。这个活动成功地将公益事业宣传推广到了全球,并在较短的时间内筹集到了大量善款(1.15亿美元)。

从社会心理学的角度来说,由于知名人士(例如比尔·盖茨、库克等)的参与,加之社交媒体的放大,以至于一部分人的捐款并不那么情愿,更有逃离社交网络的人(不堪危险的服从和道德绑架)。所以当时美国 ALS(肌肉萎缩性侧面硬化病)公益协会饱受病毒式营销、个人秀、道德绑架和过度商业化等质疑和争议,这个案例同时也展示了社交媒体在宣传公益活动中的恐怖威力。

当然 ALS 基金会通过提供透明和及时的信息,成功地削弱了潜在的危机和负面影响(通过 CNN 宣布 1.15 亿美元的详细细分用途)。但毫无疑问,最根本是因为这个活动本身强大的公益属性,导致那些质疑和争议难以形成真正的危机,假设这不是一场公益行为(比如只是一次商业活动),如此的道德绑架式的施压捐款,恐怕就是一场非常严重的危机(后文也有阐述公众对公益行为的包容度大于普通行为)。

2010年的墨西哥湾深水地平线石油泄漏事故也是一个引人注目的案例。在这个案例中,由于石油泄露,英国石油公司(BP)遭遇了巨大的危机,不仅经济损失巨大,还对环境造成了巨大的破坏。

不过 BP 合理而又迅速地处理了这场危机公关(值得国内很多企业学习)。他们采取了积极的措施,迅速承认问题并展开调查,与政府和各方利益相关者进行了紧密合作,并投入巨额资金用于清理和恢复环境。

BP 在法律上最高只需罚款137亿美元,但是 BP 最终愿意支付187亿美元,而英国石油总市值大约1000多亿美元,仅在达成协议的当天,股价就上涨了 5.3%，也就是说明股东通过股价上涨的形式支持了 BP 的行为。此外，他们还加强了油井安全措施，并公开承诺改善公司的环境保护和可持续发展政策。

虽然 BP 在这个危机中遭受了巨大损失，但他们超过法定限额罚款的赔偿、公开承诺改善公司的环境保护和可持续发展政策的涉及公益的危机公关措施使公众看到了 BP 改进的决心，公司形象在一定程度上得到了修复和改善，从而化解了如此严重的危机。

3.2.4 国内公益对企业社会关系的影响实例

在中国，许多企业和组织都面临着社会关系的挑战，而且很多时候，公益事业本身就与社会关系的改善和危机公关的处理紧密相连。

2008 年中国发生了严重的乳制品污染事件。当时国内多家知名乳业企业的产品被检出含有有害物质，损害了婴幼儿的健康。此事件引发了轩然大波，引发了全社会的极大关注和担忧，直接导致了国内对整个乳制品行业的品质和信心的质疑。

但是后续好转的是，除了某个乳制品企业直接倒闭外，剩余的中国乳制品具体企业都在积极参与相关的公益活动，对中国的贫困儿童、生物多样性、环境保护等都投入资金和人力物力进行资助。这些积极的公益举措也让公众感受到了中国乳制品涅槃重生的信心与决心，加上中国乳制品行业也狠抓质量，行业监管也渐趋完善，今天我们可以放心地喝国产的乳制品。

2021 年年底，某头部互联网带货主播被查偷逃少交税款 7 亿元，最终被税务部门处罚 13 亿多元。而现在的互联网主播背后都是一个团队、一个企业，这一事件可谓是极其严重的黑天鹅事件，因为偷税漏税行为很容易让人感觉这个主体的诚信存在问题。

在整个危机公关的处理中，该主播迅速给出回应，表示自己的确是错了并诚恳道歉，该主播在此事件之前就大力提倡公益，这个时候对她就起到了很好的形象保护作用，公众对她的印象不会太差。

从这个案例中我们也可以看出公益在危机公关中对企业或者个人形象的保护力。

以东方传统元素美学设计为卖点，某彩妆品牌靠着某头部互联网带货主播成功破圈，成为近年来成长最快的彩妆品牌之一。然而，该主播在直播间发言

"翻车"之后，该彩妆品牌随之陷入风波之中。

与该主播事发后迅速发布道歉声明相比，该彩妆品牌直到十天后才发布一封公开信，称"有几句掏心窝子的话想跟大家说"。但这封信并没有让网友买账，有人形容"说了又好像没说"。在此之后，该彩妆品牌开展危机公关欲挽回形象却适得其反，倒是蜂花、活力28等一大批其他国货品牌借势营销，跟着火了一把。

眼见"掏心窝子"不管用，该彩妆品牌开始了"发疯式"营销，发布了多条自夸文案，并多次在互动中回怼网友。在一条微博中，该彩妆品牌以自动铅笔做比喻，疑似回应其眉笔产品价比黄金的说法："真的有人会拿克重去衡量眉笔的价值吗？大家小时候去文具店买铅笔时，在2B铅笔和自动铅笔之间，你最终是因为笔芯克重才买的自动铅笔吗？可是为什么2B铅笔一根只要几毛钱，而自动铅笔却要几块钱？为什么？大家小时候有想过这个问题吗？"

某同行业友商发文评论："主打国货顶流和情怀牌没错，但并非屡试不爽。"在公关中，主打情怀的成功案例确实不少，不过消费者看中的，还是要回归到产品性价比本身。危机公关的目的是尽可能地止损，该彩妆品牌此次的危机公关，不仅没起到止损的作用，反而进一步激化了矛盾，将舆论的矛头从某主播转移到自己身上。

该彩妆品牌本身属于一个高溢价、低性价比的品牌，此时企业的形象和社会属性就对这个企业要求很高。从该彩妆品牌的角度，其一定认为做企业就是应该追求盈利，这本身无可厚非，但是忘了自己是靠社会公众的印象获得了这个溢价，一旦社会关系破裂，其溢价和品牌形象也会遭到重创。

如果该彩妆品牌平时或者在危机公关出现时，表达其利润有一部分是投入公益领域的，那么其社会形象会好一些，危机公关的难度就会小得多。甚至有可能像前面的ALS基金会一样将危机消散于无形。

通过以上三个案例可以看出，公益和社会关系之间存在着密切的联系。公益活动本身就是企业和组织对社会责任的一种履行，会给企业或组织带来一种良好的社会关系。但在实施过程中，难免会遇到危机。而危机公关正是在危机发生后，通过积极的应对措施重建企业或组织的形象和信任度，改善社会关系。

尤其企业属于高利润、高溢价的行业的时候，更需要特别关注保持一个良好社会关系的重要性。传统危机公关理念认为这些企业应该提前建立危机公关预案、保持对社会的敏感度,并随时应对可能发生的危机事件。在危机发生时,第一时间诚恳道歉、以公开透明的方式与公众沟通和互动。虽然公开透明、诚恳道歉能表现出企业的态度,但是笔者认为这仅仅是及格线,距离一个良好的危机公关还相距甚远,并且随着危机公关应对的成熟,未来越来越多的企业会采用类似的方式,社会公众对于类似的应对会越来越无感。

所以从上述事件中我们可以看出公益的一些特性与危机公关之间存在着紧密的关联,公益可以作为危机公关的一种提前预防准备。通过借鉴成功的案例,企业和组织可以在日常通过公益活动维护其良好的社会关系,在危机发生时可以利用公益的良好关系,降低其危机公关的难度,减轻危机对其声誉造成的负面影响。这将有助于提高社会对企业的信任度,促进企业运营高质量地可持续发展。

3.2.5 公益与企业社会关系的负面案例[①]

不得不说,前些年国内的企业在公益和可持续发展上和国外的老牌企业相比是有一定差距的。所以导致了广大消费者和网民的内心都积聚了很多负能量,一旦等到合适的契机就会一同爆发。

现实中最典型的案例就是某平台魏××事件,某平台当年在魏××事件中饱受争议,公信力受到了前所未有的质疑,笔者相信是该平台高层自己都没有想到的。究其根本,原因可能有很多,但是一定有一个重要的原因,相比国内同等规模的企业,某平台内在的基因中商业气息可能更加浓厚,公益的气息比较弱,可能无法满足社会群众的预期。

笔者如此评论绝非毫无根据,某平台作为首批互联网公益平台上线后,在其他重要平台都投入大量资源进行公益平台建设的同时,某平台对此却投入资源不足。

根据公开资料显示,2017年,某平台公益被民政部约谈,要求"加快平台改造与完善,开放自身优势资源,创造与公众预期相称的工作业绩"。但该年度结束时,某平台公益的募捐额度仍排名靠后。2018年和2019年,民政部又相继两次要求该平台公益"进一步找准定位、提高效能、主动服务,发挥与公众预期相称的平台作用",某平台公益似乎仍未找到合适的路线。

---

① 负面案例对象均为匿名。

2023年,某平台公益悄然下线。也许以上的事实并不一定可以说明某平台对公益资源不够重视,也许某平台公益的不尽如人意有其他很多更复杂更深层次的原因,但毋庸置疑,公司管理层的重视程度不足,无疑是一个非常重要的因素。

正因为魏××事件爆发,一个对公益重视程度不够的互联网巨头瞬间就成了社会舆论的众矢之的,导致了某平台在商业信誉、品牌等方面遭受了巨大损失。这也让笔者想到了美国企业社会责任大辩论,企业的价值观取向究竟是什么?

不得不说,前几年的某平台无论在商业模式和逻辑上,还是在企业文化上都存在一定的不足和短板。有关此事件,国家有关机构的联合调查组也给出了一个结论,要求某平台对既有业务进行整改、对竞价机制合规性进行修正、新增网民权益保障机制等一系列机制。

以上这些困境,笔者认为并非某平台缺乏人才,也并非某平台缺乏有能力的高管和资本,应该说和某平台的商业价值取向有一定关系。结合后文的公益和企业文化以及企业内部的影响来说,某平台可能需要从文化层面进行一次革新,从而能更好地迎接未来的挑战。真心希望国内能有更多优秀的企业崛起,从而百花齐放、百家争鸣,而某平台则是当中很有资本和条件的一家企业。

像某平台这样如此有规模和实力的企业,漠视公益都会遭遇如此重大的滑铁卢,更何况我们一般的企业呢?所以一个企业,有了一定规模和盈利后,一定要重视与社会关系相处,而公益就是一个很好的维护社会关系的方式。

3.2.6 公益与企业社会关系的正面案例

1. 蚂蚁集团

公益与企业社会关系的正面案例在国内有很多,限于篇幅,笔者在此介绍蚂蚁集团维护企业社会关系的案例。

支付宝虽然搭建了传统的公益捐款平台,并且也提供了丰富的不同的公益捐款方式和项目,但如果仅仅只是一个普通的公益捐款平台,笔者不会以此作为例子进行特别介绍。蚂蚁集团探索出了一个新型的公益与社会关系,是一项正面案例。

图 3-13 支付宝公益页面

图 3-14 芭芭农场项目

蚂蚁集团的创新思路,在于将公益与社会关系和企业战略相结合。

虽然公益是一项很崇高的事业,但是说句实话,大家每天会因为公益活动而打开支付宝吗?抛去道德观,现实中我们打开 APP 的首要目的都不会是为了公益(公益类 APP 除外)。所以如果公益与社会关系可以和企业战略相结合,那自然是一个更完美的答案,更是未来 ESP 可持续发展的最好案例。

正如后文笔者介绍的公益机构的宣传思路,现代年轻人需要兴趣点,而支付宝的主要目标群体以年轻人为主。所以支付宝接口内设计了两个公益游戏,即芭芭农场项目(和淘宝合作)和蚂蚁森林项目。

其中芭芭农场是和淘宝合作的项目,主要的侧重点是每天点开 APP,通过一些有趣的活动和任务积攒肥料进行施肥,然后积攒达标后(大约 60 天)可以兑换 1 盒水果。其将公益和助农有效地链接在一起,通过轻松愉快的方式,顺便实现了自己吸引用户点击支付宝 APP 的目的。

图 3-15　蚂蚁森林项目　　　　图 3-16　淘宝登录签到打款截图

而蚂蚁森林是支付宝自己的纯公益项目，主要的侧重点在于环境保护，通过日常环保的行为累积绿色能量，然后累积能量去兑换对应的树苗，并且可以选择不同的种植区域，由支付宝负责种植并且发放电子证书。将用户的日常环保行为和环境保护关联在一起，通过一种有趣的方式，实现了使用户点击支付宝APP的目的。

无论支付宝还是淘宝，都是功能 APP，而微信是社交 APP。客户不是因为网购或者特定的功能基本不会打开淘宝或者支付宝，这就导致了支付宝不如微信流量大。

当下的时代，流量就是商机、机遇，甚至是企业发展的未来，淘宝针对每个用户甚至给出了每天 0.5 元的高额签到奖励，支付宝也有签到送黄金的类似机制，而支付宝为了在移动支付的市场和微信抗衡，也是花费了巨大的代价。

公益的吸引，对公益的利用，正是阿里集团（淘宝+支付宝）在引流方面远逊于最大竞争对手腾讯的同时,没有被腾讯远远抛下的重要因素之一(当然肯定不是唯一因素)。而反观另一个曾经的巨头,目前和 AT 的距离已经越来越大。

2. 小米

说到公益与企业社会关系,小米和其创始人雷军是一个绕不开的话题,但是笔者在这里单独讨论小米,绝不单是因为小米创始人雷军那刷爆热搜的捐给武汉大学的 13 亿元,也不是因为小米的互联网慈善平台——当然不可否认的是小米慈善平台至今做得还不错,但是小米更出色的是小米用其他更有特色的方式完成了公益和社会关系的建设,小米汽车当下的成功也有其具有社会责任的功劳。

图 3-17　小米基金会图片

小米在意大利疫情最严重的时候和 Rosetta 合作的公益广告也火遍全意大利,通过公益温情的宣传,小米不仅仅实现了社会价值,同时也在当地获得了巨大的关注度,为后续开拓市场提供了一个良好的基础条件。

中国虽然是全球最大的单一市场,但是随着中国制造规模越来越大,竞争越来越激烈,仅仅是固守国门已经很难满足未来的发展需要。

3. 腾讯

前文笔者在负面案例中举了一个高利润率的彩妆品牌的例子,再举一个高利润率行业的正面案例,那就是游戏行业。

根据上海市血液中心微信公众号披露的信息,上海市血液中心和腾讯游戏旗下游戏《光与夜之恋》会进行联名献血活动宣传。

众所周知,游戏行业是一个天然高风险的行业,因为中国游戏的盈利模式大多不是靠时长付费,绝大部分游戏本身免费,但是通过付费购买道具来实现盈利。虽然国家已经出台多套政策限制未成年游戏，但是不可否认的是互联网游戏更多还是需要依靠未成年人和青年人才能获得更大的营收，所以很多游戏天然的就显出了不道德利润之类的恶劣企业形象，也就是游戏类企业由于商业模式的原因，伦理账户基本是负数。一旦出现舆情，天天被无数家长痛恨的游戏类企业就很容易变成千夫所指的对象。

但是如果游戏行业企业可以借助自身企业受众群体的特征去践行公益，这时候就可以大大地提升企业形象，并且公益平台本身也能促进游戏的推广，从而实现企业的商业宣传和社会价值的双重互赢。

管中窥豹可见一斑，正是由于腾讯有公益精神，所以腾讯的游戏板块的业务蒸蒸日上，腾讯也是少数单独发布企业社会责任报告的企业之一。正是因为腾讯的社会关系维护得好，才帮助其在如此敏感的行业内，长期稳健地发展。

图3-18 腾讯旗下游戏《光与夜之恋》和上海市血液中心联合组织活动

3.3 公益与企业外部利益相关者的关系

企业的本质是一个营利组织，所以很多关系都是基于利益相关，所以我们在分析公益对外部关系的影响时，其与外部利益相关者之间的关系也是重要的一环。与社会关系有所不同，外部利益相关者指的是对企业运营和决策有直接影响或利害关系的外部相关者，包括供应商、政府、社区和环境等，让我们一一来解析。

3.3.1 企业和社区和政府的关系

企业通过公益活动来建立与社区和政府之间的密切联系，了解其需求和期望,能进一步提升企业与社区和政府之间的信任和合作。

虽然从传统的角度讲,企业运营拥有极大的自主权,但是在实践中社区和政府的参与和政策导向还是会对企业的运营决策产生重要影响。企业需要平衡合规性和效率之间的平衡需求,并在重大决策过程中考虑到社会责任和公益因素。例如,企业在制定产品和服务策略时,需要考虑到消费者对产品质量和安全的需求,员工对工作环境和福利的关注,供应商对合作公平性的期望等。这些因素并不仅影响消费者、员工、供应商,而且是合规性的要求,政府和监管部门出于社会稳定的考虑也会要求企业在重大决策时有更大的担当。

3.3.2 企业和供应商的关系

由于公益本身就带有极强的人文主义和公平公正的思想,所以公益活动还可以促进企业与供应商之间的合作发展。

1. 强化企业和供应商之间的关系建设可持续供应链

公益对于企业和供应商关系有以下三种方式可以助力:

第一,有些企业自身实力和品牌影响力不够强大,通过与知名供应商合作进行公益项目,企业能够借助其品牌、资源和影响力,在为社会谋福利实现社会价值的同时,可以进一步提升企业品牌,扩大其影响力。

第二,公益活动本身有非营利性质,可以弱化供应商的利益衡量因素。并且公益活动有平等公平的属性,可以借公益活动趁机听取合作伙伴平时无法或者不愿意说的反馈和建议。俗话说得好,当局者迷,旁观者清,第三方的市场调研报告永远比自己做的报告更加真实客观。虽然供应商合作伙伴往往有自己的利益衡量,但供应商合作伙伴对行业的上下游了解也更加深刻,对于一些市场和发展的见解可以更加深入。这些宝贵的意见和建议有助于企业不断改进和创新,提升自我保持市场竞争力。

第三,通过和供应商一同积极参与公益活动,企业也能在活动中对供应商有更深刻的认识,从而和供应商实现更紧密的关系,提高供应商的认可和忠诚度,更好地了解和满足其需求,获得合作伙伴的支持和帮助。未来随着行业技术越来越精进,企业越来越需要强大的供应商共同携手并进。企业同供应商促进公益与商业的良性互动,不仅实现企业和社会的共同利益,也可以实现共同的可持续发展。

公益可以作为企业和供应商利益双向共同奔赴的一个桥梁,构建健康、可持续的供应链体系,不仅仅对企业自身有帮助,本身也是对社会的一种贡献,更是企业未来持续发展的基石。

2. 激发供应商共情情绪,降低企业成本

公益对于企业外部关系不仅有一些隐性的助力,还能通过激发供应商共情的情绪,直接地降低采购成本。一个经常践行公益的企业不仅能给最终用户带来良好的印象,同样也会给供应商带来良好的印象和更好的信誉,从而降低企业的成本。

首先,绝大部分外部供应商供货时,基本上以成本定价,其价格组成如下(部分特别强势的供应商除外):

供货价＝制造成本＋利润＋销售运营成本摊销＋商务费用＋账期费用＋风险费用

公益不会影响或影响不大的领域:

(1) 制造成本;

(2) 销售运营成本摊销;

(3) 账期费用。

两者是供应商内部运营的范畴,企业本身是否做公益没有太大关系。但如果企业自身的企业文化比较好,物以类聚,人以群分,也会选择企业文化更出色的供应商,从长远来看也可能会对制造成本和销售运营成本带来潜移默化的影响,但是由于影响过于长远,对短期成本影响较小,笔者在此就不过多去探讨。

然而,公益本身不会影响账期费用,但是供应商有可能会给予企业更好更长的账期从而增加账期费用。而账期费用是企业牺牲短期利益但获得现金流的一个选择权(本质是一种供应链金融向供应商贷款),但更长的账期却一定会增加企业的成本。由于这部分内容有选择权之分,且对成本的影响较为复杂,笔者会在第5章公益对财税的影响里详细阐述,在此章后续就略过账期费用。

公益影响供应商报价的领域:

(1) 利润;

(2) 商务费用;

(3) 风险费用。

但是如果一个供应商对公益投入比较多的话,在同等情况下,供应商会认为这个企业社会责任感比较高,风险会比较低,所以可以降低风险费用的计算。而一个企业投身于公益往往是因为有更透明、健康的企业文化,从而影响供应商的选择(物以类聚),减少供应商的商务费用(这部分费用必然存在)。并且由于内疚效应的存在,企业也会不自然地降低对于利润的追求。

这是从供应商的角度来说的,对于企业来说其采购成本也分为:

采购成本＝供应商采购成本＋商务费用

而一个企业如果经常履行公益,本身也容易塑造更健康透明的企业文化,从而降低商务费用。

所以公益有助于企业和供应商之间更容易地建立紧密、良性、共赢的供应链关系,并且也可以有效地降低企业的采购成本,企业有什么理由不投身于公益呢?

3.4 公益——企业品牌之魂

3.4.1 公益展现的人文主义是品牌价值的核心

众所周知,如何建设企业品牌,使得企业可以长期在品牌中获得超额利润,是企业作为一个营利组织和外部沟通的两个重要目标之一(另一个是短期销售行为)。

至于如何建设品牌,不同的行业或企业都有不同的办法,但是万变不离其宗的是,利用各种人心中的效应(笔者前后文都有阐述),使得企业可以在用户心中植入一种拟人化的印象,从而通过这种印象获得用户的认同和共鸣,实现更好的长期效益。

在信息化程度发达的今天,从长期来看,每家企业的产品技术都会趋同,产品端的差异化会逐步抹平(当然这是大量投入的最终结果,产品仍然是未来的核心)。在同质化的时候,仍然可以保有差异化的特色,就得靠品牌,可以说没有品牌就没有企业的未来。

商学内已经将如何把一个品牌建设成一门专业的次级学科,从商标、美学、艺术、符号的暗示、价值观和哲学、产品特性、公关关系和信息传播等都有了丰富的理论和实践经验。在这里不深入讨论品牌学的内容,笔者只想说,品牌学之魂在于如何在这些特性中展示出一个拟人化的人文主义,从而作为核心串联这些。

正如罗伯特·艾格所写的《一生的旅程》,一个企业的高管(他自己)是如何通过人文主义让更优秀的人去帮助他,去化解一个又一个棘手的危机。一个企业的品牌的受众群体是人,所以他的核心也需要塑造一个拟人化的风格。这个特性在以前也存在,但是在未来会越来越重要(笔者在第 4 章会展开解释)。

如果企业的品牌只是一个个枯燥的形象,人是无法将其和自己的内心产生共鸣的,由于人自己就是人,所以他一定会通过人的思维逻辑、思考方式去揣度一个企业。为什么很多时候,一个没有太多黑点的企业也发生公共危机时候,其被批判的理由往往是,这企业就是一个赚钱机器。同样,无论你在塑造品牌的时候给企业打造了多少光鲜的外表,如果没有让企业成为一个拟人化的人格,那么这个企业的品牌往往不存在。

现在国内企业有一个很明显的特色在于,其对品牌实践比较深刻,往往采用创始人的个人魅力来弥补现代企业品牌塑造中拟人化不足的缺点(这也是为什么很多中国企业一定需要创始人站台的原因,甚至没有创始人,这个品牌都寸步难行),这个在短期还是可以弥补,但是人有生老衰败,一个企业不能长期只靠某个创始人来弥补品牌之魂的缺失。所以公益作为一个很好的特色,可以有效地填补这个缺口。

企业可以通过高调宣传自己的公益事项,借助公益本身的人文主义情怀特性,从而展示企业品牌本身的拟人化特性,帮助企业的其他品牌特性的宣传并且串联所有品牌特性。只有通过公益去塑造品牌之魂,才能让企业摆脱对于某个个人的依赖,从而实现长远高质量的可持续发展,塑造百年企业。

3.4.2 未来核心竞争力——AI 赋能、公益赋魂(四能理论)

随着时代的变迁,信息的通畅、生产力的提升和社会需求的极大满足,我们渐渐从满足基本需求逐步过渡到走向更好地满足需求。企业必须从产品思维走向用户思维(从制造一个产品去推销转向迎合用户去制定最好的产品),细节无法决定成败,战略才能决定成败,细节只能在此基础上决定卓越。而近几年这个速度又在不断地加快,AI 已经成为一个无法避开的问题,AI 已经成为一个百年未有的大变革契机,所有的企业未来都需要拥抱 AI、借力 AI,否则无论多伟大的企业都将成为后人的嗟叹、时代的过客、历史的废墟。

笔者也曾用过 Chat GPT 或者其他生成式 AI 来尝试写过文章,但是笔者发现生成式 AI 生成的文章有固定的逻辑结构,同时还有一些问题(比如容易凭空杜撰)。也许一些问题,最终能通过技术的改进去弥补,但是相对固定的逻辑结构却难以通过技术革新去改进。AI在可以预见的近期,虽然可以通过卷积神经网络等形式生成独创性的内容,但是仍然和人拥有的无限创造力的模糊思维无法比拟。

随着AI不可阻挡的兴起,过去把理智得近乎机器人的执行人作为一种优秀人才的时代可能会一去不复返了,未来需要人类的最核心的特质要么是去执行AI和机器人都不值得执行的底层事务,要么就是最需要创造力的独创性事务。

对于人尚且如此,对于企业不更是如此吗?AI几乎在重构整个世界所有的运营模式和商业逻辑,它可以革命性地极大提升生产力。2024年2月,OpenAI发布了可以仅仅用文本生成原创视频的大模型sora,其复杂程度、精细程度让人惊叹(生成视频的工作量极大),也让很多相关行业从业者感觉压力山大。

2024年3月21日,SMG发布了中国第一部AIGC生成的公益片《因AI向善》,通过AIGC的技术大大提升视频生产的速度和效率,降低成本。同时视频结合了公益的元素,未来也将解决公益宣传时的成本问题。针对AI和传媒对于公益的赋能,笔者在本书的后文也邀请了特邀嘉宾从更专业的角度对此进行分享。

在可以预见的短期未来,AI会改变整个世界的绝大部分规则。AI可以提升生产力、大大改善企业管理效率、提供大量极端理性的企业内部精细化管理和外部策略的建议,甚至有可能让很多行业日渐式微甚至消亡。但是AI可能永远也无法像人一样,拥有真正的喜怒哀乐(模拟出来的和真实养成的仍有不同),难以有人的各种认知偏差、思维局限,它们也不会有人的生老病死,繁衍后代。

人的独特性和不完美,反而会成为一个人和企业的独特优势(不完美才是最完美)。整个20世纪,各个企业都在想着如何做一个更完美的企业,21世纪中期以后,企业恐怕都得想着如何做一个不够完美的企业(因为AI做到完美简直太容易了),这时候公益就能起到最核心的作用。如果说AI可以大大强化一个企业的能力的话,公益就能塑造驱动AI的核心灵魂。

因为在可以预见的未来一个企业的用户和受众群体主体还主要是人(AI完全决策肯定会出现很多矛盾甚至是伦理冲突),这时候企业就需要通过公益展示出一个企业的人文主义,从而体现出一个企业温暖的人性而不是一个理智到冷酷的冰冷机器。未来的企业在AI的加成下,虽然可以大大地提升效率、提升生产力,但也会带来高度的理性和同质化。如何在这样的环境下,维持企业的独特性和拟人性,公益就是一个非常好的选择了。

正如 AI 下围棋,招招只看胜率非常现实,绝不会因为某些棋手的挑衅式下法而被激怒,也不会因为什么棋型好坏或者是否俗手而不愿意妥协,对 AI 来说只要有利益、能胜利,哪怕招招都是难看的俗手、通盘棋型都是愚型,它也是可以接受的。但是这样极端功利性也有很可怕的一面,只有公益的文化可以控制 AI,让 AI 之利为我们所用,摈弃 AI 之害。

但是 AI 毕竟有其局限,人除了理性的大脑还有感性的灵魂,公益可以体现一个企业的人性光环的一面,对于未来世界来说,随着理性的 AI 越来越大行其道,我们在生活、消费中毫无疑问会越来越需要感性的公益一面来作为企业的补充。

图 3-19 四能理论

所以笔者提出未来企业需要具备的四个核心竞争力要素即四能理论(图 3-19):

(1)公益赋魂;

(2)AI 赋能;

(3)技术创新;

(4)精益生产。

未来的时代,企业如果还想长青不衰的话,在传统的技术创新和精益生产的这两点上,理性层面需要通过 AI 赋能从而提升企业效率降低成本,感性层面需要公益赋魂,降低 AI 功利性之害,从而实现未来企业的核心四能。唯有此企业才能在未来的残酷竞争中常立于不败之地。

第 4 章 公益对企业外部的间接影响

4.1 公益对消费行为的间接影响

4.1.1 公益迎合消费心理

企业外部的关系首要的还是消费,但是有人会觉得企业从事的行业和公益行为的行业并不完全相关,甚至在一些极端的例子下毫无关系。这就不得不说公益会对用户的消费心理产生间接影响,公益主要通过以下四个因素来对消费心理产生间接影响。

1. 满足效应——体验为王

市场营销中,消费心理学有个理论,如果需要激发顾客的消费心理,需要满足客户的价值理论,说白了又要让客户消费,还要让客户消费得开心。

而一般客户消费有以下四个价值判断:

(1) 功能价值;
(2) 社会价值;
(3) 情绪价值;
(4) 划算价值。

正如图 4-1 所显示的满足效应是最典型的效应。也许最终买到的产品只是一块破布,但是因为这是一堆人一起哄抢的,所以购买成功的买主特别高兴,没有买到的人非常难过,这样的例子在我们身边屡见不鲜,秒杀效应、饥饿营销也正是源于此。

图 4-1 满足效应
注:插图和创意为笔者所有

其实很多人都有一些没有用的东西,但是这个过程满足了情绪价值,所以构成了满足效应。

而满足效应一个更常见实践中常见的体现就是满减和包邮。比如笔者买了一个外卖,其实外卖本身值 30 多元,但是如果单纯 30 多元,笔者会觉得很心痛,但是在一顿满减、抵扣券、红包等的优惠操作下,笔者心里就会觉得很划算,并且这些优惠有笔者自己的互动(点来点去),所以笔者内心觉得很满足,有一种自己很厉害才获得优惠的错觉。而包邮效应更是如此,其实很多可以包邮的商品,其商铺在成本核算的时候已经把邮费计算入内(有的店铺如果更改为顺丰包邮还得补邮费),所以其实无非是通过减免邮费给了消费者一个心理满足的错觉,从而使得消费者的消费体验更愉快。

但有时候这种体验也会有负作用,甚至会出现很可笑的事,就如同图 4-1 中,大家追着一个破布跑来跑去。现实中也有很多企业连正常的邮费都无法分项收取,只能变相在成本内预留更多的销售费用去覆盖邮费(往往比单独核算邮费要高得多),包邮反而推高了售价,真是一个"黑色幽默"。

而市场营销理论还是实践都无数次证明,只满足功能价值和划算价值是很难支撑一个企业走向成功、高端的。所以一个成功的企业需要尽可能想办法去满足客户的情绪价值和社会价值。而公益就是一个很好的抓手,公益除了对营销的直接帮助,更大的好处在于它可以给客户灌输一个品牌形象,不仅对于单一产品产生营销的帮助,还可以对整个企业的所有产品都有加成的色彩。因为购买公益元素的产品往往会给用户一个实现社会价值和自我满足的感觉。"客户为王"也

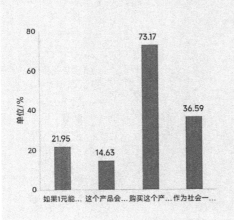

图 4-2 公益和情绪和社会价值的关系表及对应柱状图

就是这个道理,只有客户开心了,才能愉快地消费购物。

为了验证笔者的观点,笔者特地发起了一个随机性调查,验证公益是否会显著提升消费者的情绪价值和社会价值。

调查结果显示,高达73%的受访者认为购买一个含有公益属性的产品可以显著提升其情绪价值,而36%的受访者认为可以提升社会价值。相比较来说仅有21%和14%的人从性能和划算价值角度去衡量带有公益属性的产品。所以说通过公益营销也可以有效地丰富产品的价值维度,提升产品带给顾客的情绪价值和社会价值。

2. 社会认同与归属感

社会认同和归属感是人们对于所属社会群体的认同程度和对于群体成员关系的需求感受,而公益活动本身有利他性,是一种促进社会和谐发展的手段,往往能够满足人们对于社会认同和归属感的需求,从而对目标客户的购买意愿产生积极而又潜在的间接影响。

公益活动本身所传递的公众利益、公开透明、公平民主等价值观和目标往往是符合社会主流导向的,所以参与其中的个体能够通过表达自己对于这些价值观的认同而获得社会认同和鼓励,而且这些社会认同最终还能转换为个体的归属感需求,这种内心的满足和欣喜感会增加消费者对于公益项目相关产品或服务的购买意愿。

比如当某个人购买了带有支持保护环境、关爱弱势群体的产品时,他会自然而然地感觉自己也在支持保护环境、关爱弱势群体,从而满足了其个体的归属感需求。

3. 道德满足和自我认同

与外部影响的社会认同有所不同,道德满足和自我认同是自发内心的需求,公益也可以满足我们内心对于道德和自我的追求从而促进购买欲望。

随着社会的发展,我们越来越需要产品契合我们内心精神层面的追求(马斯洛需求层次),而公益是一个很好的可以显示自己道德价值观、个性等自我形象的方式,所以我们更倾向于购买带有公益属性的产品和服务。

在如今的社会,大部分人在生活实践中经常会无法坚持遵循自己内心的道德标准,但人性都有向善的一面,我们也需要时常抚慰一下我们的内心,这个时候公益就是一个很好的抓手。当消费者购买带有公益标签的产品,他们会感到自己在享受了购买快感的同时还对社会和公众做出了积极的贡献,满足了他们内心的道德需求，产生了欣喜的满足感。这种道德满足感也会加强用户在购买中的愉快感，从而促进购买行为的发生。

自我认同就更复杂。人性是复杂多样化的，但是唯一不变的是每个人内心都有向善的一面，而公益往往和向善的价值观相联系，例如保护环境、注重可持续发展的价值观，公益品牌代表着对弱势群体的关怀和支持等。在如今的社会中，我们每个人都不可避免地去做一些不完全符合我们内心道德规范的事（需要和社会不同层次道德水平的人去兼容）。这个时候我们内心就会积聚一些对自我的负能量。当消费者购买公益属性的产品和带有公益标签的企业进行沟通时，就得自发地获得内心的自我认同，道德负能量就在此时逐步化解。这和一个人的道德水平高低无关，哪怕是恶人也会有向善的一面，哪怕是善人也有向恶的一面，这是人性的本源所使然。正是因为人性的本源如此，加之现实的环境，所以公益对消费者会有很大的自我认同的促进影响。

同时消费者的行为态度和价值观也会受到公益营销的深远影响（虽然难以改变，但是有可能会被激发）。通过购买公益标签的产品和服务，消费者在这个过程中不断受到正向影响，从而产生更加积极的行为态度和价值观（强化善念）。消费者在受益之后，更加强化购买公益标签的产品的倾向，从而产生不断加强的正面循环。从而对消费者个人的生活和工作也会有一定的助力和帮助。

综上来说，在个体这个层面，道德满足与自我认同这两个因素是公益对消费者消费行为产生正面促进效应的重要原因。企业要善于借助人性中的善因，以善因来营销，可以通过强调道德满足和自我认同的机制，实现商业价值和社会价值的统一，义中取利。

4. 当前利益和未来回报

当然公益虽然有很强的利他性，但是人性也有向恶的一面，也就是自利性倾向。面对广大不特定群体时，公益如果想对用户的购买产生正面影响，当前利益与未来回报也不能不考虑。不可否认的是，每个客户考虑购买某一产品或服务时，他们往往会权衡当前可以获得的利益以及未来可能获得的回报。当然实践中，如果是眼前可以即时获得的满足和利益，大家都会非常认同，而对于未来可能的回报则往往表现出较高的犹豫或者占据比较小的权重。

而公益在这些方面明显是占据短板的，公益本身就是利他属性，加之公益往往展现出更多的长期效应，以至于在这个方面先天存在短板。但是存在短板不代表应该忽视，公益拥有什么特性不代表一定不能拥有其他特性。用户在购买时受到公益影响绝不仅仅只有利他因素还有很大的自利因素,只不过用户为了自己的满足感,多半不愿意承认或者意识到那些自利性因素。如果一个公益可以在这两个点之间进行适当的权衡,公益对用户的影响力就会更大。

举例来说,如果一款饮料贴上公益的属性,在环境保护、生物多样性上投入了大量的精力,消费者当然也会有社会认同或者自我道德满足的感觉。但是消费者也会读到一层暗含的意思,那就是这款饮料在健康、安全性上大概率也会不错。这些当下的利益会和那些其他非利益性因素结合在一起帮助用户对于带公益标签的产品有更加强的好感,从而去购买。

当然,生活不止有眼前的苟且,还有诗和远方,但是不像眼前的收益那么明显,未来的收益往往更隐蔽、更需要主动提醒客户,但是也并不代表对消费者影响不大。因为社会导向、法律法规、政策引导,消费者往往也会更倾向于购买更环保的公益类商品,这在目前的燃油车和新能源车体现得最淋漓尽致。

例如,大家现在在购买汽车的时候往往会看燃油车排放标准或者直接购买新能源车。较高的燃油排放标准的汽车稍贵,但是更多的人仍然更倾向于购买更高燃油排放标准的车,一方面是为环境和社会作贡献,另一方面也是为了减少未来预期的麻烦和被政策限制。

而新能源车目前大行其道也和环境公益有一定关系,虽然新能源车的确比保养燃油车节省,但是其整个生命周期花费不见得比燃油车少(在目前回收尚不完善的情况下)。但是新能源不使用化石能源这一项(尽管锂、钴也不可再生),就给人强大的公益道德满足感和社会认同感。并且新能源车在可预期的未来根本不会被各种政策限制,例如某地燃油车停车费要比新能源车贵或者各种各样的不同排放标准限行不同区域甚至是直接禁行。

所以这也是令很多汽车主机厂领导大惑不解的地方(某日系知名车企更是如此),从专业的角度看目前新能源车远远不到能彻底取代燃油车,但是为什么消费者目前都趋之若鹜呢?笔者在这里以另一个视角——公益,来解答其中一部分的原因(当然肯定不是全部)。

综上,公益虽然是利他的行为,但是在利他行为中同时结合对于消费者的当前利益和未来回报与公益本身并不矛盾。助人并不一定不可以利人,也不一定要损己,将公益和对他人当前利益和未来回报相结合,那是最好的公益,也可以让公益营销取得最佳结果。

4.1.2 公益影响消费行为

1. 改变消费习惯

对于企业来说,公益如何影响消费行为是一个值得探究的问题,这不仅影响着我们如何通过公益营销来实现公共利益和企业商业价值统一,也影响着企业持续投入实现企业社会责任的动力。而公益首先会改变消费者的消费习惯。

现代随着信息越来越发达,供应链体系越来越透明,人员流动越来越频繁,现代企业越来越难像过去靠独家秘方、特殊模式来"一招鲜吃遍天",也不太可能打造一个永不崩塌的技术护城河,既然硬件和企业自身都不可避免会被同质化。所以一个企业未来只能靠软性的品牌或者文化等因素来打造差异化。所以现在有一句话,"一家技术巨头的未来一定是奢侈品",当然这句话过于绝对,但这也看出软文化的重要性。

而公益是一个非常好的软文化竞争力的体现。公益有不同的维度、受众和项目,很难有两个企业有同质化的公益。与此同时公益也可以在主营盈利业务之外体现企业的另一个特性。主营业务阶段,由于现实的局限,所有的企业往往都像孔雀开屏一样展示自己最好的一面,用户也早已经审美疲劳。而公益给了用户另一个了解企业内在文化的机会,用户往往会感觉耳目一新且更加感兴趣。

如果没有公益去改变消费习惯,企业同质化到最后一定会变成价格的比拼(人无我有、人有我精往往都是暂时的,且越成熟成本就越高),就从这点来说企业也应该更加重视公益。让公益成为消费者在消费习惯中一个前置条件,通过自身优良的企业品牌、社会形象和优秀的产品质量,改变消费者的消费习惯,让企业未来拥有更好的生存空间和发展机会。

2. 满足特定消费需求

消费需求是人们为了满足生活和工作等方面的需要而产生的购买欲望。公益活动作为一种利他型社会责任的表现方式,除了关注社会公众的福祉和发展,还可以满足目标客户的特定消费需求,通过满足目标客户的特定消费需求,从而影响其购买决策。

人相比机器和 AI 最大的不同在于人有感情,人的消费行为往往受到感性情感的驱动和影响,人们在购买决策中往往受自己的情感需求左右(有时候甚至可以超过理性和金钱的判断)。

公益本身源自人的善因,所以以纯粹的功利性的理性思维去考虑往往并不符合自身利益。但是全球为什么公益仍然大行其道,除了以上的原因外,很大一个因素在于可以通过公益营销来满足目标客户的情感需求,而有的时候这是传统商业难以触及的领域。

最典型的就是公益义卖会,在公益义卖会中往往很多拍卖品的价格已经严重偏离其本身的市场价值,之所以会出现这种情况,是因为人们可以通过义卖会这个公益行为来满足自身的情感需求。比如,如果一家宠物狗饲料的厂商长期致力于流浪狗的保护,那爱狗人士在购买狗粮的时候一定会优先购买。在这个时候由于情感产生强烈共鸣,购买决策本身已经严重偏离了理性的思考范畴。其思考逻辑甚至变成了,这个事是不是合我心情,于是买了一堆自己根本不需要也不用的东西。

4.1.3 公益对不同人群的消费影响

前文虽然介绍了公益通过多个维度可以对人群的消费心理和行为产生影响,但是现实中不同的人群有不同的需求,从而会有明显不同的差异化,由于这是一个非常复杂的消费心理学因素,笔者在此只能简要地概述四个重要的差异点因素。

1. 性别因素

公益作为一种美好精神的具象化体现,虽然对所有人群会有影响,但是显然对于不同性别的人来说影响是不同的。由于男性和女性生理上不同、生活经历不同、社会定位不同,会对公益行为有不同程度上的影响。

在实践中一般来说女性相比男性对于公益有更大的投入度和热情,所以公益对于消费影响程度也是女性要强于男性,这个原因很复杂,详细展开可能又是一篇新的论文,笔者在此只简单地说一些。

女性在消费能力上强于男性,在传统的中国家庭结构中,女性往往是负责管理财务的角色,所以已婚女性在消费决策上的地位要显著强于已婚男性。

女性有更多的对儿童的天然母性、共情心、慈善心,这些都和公益的导向完全相同。所以女性在很多公益行为,尤其是关注弱势群体、特殊儿童方面有很强的积极性。

同时,男女在社会分工和心理预期上也有不同,女性的角色更会关注一些非功利性、没有竞争性、利他性的公益,所以女性就会对公益自然而然地投入更多的热忱和关注,也会对公益属性的产品产生更强的购买倾向和冲动。

当然女性也有男性不同的经历,那就是孕育生子,这是女性独有的经历。正如俗语所说的,"事非经过不知难"。很多时候女性因为这一个特殊的经历,会对弱势群体和妇女儿童类的公益有着更强的情感共鸣,叠加前面的生理激素特性,加之已婚已育的女性消费力更强(男女双重收入),产生多重强化效果。所以导致了女性对于公益的热情更强一些。

当然,这并不是绝对地说男性对于公益无动于衷。很多领域主要的消费群体是男性(比如科技或者电子领域),并且男性也有其思维更理性、条理更清晰的优点,企业的公益属性也可以通过其他因素来影响购买倾向性(如前文所说的自利性因素或者企业品牌形象等因素)。

2. 年龄因素

年龄因素也是人的一个重要属性,我们了解清楚不同年龄段对公益营销的敏感程度,就可以更好地精准实施公益营销。

不同年龄段对于公益的理解和认知不同。未成年群体和青年往往认知比较片面且思维不够成熟,感性的公益宣传更容易吸引他们,他们往往在公益上会投入巨大的热情,甚至是不计较自身得失。笔者在童年时期,因为看过一部动物保护宣传片,至今都坚持不吃一些动物也是这个原因。那种强大的感性情感,往往只有在童年时期才最纯真强烈,对因为公益产生的购买欲望强烈又短暂,如同烟花,转瞬即逝。

而中壮年人群,已经有了更深刻的阅历和经历,他们会有更强的投入动力,对其他公益的态度相对更为理性长久,公益对他们购买欲望的影响可以形成长期效应。

而对于年长者来说,由于阅历更加深邃,加上返璞归真,他们会从理性转换回感性思维,公益对他们来说是深入人心的感动,相比中壮年人群不仅有长期效应而且效果更强。

3. 社会化因素

未成年人和年轻人更感性,容易收到同龄人的文化影响,他们更倾向于跟风和追求时尚的公益活动,如果公益营销活动的设计比较对他们的品位,哪怕活动本身形式不够多维,他们的参与程度都会比较高。

成年人往往有着更多的人生阅历和社会经历,往往已经形成基本固定的价值观、人生观、世界观。他们往往面对社会化的影响不会一味跟风,社会化因素对他们来说更多是功利性的交际。除非是公益社交或者其本身价值观或者认同某一种类型的公益,否则他们不会轻易受到社会化风潮的影响,甚至会对其产生抵触情绪(比如冰桶挑战后续被质疑就是这个原因)。所以对于这个年龄段公益营销应该按照他们的思维特性，顺其自然，自愿地进行，这就意味着需要多维的公益种类模式。这也就是很多企业为什么选择多种公益模式共同发力的原因。

同时，不同年龄虽然有一定区别，但是也有转化的趋势，这是比较特别的因素，其他因素都不能或者难以互相转化，只有年龄，今天的青年人就是明天的中壮年人，所以公益营销在吸引中壮年时，也一定要抓住青年人的脉搏，才能最大化发挥公益的长期效应。

4. 教育水平因素

众所周知，教育水平影响着一个人的方方面面，自然也会对个体的认知、价值观以及消费决策等产生重要的影响。在公益营销领域，有一个很多研究者都比较关注的问题，个体的教育水平是否与其购买公益产品或参与公益活动的意愿相关，如果相关又有多强的相关性。这个问题也是一个很宏大的课题，笔者也只能点到为止，简单地举出两个可能影响的点。

(1) 认知和知识的差异。

教育对人的直接影响就是认知和知识，毫无疑问不同教育水平的人认识和知识是存在巨大差别的。较高的教育水平意味着其对社会问题有理解和认识的能力，自然就会对其关注度更高，对公益价值的认同度也更高。同时更高知识水平的群体也具备更多的社会科学知识，有能力分析社会问题的根源和解决方法，从而形成对公益产品的需求和支持。

但在这里并不是说只有受过教育才会认同公益，毕竟有些公序良俗的惯性已经深深地刻在我们的人性和常识中。而现实中具备高学识的精致利己主义者也是屡见不鲜，从此可见一个人受了多少教育和道德水平不一定相关。所以受教育程度对于公益影响度而言是一个相对影响因素。

(2) 公益形式的差别。

因为认知不同，公益购买意愿的表现形式对不同教育层次的人会产生重大的影响。受教育水平较低的个体因为认知所限，他们无法理解一些复杂的或者长远的公益形式（例如慈善信托或者节能减排），他们比较能理解一些短期内能看到效果的公益形式，比如直接捐赠款项的公益（例如帮助贫困山区儿童），因为这些方式更直接、简便。

而受教育水平较高的个体在购买公益产品时，更看重一些更隐性的公益代表的效应。例如购买公益对企业文化所产生的影响等。这种是教育水平对个体的思维方式和消费决策影响的差异，同时也是为公益组织提供了针对不同教育水平的目标客户群体制定不同营销策略的依据。

4.1.4 公益对消费行为的调查研究

笔者在交大安泰就读期间,担任 EMBA 班级的公益委员,主要工作之一是筹措举办公益活动,曾经组织或拟组织过以下五类公益活动:

(1) 组织参访上海市血液中心,学习无偿献血相关知识;

(2) 组织走访悦苗残疾人寄养园,看望心智障碍人群;

(3) 组织 EMBA 23 级 1 班公益小组,赞助 21 级毕业典礼礼物(自闭症儿童手工艺品),制作宣传自闭症儿童的公益视频;

图 4-3 笔者公益委员任命书

图 4-4 笔者组织的参访上海市血液中心活动

(4) 组织公益慈善义卖会，帮助弱势群体；

(5) 组织其他有意义的公益活动。

在举办公益活动的时候，因为就读的是商学院，笔者更多地关注公益和商业之间的关联。

其中笔者发现公益和消费行为之间，表面看起来一个是非营利性的行为，一个是营利性的行为，看似风马牛不相及，但其实因为前文提到的各种效应，其实存在各种千丝万缕的关系。

由于本次活动邀请的对象均为 EMBA 的在读或者已毕业学生，其中大部分在企业中都有决策权或者对决策有重要影响权，所以针对他们的调查结果，笔者认为参考意义价值非常大。

笔者在此次活动后对公益活动和消费行为进行了问卷调查，见图 4-5。

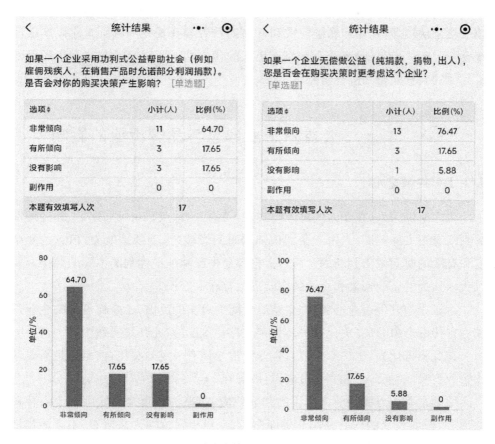

图 4-5　公益和采购决策的调查问卷表及对应柱状图

问卷调查结果如下：

(1) 本次调查总样本共计 17 人，人群主要是上海各院校在读或者已毕业的 EMBA 人群。

(2) 调查发现，无偿公益对采购决策有重要促进影响的比例为 76.47%，没有影响的比例为 5.88%。

(3) 调查发现，功利性公益对采购决策有重要促进影响的比例为 64.70%，没有影响的比例为 17.65%。

本次调查的意义在于通过一次公益活动的真实调查，接受调查问卷质量较高，获得了一手的企业决策者对于公益活动和采购决策影响的关系。可以看出公益对于采购决策有比较大的促进意义。

但本次调查也有局限性，由于活动规模受限，所以采集的样本数量仍然不够多，并且由于都是参与公益活动的人员且基本都是企业的管理层，道德标准可能较一般公众较高，认知和思维模式和普通消费者会有较大的区别。所以本次调查更多对于 To B 的业务采购决策有更大的代表性。所以笔者在本书中还设计了其他的调查问题来进行研究。

4.2 公益对企业形象与品牌价值的影响

4.2.1 共情之心

人之所以为人，在于人的思维模式有其独特的特点。众所周知，人和纯理性的判断有很大的不同，人由于受到认知局限的影响（人脑处理能力、信息的复杂度和有限的时间做出判断的矛盾），人很容易得出和纯理性判断不同的结果。所以大众认为的企业形象和企业的真实形象存在一定误差。

对于如何宣传企业形象，究竟是尽可能的真实的反馈，还是将真实的企业形象和宣传的形象分离（美化宣传），肯定是存在争议的（尤其是实践中）。

在此笔者认为（也许有争议），企业宣传应该有一定的美化，但是还是需要基于企业自身的基础，不能完全分离，过度美化。

原因在于一方面是前文所说的预期效应，而另一种重要的原因在于人存在共情心，普通大众的内心并非非黑即白，大众对于宣传因为共情心，也会适当地对夸大宣传有一定包容度。

有关于公众会对公益宣传的放大有包容性这个问题,笔者进行了一轮调查(图4-6)。笔者在问题中设计了一个答案时,设计了一个绝对正确的答案进行对比,并且允许只选这一个答案。

答案非常出人意料,支持各种公益美化甚至是造假宣传的投票总和远大于绝对正确的选项,甚至还有2人可以接受根本没做公益但是宣传公益的行为。这也说明大部分人对于公益宣传的美化有着很强的预期,可以接受一定程度的美化。

做一个不一定恰当的形容,把这些宣传美化甚至是造假等伦理因素作为一个伦理银行的话,企业已经在宣传时透支了一部分伦理银行,未来在后文的危机公关中就会更加困难。如果伦理银行储值比较多,企业在面对一些危机或者负面新闻时,消费者就会对企业有更好的包容性。

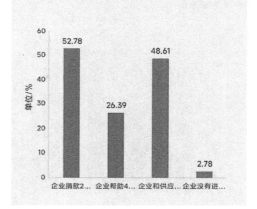

图4-6 公益宣传美化研究表及对应柱状图

但是伦理银行透支容易,储蓄却是难上加难,而伦理银行的一个外在具象化的体现之一就是企业形象。而公益是塑造企业形象的一个重要手段,所以研究公益对企业形象的塑造有重要的现实意义。

4.2.2 公益对企业形象的塑造

在当今社会,随着企业规模越来越大,利润越来越高,社会公众对企业公益形象的预期也越来越高。有的时候企业如果营收高、利润率高,但在公益方面过于吝啬不愿意投入的话,会招致社会公众和消费者的反感。

为了体现公益、企业规模利润率和企业形象的关系,笔者进行了一轮随机调查见图4-7。

从调查结果来看,虽然选项1中甲企业公益每年的预算最多,却得不到大部

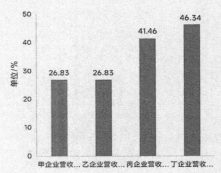

图 4-7 公益、企业规模利润率和企业形象调查表及对应柱状图

分受访者的认可,原因就是甲企业的利润率高达 50%。但也有一个令人担忧的结论,有高达 41.46% 的受访者认可一个企业即使亏损仍然要做公益是负责的表现。

这说明我们在公益活动的预期中,存在着强烈的理想主义的倾向性,强大到我们的预期有时候可能近乎不切实际。当然笔者也呼吁大家降低不切实际的预期,以免异化为道德绑架。

但对于企业来说企业规模越大,就越需要严格约束自己,满足社会公众对企业的预期。如果无法满足预期,不仅仅可能公益预算打了水漂,反而可能会引发负面舆论。建议企业应该量入为出,根据自身企业实际情况制定公益支出预算,既不要过度吝啬,也不要亏损了还在拿钱做公益,这都是不太可取的方式。

企业形象和社会责任都是抽象的概念,对于大众甚至是企业领导人自身来说都看不见摸不着,但是公益是其对外具象化的体现部分。所以企业通过参与公益活动能够塑造自身的良好形象和品牌价值,为伦理银行储存足够的余额。

公益对企业形象的塑造作用主要体现以下三点:

(1) 展示对弱势群体的尊重。

弱势是相对而言的,我们绝大多数人在不同的阶段都可能变成弱势群体。如果对于弱势群体有足够的尊重,往往就会受到大部分人内心的认同,就可以塑造一个被大众认同的企业形象。

企业通过参与公益活动,可以展示其对社会问题的关注和关怀,表达对弱势群体的尊重与支持。同时往往容易被忽视的,弱势群体有一天也可能成长,这时候就会对企业产生很强的感情和忠诚度。

例如，一家科技企业参与教育公益活动，跨界为贫困学生提供资助和支持。虽然教育不是其主营业务，但是这会使其目标群体认为该企业比较有社会责任感，容易对于其产生好感和信任感。而企业的良好企业形象就是那样形成的，从而对企业长远发展和用户的消费选择产生影响。

（2）传递价值观和文化内涵。

通过参与公益活动，企业能够传递自身的价值观和文化内涵，使消费者对企业产生认同感，提升企业的企业形象。例如，一家企业参与环保公益活动，致力于推动可持续发展，这将使得消费者认为该企业关心环境问题、注重企业的社会责任，从而将该企业与环保、可持续发展等价值观联系在一起。在市场竞争激烈的环境下，企业品牌的价值将是决定消费者购买行为的重要因素之一。具有高品牌价值的企业更容易吸引和留住忠诚的目标客户，提高产品或服务的市场竞争力。

（3）制造情感共鸣。

通过参与公益活动，企业能够创造情感共鸣，激发消费者的购买动机。当消费者认同企业的公益理念和行为时，他们将更加愿意购买企业的产品或服务，以支持企业继续参与公益活动。

公益事业作为一种社会责任和道德行为，通过传播正能量、倡导社会公平正义、提供帮助和支持弱势群体等方式，引起了人们的共鸣和关注。这种共鸣和关注不仅仅体现在消费者的道德情感上，更影响了他们的消费行为和购买决策。公益事业激发了消费者的情感共鸣。

例如，如果一家企业积极参与敬老院助老公益活动，为那些在养老院的失独老人或者子女没空照顾的老人提供帮助和支持，如果你是老人的子女难道不会产生共鸣和共情吗？如果感触深的话，可能马上就会去看望自己家的老人。都抱着这样的情绪，如果一个企业在助老公益活动做了很多贡献，而它的产品又比较适合自己的时候，难道你不会产生优先购买的倾向吗？

而随着当今时代科技进步，宣传和传播手段不断进化，使得这种共鸣和共情效应在当今社会越来越明显。当下，一个有感染力的公益不再像以前只能在局部区域产生共鸣效应，共鸣效应也受到空间或者宣传的局限。现在一个有感染力的视频或者图片，甚至能在一个下午、一个瞬间就能铺天盖地地席卷大江南北，收获上千万甚至上亿次的关注度，而共鸣效应也不再受物理空间的限制，全国可以跨省跨市地互相共鸣。

所以现在企业应该更加重视公益带来的共鸣和共情效应,将其与现代传播科技相结合,以实现最大化的公益营销效果,以便实现社会价值和商业价值的统一。但是笔者在此也要再次强调一下,这个效应也是双刃剑,其对真情实感的公益有多大的助力,就会对虚伪甚至是拿公益做幌子的套路有多大的厌恶。并且互联网人数众多,无论套路有多高明,总会被一些高手识破。

所以笔者强烈建议企业在进行公益营销的时候,还是需要秉承社会公众利益第一的初心导向不变,把商业利益作为附带的因素去考虑,千万不要本末倒置,防止自食恶果。

4.2.3 公益对品牌形象的提升

公益活动作为企业社会责任的一种重要表现形式,对于企业的品牌价值具有显著的提升效果。在当前社会对企业社会责任要求日益增加的情况下,企业通过参与公益活动能够赢得消费者的认可和信任,从而增强品牌的价值。

1. 公益通过良好的企业形象赋能品牌

在公益活动中,企业在履行社会责任,回馈社会过程中,可以传递出一种关心社会、关爱环境的企业形象。这种企业形象能够使消费者对企业有更好的认同感和信任感,从而提高品牌的知名度和美誉度。

在市场竞争激烈的环境下,一个具有良好品牌形象的企业往往能够在目标客户心中占据更有利的地位,并获得更多的市场份额,增强消费者的品牌粘性。

2. 情感纽带赋能品牌

万事达有句广告语:万事皆可达,唯有情无价。情感纽带往往是品牌元素中不可或缺的一部分,这也是市场品牌和单纯销售行为的重大区别之一。公益活动不仅可以每次都单独提升品牌的情感价值,而且长期类似公益活动都会引起消费者的共鸣和共情不断地叠加和强化。多次之后,消费者就会产生一种固定的印象,对类似的条件和情况产生条件反射。

和上文的共情和共鸣所不同的是,多次叠加后产生的情感纽带更加长期和坚不可破。当消费者后续看到类似的公益举动或者当他自身需要类似的帮助时,就会下意识通过公益活动产生的情感纽带联想到企业。这种情感联结会促使消费者形成长期的品牌印象,这种印象不与品牌的存在和产品优劣关联。

说到这里,笔者就想分享一个自己的例子,笔者是一个土生土长的上海人。上海曾经有一家力波啤酒啤酒厂,成立于 1987 年,其在 2001 年发布了一首广告曲《喜欢上海的理由》,其中的歌词让笔者至今难忘:"上海是我长大成人的所在,带着我所有的情怀。第一次干杯,头一回恋爱,在永远的纯真年代。"虽然时过境迁,力波啤酒已经被收购,笔者也立誓不再喝酒,但力波啤酒的这个品牌仍然在笔者心中回响,每次唱起这首歌,笔者都会泪流满面。虽然如今力波已经被雪花啤酒收购(虽然还能买到力波啤酒但也就是借用一个品牌罢了),可这个品牌却长存我心中。

图 4-8 "喜欢上海的理由"让力波品牌永存

让用户看到产品想到公司名,这是销售行为。让用户看到竞品产品,这才是品牌市场行为。让用户看到生活中发生的事想到品牌,这就是一个完美的品牌塑造。

3. 公益独特性赋能品牌

未来各个行业之间竞争会日益白热化,除了极个别领域的极个别企业,长远来看,人无我有一定会变成人有我有,人有我有也会转变为人精我也精,并且精无可精。所以在产品和技术同质化的未来,如何保持企业的核心竞争力就是一个非常大的难题。

图 4-9 上海啤酒厂雕塑

但是一样的产品、一样的技术会有不一样的企业文化,而这些不仅仅可以从产品细节中体现,也可以从其对待公益的态度中体现,加之公益种类繁多,所以公益能赋予企业独特性的外表。宛若一个人,本质是一样的,但是可以穿着不同的衣服,从而给人不同的观感。所以公益的独特性可以赋能企业品牌更强的力量,使其走稳行远。

因此在制定品牌发展策略时,企业应积极参与公益活动,充分发挥公益对品牌价值提升的积极影响。

4.2.4 公益营销的长期效应

前文已经介绍了一部分公益营销,但是主要介绍的是公益营销会产生的直接影响。公益营销之所以特别,还在于他能产生长期效益从而产生间接影响。公益营销的长期效应对于企业来说更加重要,因为它能够对目标客户的购买决策产生长远影响。

公益主要产生的长期效应有以下两种:

1. 企业公益长期效应——企业道德护盾

因为公益本身就是企业履行社会责任的体现,所以公益营销当然可以建立企业的社会责任形象。随着企业的公益不断累积,企业会在公众心目中建立一个比较光明、正大的社会责任形象,并且在不断地重复和深入中强化、稳固。

实践中,无论是企业还是人,在日常经营和生活中,总是会有意无意地在道德上犯一些小错,这时候对于越大的企业来说就越容易积聚巨大的风险,这也就是我们所说的树大招风。传统的理念是企业通过强化自身管控来降低风险,但是一来无法解决根本问题,二来也会导致企业组织的僵化、效率低下、丧失活力。

笔者认为大部分错误其实都是无心之失,只是因为企业规模较大,公众预期较高(有时候会有点过高),所以导致产生的风险。所以这个时候如果一个企业长期践行公益,就可以通过良好的企业形象,形成一道企业道德护盾,从而帮企业免除或者减轻一些无心之失或者轻微错误产生的危害。用一个不一定非常恰当的词就是功过相抵,当然在现代法治世界不存在这个概念,但是在非法治的道德领域,人们心中还是有这个概念的。

2. 企业公益长期效应——转型种子

企业通过公益营销获得美誉度后,自然而然可以获得长期性的利益,但是长期性的利益带来的往往不只是细水长流那么简单。如果只是那么浅层,那所有企业都不需要做市场或者品牌,只需要在销售的时候不停推动短期销售即可。

这种正面的企业形象给企业带来最大的益处是其给企业转型种下了种子,而长期利益或许只能算一个副产物。正如笔者前文中所说,一个企业在漫长的发展过程中肯定会遇到需要转型的时候,正如IBM在其百年历史中就曾重大转型四次。企业在每一次转型时,就如同螃蟹蜕壳,刚蜕壳的螃蟹没有原先坚固外壳的保护,一定非常柔软。如果没有公益护身的企业,一定难以抵挡外来竞争者的残酷竞争,会被市场竞争所击败。

但是如果企业有长期践行公益所产生的道德之盾,在转型时,虽说不能让其成功,但是可以让公司内部更加团结,外部环境更加有利于自己。从而为自身转型创造最佳的机会,这也就是所谓的转型的种子。

综上所述,企业公益可以为企业在日常中产生道德之盾抵抗轻微的运营风险,也可以在未来的转型之路上埋下转型的种子。如果想明白这两点长期效应,企业将公益作为重要战略加以重视也就是名正言顺、理所应当的事了。

4.3　企业公益奖项

公益是一项非常符合社会主义核心价值观的崇高而又令人尊敬的事业,所以在政府和社会层面也存在不少公益奖项来激励各个组织和个人为社会利益所努力。企业如果长期深耕于公益事业,有可能获得国家或者社会的认可,从而荣膺公益奖项。

这些奖项虽然没有实际的物质价值,但是一种巨大的精神支持和鼓励,可以起到提升企业形象,扩大企业影响力的作用。笔者在此列举一些企业公益容易获得的奖项。

常见的全国性企业公益类奖项有七类:

1. 中华慈善奖

中华慈善奖由民政部主办,设立为2005年,是中国公益慈善领域中的最高政府奖。

2023年第十二届中华慈善奖民政部决定授予144个爱心个人、爱心团队、捐赠企业、慈善项目和慈善信托第十二届"中华慈善奖"。

2. 诚信中国

诚信中国由中央宣传部、国家发展改革委主办，设立时间为2021年，深入贯彻习近平总书记关于诚信建设的重要指示精神，大力培育和弘扬社会主义核心价值观。

其中鸿星尔克凭借其公益领域的突出贡献，获得2021年"诚信中国"奖项。

3. 无偿献血促进奖——单位奖

无偿献血促进奖根据《中华人民共和国献血法》《全国无偿献血表彰奖励办法》规定设立，由国家卫生健康委、中国红十字会总会、中央军委后勤保障部卫生局负责表彰。其中最近一届2020—2021届（截至本书完稿2022—2023届尚未完成申报评选工作），上海共有5所高校获得此奖项，分别是复旦大学、同济大学、上海健康医学院、上海公安学院、上海民航职业技术学院。而哔哩哔哩、携程、中国电信上海分公司、上海建工集团、江南造船、中国铁路上海局等企业也荣获该奖项。

4. 中国生态文明奖

中国生态文明奖由环境保护部主办，是表彰和奖励在生态文明建设一线和实际工作中，对生态文明创建实践、理论研究和宣传教育等方面做出重大贡献的集体和个人。

5. 中华环境奖

中华环境奖由中华环境保护基金会设立，中华环境奖设立于2000年中华环境奖组织委员会由11家部委和单位组成，对中华环境奖工作进行领导，是中国生态环境保护领域最高的社会性奖励。

6. 省级慈善奖

各省直辖市和地级市政府也积极组织各种公益奖项，例如上海慈善奖、山东慈善奖、浙江慈善奖、吉林慈善奖等。如果能够获得以上奖项，也可以大幅度提升企业在特定区域的影响力和企业形象。

7. 社会公益组织或机构设立的慈善奖

一般来说很多非营利机构为了弘扬公益精神、推动其公益活动的进展，会颁发很多自行设立的奖项。此类奖项种类众多，笔者难以一一赘述。

第 5 章
公益对企业内部的直接影响

5.1 公益对企业管理的直接影响

5.1.1 公益与企业内部利益相关者的关系

在分析公益对企业运营的影响时，必须考虑到企业与其内部利益相关者之间的关系。内部利益相关者是指对企业运营和决策有直接影响或利害关系的各方，包括股东和员工。企业与这些内部利益相关者之间的互动和合作，决定了企业未来的核心竞争力。

而对于企业来说内部利益相关者中最重要同时人数最多的就是员工了。企业可以以公益为桥梁和员工建立良好的员工关系。通过参与公益事业，企业在服务社会和公众利益的同时，提升企业形象和声誉，从而在多个维度提升员工的幸福感、荣誉感、归属感。

企业公益活动对员工的影响，主要体现在对人才吸引和员工满意度的积极影响。

1. 人才吸引

在当今竞争激烈的商业环境中，吸引并留住优秀人才甚至可以决定企业的成功与否，所谓的优秀不仅仅是知识和业务能力，道德品格也很重要（虽然实践中因为难以量化和短期分辨，所以常常被忽视）。而公益活动作为一种社会责任的体现，往往能够吸引那些有社会责任感和价值观的人才，从而为企业带来巨大的优势。

参与公益活动能够展现企业的社会责任和价值观。如今，越来越多的年轻人看重企业的社会责任和真实价值观。他们希望能够为社会做出积极的贡献，而不仅仅是为了自身的个人发展和利益增长。企业如果积极参与公益活动,并将其作为一种核心价值观来宣扬和践行,将能够吸引到更多具有共同价值观的人才,这些人才对企业的发展和未来具有高度的认同感。

2. 员工满意度

根据笔者的工作实践经验,在一个企业中,导致员工不满意的一个非常重要因素是大企业的部门墙(部门利益不均,责任文化)产生的内耗。但是公益本身具有公平、平等的文化气息,往往是整个公司跨部门进行合作,所以企业公益活动可以培养员工团队合作能力,减少内耗,从而提升员工满意度。

在公益活动的实践中,员工们也能够体验到不同于平日企业内部沉闷环境的新奇体验。这种体验不仅能够激发员工内心的社会责任感,还能够推动他们的团队合作能力和随机应变的能力。在公益活动中,员工需要和自己不是非常熟悉的搭档相互协作、共同解决问题,并在团队中发挥自己的最大价值。

同时由于参与公益活动本身也是一件光荣且自豪的事,当社会和媒体认可这家企业公益实践时,员工作为企业的一份子也会感到自豪和满意。这样自然而言就可以提高员工满意度,自然也会大大提升企业中的工作效率和态度,并会更加倾向在这个企业长期发展,对人才的保留也有很好的良性效果。

所以,公益活动在人才吸引和员工满意度这两个维度对于企业有着巨大的助力,可以有效缓解很多企业招不到人才、用不好人才、留不住人才的窘境。企业应该考虑将自身的企业文化、价值观和运营战略融入公益元素中。通过公益的助力,企业能够吸引到具有共同价值观的优秀人才,用好这些人才,留住这些人才,最终实现企业的长期可持续发展。

5.1.2 公益对企业管理层的影响

管理层不同于员工,其长期背负着各种指标考核,所以企业管理层往往会出现短期效应主义。针对如何应对这个问题,不同的角度有不同的办法,但是公益也可以做出一些自己的贡献。

企业管理层在实施企业公益的时候,不可避免地需要考虑到社会和环境因素(也就是ESG理念),这有助于管理层形成全面、长远的战略思考,能够促进企业的可持续发展和长期利益最大化。

同时公益活动也有助于增强管理层的归属感,毕竟在企业获得公益奖项或者受到各种表彰开会的时候,往往都是高管前往出席,管理层通过这个机会不仅可以获得极大的心理满足感(高管们在马斯洛需求层次上往往比较需要社会的认可或者荣誉),也可以借此获得更多的人脉和契机。但这一切本质都是企业带给他的,一旦他离开这个企业就无法享受到这份荣光,所以企业践行公益也可以增强管理层的工作动力和忠诚度。

由于社会公众对于企业公益的高道德标准和社会预期(公益挑战之一),涉及公益的项目都需要公开、透明,这就为公司管理提供了一个很好的借鉴。虽然公司商业实践中不能将所有的商业内容全部同公益一样公开透明,但是可以通过参考公益项目来净化公司人员的价值观、提高公司治理的规范性和透明度。

而公司治理的规范性和透明度提升,更可以降低企业高管的道德风险,同时增加股东和公众对企业的信任度和信心,从而为企业提供更多的资源和支持。

而在实践中公司运营治理和企业公益相辅相成的例子也是屡见不鲜,以下选取两个典型的案例来做阐述。

(1)万科集团。

万科集团是一个非常特殊的企业,笔者个人非常欣赏王石先生,在交大安泰EMBA上课时还专门分析过万科成功的原因。万科其创立时因为历史原因,股权极度分散,创始人王石没有持有太多股权,企业架构在资本上就存在先天缺陷,加之这个企业是房地产龙头企业,其管理层团队受到的诱惑可想而知。但是王石为万科集团提出了诚信正直的价值观,并且在企业和个人公益中践行。可以说这个价值观和公益使得万科在企业架构存在缺陷的情况下,凭借强大的能力维持可持续发展,走到了今天。

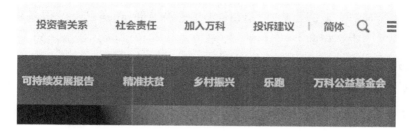

图 5-1 万科官网截图

在 2023 年一次公益论坛上,王石作了主题为"上山下海,不设限的慈善之路"的报告,详细阐述了他那么多年来对于公益的献身和热爱,不愧为中国企业公益的领军人物,笔者在此对其致以崇高的敬意。

（2）星巴克。

星巴克作为全球最大的咖啡连锁企业,由于其业务结构特性,集团肯定无法掌控每一个分店,这时就需要提升公司的性能让企业长期稳定地发展。

而在公益领域,星巴克积极参与常规公益活动,通过捐助学校、提供就业机会给弱势群体等方式,回馈社会。同时,星巴克在其门店主营业务中也融入了诸多公益元素。

星巴克提出了"对地球,更好些———起做好4件小事活动",并且提供了再生纸杯套和纸吸管,尤其是纸吸管当年推出时曾经引发了业内广泛的讨论。

再生纸杯套感觉比较简陋,影响形象,而纸吸管的争议就更大了,且不论纸吸管的成本要高于塑料吸管3倍之多,更重要的是纸吸管会在一定程度上影响饮品入口的口感,有可能会对星巴克的主营业务带来比较大的负面影响。但是星巴克处于环保公益的精神,仍然坚持实施,目前来看取得了比较好的成果,甚至有时候很多人为了支持保护环境的号召,会在有多个咖啡店选择的情况下,特意去支持星巴克。

图 5-2 星巴克吸管包装(笔者拍摄于星巴克交大店)

公益精神对企业的影响不仅仅体现在这些局部,在星巴克的很多细节中都能感受到其追求环保的公益精神。而星巴克也在这样的公益精神的支持下,管理层开拓创新,员工积极进取,从而获得了巨大的成功。

以上两个案例都完美地展示了公益对企业管理层的影响,企业管理层是企业的关键少数,笔者坚信只有企业文化健康的公司才能长久可持续性地发展。

5.1.3 公益与员工激励

很多读者可能乍一看都很惊讶,传统观点从来都认为公益最多作为企业内部发展的稳定器,是稳健因素,怎么还会有激励因素?根据弗洛伊德的人格结构理论,每个人都有自我、本我、超我三重结构。而现代很多的激励或者需求理论往往不是过分强调了先天欲求(马斯洛需求层次理论)就是完全认为是后天学习才能习得(过程型激励理论)。

笔者认为以上观点都有可取之处,但也有局限之处。公益对员工的激励,往往是通过既满足先天欲求又满足后天需求的实现,正如人性之复杂,公益对员工的激励也非常复杂,绝不能将先天和后天分割开来,而是应该结合来看。

1. 公益满足先天欲求——马斯洛需求层次理论

不同层次的员工有不同的个人需求,曾经有一句经典名言:"一个员工如果离开,要么是钱没给够,要么是心受委屈了。"这也说明了员工需求的复杂性,除了金钱这个最基本的需求,还有其他更复杂的心理需求,而公益是可以作为高水平需求的一个很好的补充。公益可以通过满足高层次员工的心理需求从而实现激励员工的效果。

马斯洛需求层次理论是心理学领域的经典理论之一,其对人类需求的层级划分和满足的理论框架为研究公益与员工个人需求关系提供了重要的理论基础。马斯洛将人的需求按照层次划分为五个等级,从基本的生理需求到更高级的自我实现需求,这些需求逐渐升级并且一定程度上依赖于前一层需求的满足。

马斯洛需求层次的第一层是生理需求层次,主要是人的基本生存需求,如食物、水和住所等。在公益活动中,主要表现为提供食物、帮助无家可归的人找到住所等公益行为。但是这和参与者无关,这不是参与公益活动的主要动机。

第二层是安全需求层次,包括个体对于安全和稳定感的需求。这一层级公益活动体现为组织社区警告和应急准备训练,帮助受灾群众重建家园等。但这还是和参与者关系不大。

第三层是社交需求层次,这主要是人们对于人际关系、归属感和友谊的需求。参与公益活动的过程中,往往可以增加社交圈子和建立深厚的人际关系。笔者在组织公益活动过程中,也发现了很多志同道合的小伙伴,并且涉及的范围非常广(很多领域是正常社交难以接触到的)。

但公益活动本身并不属于一种效率很高的社交方式(但是一旦接触程度就

很深),所以这并不是参与者主要的动机,最多只能算"搂草打兔子"。

第四层是尊重需求层次,包括个体对于被他人尊重、赞赏和接受的需求。参与公益活动的过程中,人们会感受到被社会认可和肯定的感觉,这也是利他性公益里参与者能获得的比较强的感觉。显然对于公益参与者来说是一种比较强的动机和激励。

第五层是自我实现需求层次,这是个体追求、个人潜力最大化和寻找自我实现的层次。在公益活动的参与过程中,由于自由度比较高,个体的确更容易和更有平台可以充分发挥自己的特长和能力(毕竟可以产生心流)。对于公益的践行者来说是最高层次的激励。

马斯洛的需求层次理论解释了公益对员工产生激励的动机,公益由于其特殊性,基本只能满足高层次的需求。而对于一个企业而言,一般来说企业的核心员工对社交、尊重和自我实现需求最高,满足这些高水平需求,对提高员工工作效率,提升员工工作满意度,有着至关重要的作用。

2. 公益满足后天需求——过程型激励理论

公益绝不仅仅只是通过满足个体的先天欲求来实现对员工的激励,笔者曾经在戈壁挑战赛中和无数的公益爱好者进行沟通。很多的公益爱好者,往往是因为享受公益的过程而乐在其中。在戈壁滩,大家享受的不仅仅是践行公益带来的满足感,更是在过程中感受到了公平、公正从而激励着自发高效完成任务。

公益激励员工的方式主要通过过程性激励理论中的公平理论(由美国行为学家亚当斯提出),员工会把自己从组织中获得的各类报酬(包括公益行为中的认可和精神满足)与自己在企业中的各类投入同组织内其他人去比较。

一旦在个人投入产出不成比例或者与他人的对比不一致时,个体就会通过各种负向的方式来调整这种感觉。比如改变投入、增加自己或者减少对比者的薪酬、扭曲自己的认知、离职甚至是采取反生产行为等方式来解决不公平的感受。

而公益行为中的认可和精神满足有其特殊性,由于公益的利他和非功利属性,其带来的过程激励可以弥补不公平感带来的负面效应,但是却不会带来太多新的不公平感。也就是说公益行为本身就完美契合了过程激励中的大众公平的需求,从而实现对员工的激励。

举个例子来说,企业如果推动公益行为本身可以修复企业员工对这个公司很多不公平感带来的怨愤。但是一旦企业在公益行为中出现偏差,员工在这种情况下产生的新的负向不公平感是远小于常规的营利业务的。

笔者为了验证这个观点,特地发起了一项随机调查(图5-3),调查受访者显示出其对营利业务产生的不公平感要远强于公益活动所带来的不公平感。

所以企业推动公益行为可以促进一部分人提高效率,对于部分没有获得荣誉或者可能有些许不公平瑕疵的员工(很难有活动可以保证绝对公平),也不会产生太大负面效果。

而很多企业头疼的就是"按下葫芦起了瓢",鼓励激励了一批人,反而对另一批人产生了负向激励,针对这个问题就可以利用公益活动这个特性进行激励,对企业运行效率提升有较大的帮助。

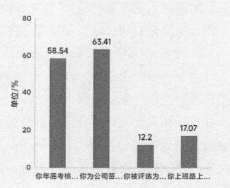

图5-3　过程激励中的公平需求表及对应柱状图

5.1.4　公益对组织架构和制度的影响

公益对组织架构和制度也存在着直接影响。因为公益一般来说需要调用公司内部多个部门来协同处理,并且需要整个公司所有部门不同员工的自发配合,所以一般来说公司需要集团或者总部直接成立一个专属部门来负责公益。同时公益由于其非营利和高道德预期的特殊性,一旦出现问题会直接影响集团的形象,往往还需要有专门的制度和人员来确保公益项目的顺利、可靠、透明的执行。

一个企业如果实施公益,在组织架构和制度上往往会有以下三种直接影响:

(1) 企业的集团总部的力量和话语权会通过公益放大(需要配置专门的公益部门和审计人员)。

（2）企业的各种战略思想和价值观可以通过公益突破部门墙的限制，跨部门传导。

（3）可以储备执行更加透明、严格的内部管控制度的人才，并且提升总部的审计和内控力量。

以上的所有直接影响，往往都对企业的管控有正面的影响，很多企业每年斥巨资找第三方机构来寻找如何改进制度的"药方"，却没有想到，如果一个企业内部有了公益文化，也可以对企业产生直接的有利影响。

5.1.5　公益与企业目标的统一性与多元性

在探讨企业公益和企业运营的关系时，一个重要的问题是如何在追求公益目标的同时实现企业的经营目标。这涉及公益与企业目标的统一性和多元性的平衡。虽然公益和企业运营是两个独立的领域，但它们却能够相互促进与影响。

1. 企业公益与企业目标的统一性

企业公益与企业目标的统一性，最根本指的是在公益利他活动过程中使得企业同样获益。企业不仅仅要关注自身的短期商业经济利益，还要考虑企业长期和可持续发展。为了自身的健康发展、长治久安，企业应该在运营过程中，借鉴公益中含有的公开透明、公平公正、格局开阔等因素改造自身，在企业的战略决策、文化建设、商业运营中全面融入公益元素。

同时这也给我们提供了新的思路，企业公益的思想不仅仅体现在捐赠和慈善等具体公益活动中，还可以体现在企业的内部管理和运营过程中。例如，企业可以通过建立阳光透明民主的企业内部管理机制来降低运营风险，设置员工培训计划，提升拓宽个人的职业发展和知识水平，使得员工个人和公司互相受益。虽然这些行为都不是公益，但是如果没有融入公益元素，单纯利己考虑，玩弄权谋，效果也会很差。比如为了限制员工，强制要求员工参加培训计划并设置天价补偿金，这样的员工培训计划的效果就可想而知了。

2. 企业公益与企业目标的多元性

企业毕竟不是公益组织，其本质目的是盈利，所以这就注定了企业公益和企业目标也存在多元性。这个多元性主要体现在企业公益不能完全以企业利益衡量，但是企业目标必须是企业的利益，这个利益包括短期利益和长期利益。这个多元性不仅仅针对企业，即使是用户也是这个感受。

所以正是公益与企业目标的多元性决定了企业除了和自身主营业务相关的

公益之外,还必须选择不同的公益领域和方式。如果一个企业的公益恰巧都是和其主营业务高度相关,无论是企业内部还是外部公众都会认为企业公益只不过是企业营销的一种手段、一个附庸罢了。

因此,企业公益应当也必须保持企业目标的多元性,企业公益在实践中应当设立一个高层次独立机构以确保其可以独立运营,不需要也不能附庸某个特定部门(尤其是营销或者市场部门),并且不应要求企业公益一定要和企业的业务完全结合。这样企业公益才能发挥最大的价值,为企业社会责任和商业利益做出最佳的贡献。

5.1.6 公益与企业运营的融合

前文阐述了公益对企业管理的关系和统一以及多元性,既然已经知道了公益对企业管理有一定帮助,但也有一些取向不同的差异,我们如何将两者融入其中,给企业运营管理插上一对腾飞的公益"翅膀"呢?那就需要将公益和企业运营融合。

1. 公益与企业运营融合的指导思想

一条正确的路,会事半功倍,确定一个正确的指导思想对公益和企业运营的融合起到关键的作用。

随着社会经济的发展和人们思维方式的变化,公益事业与企业运营之间的联系日益密切。公益不再只是政府或非营利组织的责任,越来越多的企业也开始认识到其在社会责任方面的重要性,并主动参与公益事业。在公益和企业运营之间建立一种有效的融合机制和模式,不仅可以提升企业的社会形象,还可以创造共赢的局面。

公益与企业运营融合,需要明确公益和企业运营的目标。公益的目标是追求社会公平和公正,关注弱势群体的福利,提供社会服务。而企业运营的目标是通过商业活动谋求利润最大化,增强企业的竞争力。在融合的模型中,这两个目标需要有一个平衡点,即在追求经济效益的同时,不忽视社会责任,将公益事业融入企业的运营方针中。

公益与企业运营融合的目的之一是建立一个开放包容的理念,在传统的企业思维理念内,内外泾渭分明(毕竟很多领导理念还没从信息壁垒时代走出来)。除了在业务中可以和供应商合作,其他情况下和外部企业要么是井水不犯河水,要么就是对竞争对手欲置之死地而后快(有些企业把供应商也当作自己的竞争对手)。通过建立开放包容的理念,尊重竞争对手互相学习良性竞争,对于其他行业抱有跨界开放的态度,只有这样的理念,企业才有未来。

公益与企业运营的融合不仅仅是公益融入企业运营,企业运营也应当融入公益。传统的公益项目往往只追求一过性的自我感动,并没有考虑长久的可持续运营。如何寻找合适的公益类型和模式,如何维持公益项目的可持续进行,而非一个纯费用中心的烧钱行为,做到盈亏差距不大(盈亏平衡是不可以指望的),并且也能使企业从中获益。如果把以上这些现代企业运营的一些思想融入公益中,会对企业公益助力更大。例如,企业公益可以如同企业营销一样进行充分的市场调查,调查目标受众的爱好、倾向性、真实需求,从而更精准更高效地践行公益。

公益与企业运营融合的一个出发点是企业运营应当参考公益,考虑建立有效的监督和自我修复机制。很多中国企业,其自身内部控制和自我纠错修复机制是有很大提升空间的,而公益由于公众特殊的期待,其大部分往往有比较高的内部风险控制水平和自我纠错修复机制,企业应该参考公益对企业内部控制和自我修复机制进行反思回顾。

公益和企业运营的融合是一个全新且重要的议题,在传统的义财对立的理论已经被摈弃的情况下,目前主流观点是义中取利。笔者在此认为义中取利仍然有其弊端,义容易成为利的附庸甚至幌子。如何实现义财理念融合,并且义财实质独立,这是未来企业追求实现可持续发展应该思考的重大问题。

2. 公益与企业运营融合的成功案例

公益事业与企业运营的融合为社会发展带来了新的机遇和挑战。一些成功的案例证明了公益和企业运营的融合不仅可以实现社会公益目标,而且可以在商业运营中获得可持续的经济回报。笔者在本节将介绍三个具有代表性的公益与企业运营融合的成功案例。

(1) 中国电信"爱心翼站"。

中国电信"爱心翼站"是以社区为基础的公益项目,迄今为止已经建成9万多个网点,旨在为社区提供休息饮水、手机充电、地图指引、防骗提醒、安防辅导以及餐饮加热、应急药箱等一体化便民公益服务。

中国电信通过合作伙伴和员工的参与,建立了一个一体化的社区公益平台,主要帮助的对象是老年人和急需帮助的路人。该平台通过线上宣传线下实际网点的方式,在宣传公益的同时宣传企业形象,实现了公益事业与企业社会责任的融合。

笔者在淮海路附近居住时,每次去上海交通大学上课都能经过这个岗亭(图5-4),即使笔者从来都没有用过岗亭的任何服务,但每次都被这个岗亭提供的服务所感动。尤其是三分钟的免费通话,也许对于某个遇到困难的人来说,这三分钟就能让他寻找到帮助,重新燃起生活的希望,所以笔者对中国电信产生了强烈的好感。

与此同时,企业也通过与公益项目的深度合作,增强企业品牌形象,提升员工的参与度和归属感。当一家人里老年人更倾向于使用电信服务的时候,对电信的宽带、手机等诸多业务的推广也有很大的帮助作用,在公益活动的同时,也会给企业带来了良好的商业回报。

图5-4 中国电信爱心翼站

电信在这个公益活动中,将自己的站点和公益服务相结合,有效地利用了其富余的站点资源赋予了新的功能,大大提升了企业的运营效率,是一个非常好的结合案例。

(2) 腾讯公司"共同富裕专项计划"。

腾讯公司的"共同富裕专项计划"是一个成功的公益与企业运营融合的案例。腾讯公司为践行企业发展使命,在高质量发展中促进共同富裕,共计投入1 000亿元启动"可持续社会价值创新"战略,启动"共同富裕专项计划",并鼓励员工参与公益活动。通过将企业的商业资源与公益事业相结合,腾讯公司不仅为公益事业提供了资金支持,还提高了企业的社会形象和品牌声誉。

此外,员工的参与和投入也增强了员工的凝聚力和团队意识。这种公益与企业运营的融合机制不仅实现了社会公益的目标,还为企业运营带来了积极的影响。由于将自己的广告和公益相结合,企业员工也会有强大的内生驱动力去推广广告业务,带动收入的增长。

（3）宝洁公司。

宝洁公司在笔者当年大学毕业的时候，也是炙手可热的雇主，可见宝洁的理念还是有其独到之处。

宝洁在其官网"我们的影响力"一栏内，专门有一栏道德与企业责任，点击进去就会发现宝洁几乎将其所有公司内部的公益和企业运营管理政策汇总在此。

并且，企业运营管理政策和公益思想高度一致，宝洁以道德与企业责任为头，系统性地将其内部对于企业公益、员工政策、产品安全及合规性、企业价值观、内部管理及自我修复机制、可持续供应链和行为准则一同引出。互相之间既有分别又有融合，可谓做到了义财在理念上的统一，在业务上的分离，这也就是为什么宝洁可以持续180年不倒，并且始终保持高质量发展的一个重要原因。

综上，公益和企业运营的融合在实践中已经有了一些成功的案例。公益与企业运营的融合不仅可以提高企业的社会形象和品牌声誉，还可以增强员工参与和归属感，促进企业的可持续发展。因此，对于许多企业来说，探索义财融合是未来一个阶段需要考虑的战略性事项。

5.2 公益助力企业可持续发展

5.2.1 公益与企业伦理的关系

一说到企业伦理，估计有很多读者小伙伴在心里打鼓：一个企业还需要什么伦理，商场不是无父子吗？我只要遵纪守法，不就行了？

因为说到企业公益就无法避开企业伦理，其很多公益理念也都是企业伦理精神的体现，所以笔者在此要提一下企业伦理。

企业伦理和人的伦理完全不同，企业伦理不是或者说不仅仅是伦理和道德，其指的是企业在生产运营过程中，与自身员工、上下游供应商、用户、股东投资者、社会公众、环境等内外部利益相关者所遵循的一套道德规范和伦理价值观。企业伦理过去是，未来更是企业长期可持续发展的核心。

企业伦理有五种理论流派：

1. 功利论

功利论又称为功利主义，持有这种观点的人，往往认为企业伦理应当为功利化观点服务。例如企业守信用，是为了降低交易成本；企业遵规守法，是为了避免企业运营风险；企业给予员工合理的报酬，是为了提升企业的生产运营效率。也就是一切的商业活动都以利益为导向，不可否认此理论的确有其存在的依据和大量受众，比如波特的战略性慈善理论也是由此诞生。但是其只关注了经济方面，功利化企业伦理很容易使企业陷入短期主义、形式合规实质不合规、逐利横行等负面影响中，使得企业难以在未来的市场竞争中立足。

2. 道义论

道义论又称义务论，其是观察到了功利论中的一些缺陷，从而强化了企业伦理中的伦理因素，从而认为企业行为必须参照道德原则或者正当性的理论（基于权利或义务）。

但企业本就是逐利性的组织，在这种组织中无限拔高人性，要求大家按照道义的形式，做事都需要秉承道德或正当性，笔者认为无异于空谈口号、缘木求鱼，没有任何的可行性。

3. 社会公正论

社会公正论由哈佛大学著名哲学家罗尔斯提出，其认为社会应当遵循两个基本的公正原则，即"自由原则"和"差异原则"。社会需要和谐稳定的发展，就需要在保证不影响其他人权利和自由的前提下，尽可能多地给予个体自由（自由原则），同时也应当在安排其中尽可能的有利于弱者阶层，避免强者无底线地剥削弱者（差异原则）。

所以企业伦理也应当遵循社会公众的理念，从而维护其更和谐稳定的环境，笔者也还是认为脱离企业逐利现实，无限拔高其道德或者公正的理念，最终只能沦为口号。

4. 社会责任论

社会责任论是 20 世纪以来，为了修正功利论不足所提出的观点，笔者后文也有阐述，所以在此不详细展开。

其认为企业在营利经营过程中会影响环境、社会、周围的人，所以当其盈利后，应当有义务履行社会责任。

但是社会责任难以用量化的方式衡量，同时社会责任将企业的功利性因素完全剥离在外，明显不符合现实实践。

5. ESG 论

ESG 作为一种全新的企业伦理概念，笔者下文会展开。ESG 虽然照顾了企业功利性的需求（长期可持续发展），但是 ESG 衡量的项目却是环境、社会、管制，将功利性和道义性没有明确区分，从而导致了 ESG 体系存在重大的局限和困境。

笔者认为企业伦理应当摈弃纯功利论，但也应当将纯伦理论扔进垃圾堆。在一个逐利性机构中，不谈功利显然不切实际，但是没有伦理，企业伦理也会变成营利的工具，从而无法实现其目标。

所以笔者认为企业伦理应当拆开来看，亦即"企业——伦理"，也就是企业伦理不仅仅需要关注其功利性因素也要关注其利他性因素（也是笔者认为 ESG 标准最大的问题），而公益作为一个利他性的行为显然是伦理中（利他性因素）的核心要素之一。说回到本章开头，读者没有必要一看到企业伦理就开始头疼，企业伦理绝非简单的道德或者伦理，也并非功利性的实现最基础的守法就行，企业伦理是实现企业可持续发展的最重要的抓手。

企业伦理标准既高于最低限的守法合规（道德和伦理标准高于法律底线），同时也不能完全排除功利性因素的影响。

一个企业行得快、猛，可能需要营销、运营，一个企业需要行得久、稳，则一定离不开企业伦理。不可否认的是在当下的中国企业中，往往对于企业伦理都没有一个全面、客观、科学的认识。

有些企业家认为企业只需要守法合规就是最大的伦理（不全面），有些企业家认为企业小的时候不需要企业伦理，等到发展壮大了再发展企业伦理（不客观），还有些企业家更是觉得企业伦理压根没有存在的必要（不科学）。正是对企业伦理认知严重不足，所以在实践中导致了企业公益也沦为了一个一过性的广告或者企业家一时心血来潮的行为。

企业公益是企业伦理一个重要具象化的体现，也是核心要素之一。所以如何正确地理解企业公益和企业伦理，对企业的长远可持续发展有着重要的意义。企业公益塑造的良好的企业伦理观可以让员工工作更有效率、内部监督机制更加完善、企业战略健康，这些都是一个企业行稳走远所必备的方面。愿中国的企业家可以在此投入更多的精力，让我国未来可以有更多的有可持续发展能力的企业，为未来的世界和人类发展做出更大的贡献。

5.2.2 ESG 的概念

正如彼得·伊利亚德所说的，如果今天你不生活在未来，那么，明天你将生活在过去。现代的企业越来越关注未来的可持续发展，而目前在资本市场中

ESG 是衡量一个企业可持续发展的一个重要的手段。

本书虽然主要阐述公益和企业的关系，但是公益作为 ESG 中重要的一环，加之 ESG 目前正是一个比较热门的领域，因此有必要介绍一下 ESG 概念。

ESG，即环境（Environment）、社会（Social）和公司治理（Governance），是一种评估企业可持续发展的综合性指标体系。它不仅强调金融业绩和利润，还考虑企业的社会责任、环境保护以及治理结构。ESG 的概念在过去几年中逐渐受到广泛关注，一个企业 ESG 评分比较好，往往在资本市场更容易受到青睐，ESG 被认为是推动企业可持续发展的重要工具。

ESG 主要通过三个维度，即环境维度、社会维度和公司治理维度来呈现一个企业的可持续发展。

环境维度主要关注企业在经营过程中对环境的影响及其环境管理措施。企业在生产过程中产生的废弃物、能源消耗、水资源利用以及对自然生态系统的影响都是环境方面的考虑因素。这包括企业是否遵守环境法规、是否采取可持续发展的生产方式、是否进行环境友好型的产品设计等。通过引入环境因素的考量，ESG 希望企业能够减少对环境的负面影响，推动可持续发展。

社会维度主要是指企业承担的社会责任。这一章大部分内容基本都涉及企业公益。因为社会责任就是为了社会谋福祉行为的一个统称，但是公益又不仅仅是只有社会这一个因素，比如前文的环境因素内也有不少的企业公益内容。笔者认为这章是 ESG 内的核心内容，通过这一章，投资人可以看到一个企业的企业文化和价值观的直接体现。

公司治理维度强调企业内部是否有规范标准和治理结构。主要包括企业内部的管理层结构、内部风险管控、企业是否遵守劳工法规、提供平等机会对待、关注员工福利和健康以及透明度和监督机制等。一个企业的稳定性取决于公司治理和内部风险管控的良好程度。ESG 对公司治理的关注主要是为了确保企业运营可控，减少运营风险，提升财报数据和信息的可信度。

ESG 是一种创新多维度的评估标准，它与以往资本市场只能片面展示一个企业历史工作的财务数据的理念完全不同。它将可持续发展观念融入企业经营中，使得企业在追求短期利益时，也需要考虑一个企业未来的可持续发展的问题。ESG 的引入毫无疑问给投资者提供一个从全新维度观察企业的视角，从而帮助投资者做出更好的投资决策。

ESG 的价值和意义主要体现在以下三个方面。

（1）ESG 作为企业可持续发展的评估指标，有助于在另一个维度体现企业的竞争力。

一个企业对环境、社会和治理的关注，不仅有助于减少企业的运营风险，还能增强企业的声誉和形象。一个注重治理的企业内部管控也会更加合理，有效的平衡决策效率和风险管控，从而进一步增强企业的竞争力。而对环境和社会的关注则更能体现一个企业的价值观，以此看出这家企业长远来看有没有发展的文化基础。

（2）ESG 的引入有助于推动商业向善的风气，同时也有利于社会公益事业的发展。

金融系统引入 ESG 体系，将企业未来可持续发展的长远价值纳入投资决策中，ESG 评级高的企业往往更容易获得融资（当然实践中这种模式也有其不合理性）。例如，对于关注可再生能源发展的企业，其 ESG 评级评分一般来说比较高，资本市场就会很青睐这些企业，从而推动可再生能源行业的发展。正因为 ESG 评级评分目前和融资便捷度相关，所以很多上市企业有非常强的动力去改善其 ESG 表现，从而变相推动整个社会责任的提升。

（3）ESG 不仅仅是一个风险规避的工具，也会对企业业务产生实际的影响。

公关环境研究中心（IPE）致力于收集、整理和分析政府和企业公开的环境信息，其归纳的数据和信息目前已经成为很多领先企业选择供应商的一个重要标志。这就说明了一个 ESG 管控更好的企业，无论是资本市场还是商业市场都已经重视到其重要性，谁不愿意找一个风险更低的企业来进行合作呢？

所以如果仅仅按照资本市场的传统理念，单纯将 ESG 作为一个风险规避工具可能对 ESG 理解得过于险隘，ESG 理念不仅可以被动地规避风险，更可以发挥其作用，主动地对企业业务和运行产生积极的影响。

对于公益来说，ESG 理念的引入可以更大的力量推动企业履行社会责任，推动公益事业的发展。目前越来越多的上市企业都开始披露自己企业的 ESG 报告，但我们也应该冷静地看到 ESG 并不是万能的。

5.2.3　ESG 的局限和困境

ESG 作为一个比较新的概念，在实际应用中也存在一些局限和问题。

1. ESG 标准不统一

ESG 本身只说了三个维度，具体包含什么内容、范畴，全球都没有一个统计的标准。有句俗话说得好:"ESG 的参考标准实在太多。"说尽了这个心酸,也体现了目前 ESG 的困境。

而 ESG 标准不统一,也导致了没有任何制度去约束上市企业如何披露 ESG 报告,各个企业也都是摸着石头过河,甚至将 ESG 报告变成了自身歌功颂德的一个工作汇报。披露质量低、混乱、范围不一致,这些都是目前局限 ESG 发展的现实的问题。

2. ESG 天然难以量化评定

ESG 的报告出发点是在年报中向投资人公开披露,投资人由于知识和时间所限,更希望给出一个量化的评级。但是 ESG 报告的本身很多内容又侧重商业伦理、公益、合规性等定性或追求长期回报的项目,本身是一个主观性因素非常强的领域。

以上的特性就导致了各个机构对于不同企业的 ESG 评分偏差度非常大。

由表 5-1 可知,不同机构给同一家企业的 ESG 评级可能会从 A+到 CCC,可见不同机构的评级相关性。

表 5-1　2020 年部分头部标杆企业的不同 ESG 评级

公司	中财绿金院	商道融绿	OWL	社投盟	华测 CTI
平安银行	A	B+	51.33	A+	CCC
万科 A	A+	B−	58.5	AA−	BBB
中兴科技	B	A−	57.22	AA−	A
TCL 科技	B−	B+	57.44	A−	B
中联重科	B	B−	53.5	A−	BB
美的集团	D+	B−	49.22	A+	CCC

部分学者认为 ESG 评级统一标准即可,但笔者认为正如审计报告天然存在审计局限性,ESG 报告也存在其局限性,其本身就不适合进行定量的量化分析。

所以笔者非常赞同 ESG 报告在推进企业社会责任、可持续发展中做的贡献,但笔者对由不太专业的评级机构给出 ESG 定性评级持保留意见。

3. ESG 本身的取向

ESG 其概念首先在联合国全球契约计划中被明确提出,是指一系列衡量企业环境、社会、治理成果而非财务指标和数据的理念和企业评价评级标准。但这个概念区分的方式本身并不是非常利于评估企业的可持续发展。

但ESG目前被广泛应用在资本市场用于评估可持续发展。但是ESG在不同的行业会有不同的情况,比如在某些行业,其控制成本的自利行为和环境保护在结果上有重叠的地方,但是显然不能将商业企业为了降低成本的自利性行为和可持续发展挂钩。

笔者认为,ESG报告如果在未来真的想更好地体现企业的可持续发展能力,应当在ESG报告中,将公益行为(利他)和商业行为(利己)进行区分。

一部分利己行为虽然也可能符合ESG定义,也可能在现实中对环境和世界存在正面影响,但是显然不适合用来评估可持续发展。

4. 报告的误导

大家在工作中是不是有时候会有这样一个感觉,一个非常善于做PPT汇报的员工,往往其真实的工作能力和精美的报告并不一定完全匹配,ESG报告也是如此。

ESG报告涉及企业内部管控、企业文化等一些比较敏感的内容,而这些内容又难以以客观的标准去定量分析,所以全球目前对ESG报告的披露都是自愿加鼓励的政策。

根据数据统计,2022年主要上市板块的ESG报告披露率如下,见表5-2。

表5-2 2022年主要上市板块的ESG报告披露率　　　　单位:%

主要上市板块	ESG报告披露率
上交所主板	52.2
深交所主板	37.5
科创板	28.5
创业板	19.2

由此可见,上市企业中仍然有大量的企业不披露ESG报告,更别提科学披露或者单独披露可持续发展社会责任报告。即使是披露ESG报告的企业,也存在着披露内容质量、披露态度是否客观等一系列问题。

但毫无疑问,一个难以避免主观因素的报告,自然难以得出一个量化评定的结果,继而影响其对于资本市场的判断。

并且笔者想问一个问题,大企业往往更有实力可以披露精美的 ESG 报告,但是有实力披露的企业 ESG 一定好吗?

5. ESG 推高成本

毫无疑问,高水平 ESG 本身是需要企业投入大量成本和精力去做的事,以至于 ESG 被有些观点评价为是富豪企业的专属,这话虽然片面,但不可否认有一定道理。

而这就是为什么 ESG 目前迟迟无法强制披露的最重要的原因。毕竟有些企业的 ESG 报告几乎全部是自利性的,所以不适合强制推动。公益并不是无法强制披露的最大原因。不是每个行业、每个企业在不同阶段,都有足够的利润和能力去践行 ESG,并且花精力专门整理出一个 ESG 报告。

而即使对于大企业来说,ESG 报告往往也会推高其成本,一般来说 ESG 成本只有以下两种方式消化。

(1)转嫁给消费者。

这是绝大多数的情况,因为绝大多数的企业商业行为都是市场定价,所以企业只需要在定价时将 ESG 的成本摊入成本中即可。但显然这最终会导致消费者多花钱并且产品的价格竞争力下降。

(2)变相转嫁给员工。

针对一些国企,因为他们的商业行为非市场定价,无论他们做不做 ESG,收入几乎都是相同的。那么这个时候 ESG 的成本基本就会转嫁给员工,通常表现的形式就是缩减员工支出。毕竟社会责任的支出无法直接扣除员工的收入,那他们就会将这部分费用变相转嫁到员工头上。当然为了安抚员工,一般来说是维持不降低甚至一边增加员工支出,一边增加 ESG 的投资。

所以这也是 ESG 的一大局限性,不是所有企业都能负担得起 ESG 和企业社会责任,ESG 也不是免费的"蛋糕",它最终是需要有一方来买单的。可以肯定的是,股东方是不可能为一件自愿的事吃亏的。要么通过公益的营销效应从用户买单,要么变相转嫁于内部。或许在可以预见的短期,ESG 都没有推行强制披露的可能性,而且覆盖面不全这也是 ESG 面临的困境和局限之一。

6. 总结

前文介绍了 ESG 本身的困境和局限并非为了否定 ESG,ESG 在推动企业更好地履行社会责任、提升企业合规性和可持续发展有重要作用。但是 ESG 以上的局限和问题也同时存在,如果 ESG 可以解决以上问题,未来可能可以发展得更好。

5.2.4 ESG、社会责任、企业公益的异同

有些读者可能会有一个疑问,ESG 和公益有何异同？是怎么样的关系？一些企业也察觉到了 ESG 和公益的微妙关系,并针对这些问题,做出针对性的部署。笔者认为做得比较好的是腾讯。

腾讯 2022 年的 92 页 ESG 报告中用了 8 页的篇幅概述了其可持续社会责任,并且腾讯又单独发布了一份 144 页的可持续发展社会责任报告。

当然现在不止腾讯一家企业在 ESG 报告中通过章节的设置将可持续社会责任和管制分开(比如哔哩哔哩上的 ESG 报告 1—5 章讲的是管理,6—7 章讲的是绿色家园和社会价值),笔者也希望未来 ESG 报告可以将可持续发展社会责任和自利性的风险管控分开,以 ESG 报告的角度使得 ESG 报告可以在资本市场对投资者有更好的参考意义,有条件的企业可以像腾讯一样单独发布可持续发展社会责任报告。

当然有些读者就会开始疑惑,ESG 报告不就是可持续发展社会责任报告吗？笔者也想借此厘清 ESG 报告中除了利他性元素外,也有自利性因素。

所以笔者制作了一张表格厘清 ESG 和公益异同,以免读者对这两个概念产生混淆,见表 5-3。

表 5-3 ESG 报告中的利他性因素和自利性因素

ESG 报告				
利他性因素 (通过公益特性实现可持续发展)			自利性因素 (通过内控风险管理实现可持续发展)	
社 会		环 境		公司治理
1) 各类公益 2) 高于法规的其他事宜	1) 环境类公益 2) 高于法规的环境保护	降本为目的节能减排	合规目的节能减排	1) 合规性控制 2) 内部风险管理 3) 员工关怀 4) 供应链管理 5) 品质管理 ……

综上可见,ESG 报告中有利他性因素也有利己性因素。所以笔者认为 ESG 和公益的区别在于公益是 ESG 组成部分中不可或缺的一部分,即利他性因素,主要涉及社会和环境部分。并且由于其利他性的特殊性,其在 ESG 中有不可或缺的地位。

如果不能理解公益对企业之利,那企业的 ESG 基本也就是一个变相的 EHS 部门,所谓的可持续发展也将成为空谈。而社会责任其实更接近企业公益,尤其他们在根源上有一些共性,都要求企业要拥有超越唯利润的追求。但不得不说其还是有一些细微的区别,因为企业社会责任包括企业通过直接对社会做出有益的贡献,从而直接造福社会(企业公益);也包括通过间接管理好企业的内外部利益相关方,从而间接对社会做出有益的贡献。

企业的社会责任本身就是一个非逐利性行为,但是根据这个非逐利行为是否利他,可以分为企业公益和其他企业社会责任。由于非利他的非逐利行为虽然也有一定公益文化的影子,但由于其有明确的特定利益受众,其不是企业公益(不符合公益的基本性质)。就像我们如果对企业员工给与足够的尊重和薪酬,不卡扣、给予供应商足够利润,这都是企业社会责任履行的一种,但是由于都是非利他的,所以并不能称为企业公益。

笔者认为 ESG、企业社会责任和公益三者既有类似点,也有不同的地方。但有一个最大的共性是,企业公益都是 ESG 和企业社会责任中的核心要素,没有企业公益,ESG 和企业社会责任将不复存在。

随着社会的发展和人们对社会责任的日益关注,ESG 在金融与投资领域扮演着越来越重要的角色,ESG 评分高的公司往往被认为有比较高的可持续发展能力,从而可以获得更大的资本认可度,这是 ESG 影响力大的重要原因。

正如前文所说,公益是 ESG 中的利他元素,而其他部分都是非利他元素,这也就说明了公益对于可持续发展有着重要而不可替代的影响。

ESG 的双重因素对于可持续发展的影响,见图 5-5。

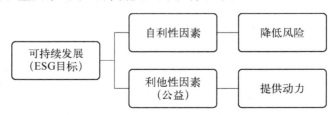

图 5-5 ESG 的双重因素对于可持续发展(ESG 目标)的影响

1. 自利性因素对可持续发展的影响（企业公益间接影响）

ESG 中自利性因素，常见的有合规性控制、员工福利、可持续供应链、企业形象等，这些本质都是为了降低在企业发展过程中逐利性对企业的破坏，但是无论一个企业自利性因素做得多好，也只能降低破坏却不能逆转，所以单纯只做好自利性的 ESG 组成部分，从长远来说根本无法实现可持续发展，这也是很多企业的误区所在。

这部分主要和企业公益没有直接关系（当然肯定公益也会通过企业文化间接的影响），但为了结构的完整性，笔者还是简要介绍这个部分。笔者举一个典型的例子——某知名互联网企业。笔者通篇阅读了该公司 2022 年环境、社会及管治（ESG）报告，利他性内容屈指可数，绝大部分内容基本都与其主营业务搜索平台相关。

其余的通篇 ESG 报告，绝大部分总结下来只有四个方面：

（1）公司治理非常好。

（2）合规保障非常出色。

（3）低运营成本（降低碳排放）。

（4）帮助××行业、××领域、××活动创建一个平台实现节能减排宣传效应。

某公司的 ESG 报告除了极个别内容，几乎所有的内容都深度嵌入其主营业务，非常契合某些论点，但是笔者对此有不同意见，如果一个企业所有的可持续发展内容都和主营业务深度绑定，自利性因素极多，利他性极少。可以看出这个企业文化中可能存在过度功利化和短期主义的倾向，以至于对不能短期获益的公益利他行为不感兴趣。根据这个公司 2022 年财报，此公司全年收入 1 236.75 亿元，而此公司的营收连续多年几乎没有太大增长，显然其可持续发展能力是令人担忧的。

2. 利他性因素对可持续发展的影响（企业公益直接影响）

而 ESG 中与自利性因素相反的就是利他性因素了，为什么说利他性因素在可持续发展中是激励性因素，是因为在企业的漫长发展中，如果拉长时间线，绝大多数现代企业无论当时有多么强的技术护城河，终将归于尘土。典型的如 IBM，也是经过了多次主营业务痛苦转型才能成为百年企业。

所以对于一个成熟稳定的大型企业，可以实现长期可持续发展的能力一定不是其 ESG 中的自利性因素。自利性因素只能让一个企业减少暴雷的风险，但是如果要让一个企业长久焕发生机，靠的一定是利他性因素，也就是公益。

如果说自利性因素在可持续发展领域内可以让企业行得稳的话,利他性原因在可持续发展中绝对可以让企业行得更远,利他性因素可以通过对企业内外部多种因素,诸如形成一个企业的企业文化,增强企业的人和性,提升品牌形象,形成长期竞争力,等等,使得一个企业在漫长的历史长河冲刷下仍然保持长久的竞争力。

5.3　企业公益对财税的影响

公益对于企业内部来说,一个重大的影响是公益符合规定部分的支出可以在计算应纳税所得额时扣除。善用这个政策,可以在合理合法的范畴内优化企业的税收,从而实现企业利益和社会利益共赢。

《企业所得税法》第九条明确规定,企业发生的符合条件的公益性捐赠支出,在年度利润总额 12% 以内的部分,准予在计算应纳税所得额时扣除;超过年度利润总额 12% 的部分,准予结转以后三年内在计算应纳税所得额时扣除。这样就可以有效地降低企业的公益成本。

5.3.1　公益捐款对财税的影响

如果一个企业年利润 1 000 万元,其当年进行 100 万元的公益捐赠,那么其企业所得税加公益支出对比如下:

由于 100 万元未超过 12% 的利润总额部分,所以可以当年全部税前扣除

未捐赠前,企业所得税应缴额为:$1\,000 \times 0.25 = 250$ 万元

捐赠 100 万元后,企业所得税应缴额为:$(1\,000 - 100) \times 0.25 = 225$ 万元

也就是企业捐赠了 100 万元,但是可以节省 25 万元的个人所得税,对于企业来说赚了 100 万元的名声,实际只支出了 75 万元。

而这只是常规的公益税收优惠,如果再结合小微企业优惠企业所得税率和其他的税收优惠政策综合考量,公益会给企业合理规划税收带来更大的助力。

5.3.2　公益捐物对财税的影响

公益捐物往往会给企业自身带来一些意想不到的益处。笔者在此以一家服

装企业作为例子,假设企业制定计划时分为有公益捐赠和没有公益捐赠两种情况,见表5-4。

表5-4 某服装企业有无公益捐赠计划的区别

	无公益捐赠计划	有公益捐赠计划
库存	A服装价值7 500万元	A服装价值7 500万元
成本	4 500万元	4 500万元
库存及公益捐赠的影响	预估未来每年库存去化率为50% 每年库存商品价值减值比例为30% 第四年残值直接清零	在此假设公益捐赠增加了25%的衣服销量
处理方式	第一年销售4 000万元 第二年销售1 225万元 第三年销售428.75万元	第一年销售5 000万元 公益捐赠2 500万元
税收优惠	无公益捐赠无优惠	可抵扣625万元企业所得税
外部形象	无	进行2 500万元大额捐赠
总收入	5 653.75万元	5 625万元
货币现值(5%利率)	5 137.13万元	5 625万元
项目利润率	14%	25%

所以在这里大家会惊奇地发现一个反直觉的行为,明明捐赠了高达2 500万元的产品,只提升了1 000万元的销售,而不进行公益最后也只抛弃了875万元的存货,但是最后反而是有公益捐赠计划下的利润更高,而且要高接近500万元。

笔者在合理的范畴内假设了一定的条件,并且选取了特定的服装行业,这种情况并不是在所有行业都适用。但笔者想通过这个案例和大家分享,其实公益对于财税影响有时候比我们想的要复杂得多。

因为财税是对过去的总结,有时候这些数字并不能完全反映公益对一个企业未来的助力,但即使有时候只看短期,公益也可以在一定程度起到广告效应,短期提升销量增长,并且可以迅速清理库存,避免存货出现减值或者跌价。也正是因为这个原因,出现了做公益反而提升利润的反直觉现象。

善用公益的财税减免,可以更好地为企业近期和长远的发展助力,千万不要只把公益作为一个费用中心,并且随着社会提倡公益力度的加大,未来涉及公益的税收支持力度也会更大,更多的企业可以享受到其中更大的红利。

5.3.3 公益对现金流的影响

笔者在前文曾经说过公益会对企业的账期有比较大的影响,但是由于账期对企业的影响比较复杂,并不能简单地说账期短企业运营成本就低,也不能说账期长,企业的运营就一定很健康。所以笔者在这一节单独来阐述公益对企业现金流的影响。

笔者以某企业运营图(图5-6)来简要概述企业现金池的概念,一个企业归根到底,只有三种行为,即运营行为、投资行为、融资行为,而这三种行为无论哪一种都离不开资金的支持。

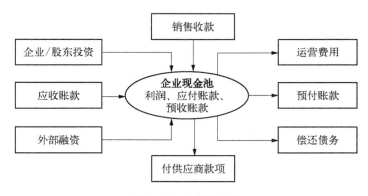

图 5-6 企业现金池

现金的流动每时每刻都发生在企业之中,当然不同企业由于其行业和运营模式不同可能会略有不同,但总体上万变不离其宗。

可以看到这个企业的现金池,主要的来源有:

(1) 销售收款(一手交钱一手交货的即时交易)。

(2) 企业/股东投资(企业对外投资的收益或者股东对企业的注资)。

(3) 应收账款(交付货物或服务对方还没给钱)。

(4) 外部融资(外部的贷款或者其他融资)。

而其主要的支出有:

（1）运营费用（企业为了维持运营所必须的开支，比如员工薪酬、企业生产成本、电费、税费等等）。

（2）预付账款（给了钱对方还没给货或服务）。

（3）偿还债务（偿还各类融资或者股东红利等债务，不含供应商的合同负债）。

（4）付供应商款项（给供应商的合同负债支付款项）。

而这个时候，我们可以看到企业的现金池中留存的部分主要有：

（1）利润。

（2）应付账款。

（3）预收账款。

预收账款并非每个行业都有（收了款还短期不发货，除了特殊领域或者特别强势的企业，一般很少），所以剩下的就只有应付账款和利润。其中利润是长期在现金池中留存的，而应付账款只是短期的。

图5-7
企业账期流转图

正如图5-7显示，企业在收到款项后，可以有一个约定的账期（30/60/90/120天）再支付给供应商。而这个钱是滚动流转的，也就是企业凭空多了一笔相当于企业平均账期的流动资金可以用于企业的短期周转。

因此，现金流里绝大多数因素都和企业的业务模式、行业特性、企业的具体运营以及筹资投资等有关，就比如说如果一个企业可以以全预付账款运营，并且有足够的利润，那么其现金流就可以很好，在这些领域公益无法通过对这些因素的影响从而直接影响现金流。

但有两个内容与现金流管理有关，亦即应收账款、应付账款。这两项中的一项可以增加企业的现金池，避免企业的大部分账务变成坏账，从而造成现金池和利润的损失。另一项，则可以使得企业的现金池大大扩充，从而使得企业获得足够的现金流，而减少企业对内外部融资的需求，降低企业成本。

当一个企业有良好形象的时候，过度拖欠这个企业的货款的确也存在更大的压力，同时公益带来的良好的企业文化也会让企业员工更有催收货款的积极性。但笔者不得不承认，现在经济状况下，很多企业拖欠支付货款更多的原因是企业自身的财务状况不佳，所以公益对于应收账款的减少有一定帮助。

公益会对企业的应付账款周期提供帮助,从而获得更好的现金流,而公益显然会大大提升企业的外部形象、社会信誉、信用等级,从而促使供应商可以接受更长的账期从而改善企业的现金流。假设一个企业每日的应付账款是 10 万元,如果可以提升 10 天平均账期,也就是其可以增加 100 万元的周转资金用于企业运营,那是一个很可观的数字。

但是应付账款周期如果过长,显然对企业运营是一把双刃剑(这里的应付账款时间除了约定的时间还包括各种潜规则走流程拖延的时间),应付账款周期过长这件事本身就容易彰显企业的资金链条脆弱,会让很多优质供应商不和这家企业合作。同时周期过长的应付账款也会让供应商承担很大的资金周转压力,供应商会在报价中有所体现。

笔者在此举三家由现实改编的企业例子,见表 5-5。

表 5-5 A、B、C 三家企业的对比

	A 企业	B 企业	C 企业
企业荣誉	不做公益 企业默默无名	经常做公益 企业获得较多奖项	经常做公益 企业获得较多奖项
企业文化	利己、利益最大化	准时、严谨	自由、开放
名义账期	90 天	30 天	90 天
实际账期	>120 天	50 天	105 天
供应商层次	较低	较好	中档
商务费用	水深	简单	简单
供应商报价	较高(高 15%)	低(无明显区别)	中等(高 1.5%)

读者可以看出 B 企业用较低的账期降低了供应商的报价,因为 B 企业本身不需要那么多周转资金,所以降低账期至 30 天(应付款项期限),这个期限内,往往供应商不会特别计算货币占用资金成本。所以 B 企业可以降低其成本从而增加利润。而 C 企业因为占用了 105 天,供应商往往会计入 1.5% 的货币资金占用成本,相当于年化接近 5%(实务大部分都按这个计算)。而 A 企业因为账期超长,且没有公益加持,存在比较高的风险和货币占用,一般与其合作的供应商

层次较低,并且 A 企业采购成本也明显高于 B、C 企业。

而在现实中甚至还有比 A 企业更加夸张和魔幻现实主义的情况,某些国内头部龙头企业(绝不止一家两家)的账期早就通过商业承兑汇票变相超过了 400 天。无论企业采用什么方式监管和购买,即使其采用了最低价中标,这部分支出供应商显然也会提前计算在内,并且在企业商业承兑的兑现上也会存在巨大的道德风险(某房地产企业至今还有大量商业承兑无法兑现)。而这些龙头企业往往做了不少的公益,有良好的企业形象,所以诸多供应商才愿意以超长周期账期配合支持,但这也完全脱离了笔者的本意,是笔者所不认同的。

综上来说,公益的确可以增加企业的信誉度、提升品牌对外形象,从而更容易获得供应商的长期支持,并且结合公益对企业文化、员工工作积极性等多个维度的共同作用下,公益对企业的现金流也有着非常强大的正向影响,可以帮助企业在同等情况下(同等情况指的是不影响业务、供货品质等情况下,毕竟降质降价是采购最容易实现的),实现更多的现金流,从而降低企业运营成本,帮助企业更健康地运营。

但笔者在本章的最后还是要呼吁一下,国内的头部企业还是应该带头合理化国内的账期,账期最后的成本都会转化为企业的采购成本,其对企业的长远损害非常巨大,国内公益企业在践行公益的时候,也应该发扬公益精神,打造健康透明的企业文化,同供应商共惠共赢。

第 6 章
公益对企业内部的间接影响

不可否认的是,企业和员工关系中,企业无疑是强势的一方,企业对于员工的直接影响往往非常明显,但实际中企业和员工也存在很多公司命令之外的间接影响。而公益在其中的体现特别明显,本章让我们一起研究公益对企业内部的间接影响。

6.1 企业和个体的潜在羁绊

6.1.1 暗示效应——你所认知是否是你所认知

在说明公益对企业和个体羁绊的影响之前,笔者想先阐释一下一个典型的心理学效应——暗示效应。暗示效应是指在对方潜意识没有抵抗意识的前提下,用影射、含蓄、抽象式诱导等间接方法对人们的心理和行为产生影响。

我们在现实中应用最多的一个暗示效应是罗森塔尔效应,通过真诚的方式对人们的心理和行为进行符合自己预期的诱导从而使得被诱导的人往自己预期的方向发展。用一个通俗的话来说就是父母或者老师如果对自己的孩子不断地间接正向鼓励或者引导,自己的孩子哪怕可能本身都没有被鼓励或者引导的特质,但是在正向鼓励和引导下也会改变自己的心理、认知和行为。

而公益显然是一种含蓄式、抽象式诱导的间接方法,企业和员工个人关系真是千古难题,企业从营利角度是需要压榨员工剩余价值的,而员工(高管或者股东除外)本身对企业的营利并不是特别感兴趣,他们最感兴趣的是如何分到更多的现实利益,所以显然企业和普通员工的利益导向并不一致。而现在企业激励理论已经很成熟,针对高管可以采用股权激励等方式使利益取向一致,但是对于大部分企业来说对于普通员工并不能那样激励。这时候公益就可以作为企业和员工的一个隐性沟通的桥梁。

图 6-1 暗示效应
注：插图创意和版权归笔者所有

暗示效应正如图 6-1 一样，某个人内心的本质是恶魔，但是由于其对于女孩表达出善意的行为，即使他自己并没有标榜自己是天使，大家也误认为他应该是个天使。

我们往往对于直接、简单的明示有着比较强的抵抗能力，但是对于这种含蓄、间接的暗示却很容易产生强烈的误解。品牌学中的广告对此有很多体现，例如笔者看过一个冰岛航空的广告片，通篇没有宣扬冰岛航空服务好。一个旅客在雷克雅未克机场登机前流连忘返于冰岛的温泉、瀑布、冰川等美景中，而冰岛航空发动一群人开始寻找，找到后，那个人还是放弃了登机，在暗示了冰岛自然景观（鼓励大家飞来冰岛旅游）吸引人的同时，也暗示了冰岛航空服务好。这个广告的效果就明显比明示的要好得多，这就是暗示力量的效应和威力。

而公益对于企业内部的间接影响也是通过暗示效应的方式，不仅仅是企业对个人有预期传递，个人也会对企业有潜移默化的影响。所以研究公益通过暗示效应对企业和个体的互相羁绊，对于企业理解公益的意义、对员工的影响，同时对于员工如何和企业进行沟通有着重要意义。

6.1.2 企业对个体的影响

1. 组织中的个人

组织如同企业本身是一个抽象的概念，组织的具体单元都是由一个个鲜活独特的个人组成。如果我们不理顺组织中的个人对组织的影响，就无从理解公益通过影响个人从而对企业造成的间接影响。

有一组俗语说得好，"时势造英雄"或者"英雄造时势"，这其实是两个对立的观点，笔者在此并不对此话正确与否进行深入研究。但从中可以得知，组织中的个体互相之间存在着密不可分的相互羁绊。

所以，现代组织行为学理论往往认为企业组织中的文化、环境甚至领导人的个人风格会对个体的性格、情境产生影响，而上述两个因素又可能会对行为共同造成影响。

现在中国大多数企业家其实都对这个观念有一定的了解和认识,但是笔者在此想说明一个观点,中国绝大多数企业家都试图通过企业的特质、情境去改变一个人的价值观,笔者认为这些企业家可能太过自信了。

比如近期的一个企业家和其前任秘书的恩怨,笔者并不相信以她的智慧,会发现不了对方的特质,但是某企业家可能真的认为凭她的个人魅力可以扭转一个人的价值观,然而最后就是一个不太完满的结局。根据现代组织行为学理论,一个人整体价值观可能会被一些特定情境影响、激活(特质激活理论),也有可能一个人的特定价值观被某个特定情境所强化(情境强化理论)。但似乎特定的情境很难去改变或者扭转价值观。而当价值观和其行为存在严重不符时,就容易出现笔者后文阐述的一些危险效应。

笔者认为价值观是一个人的底层核心特质,企业难以通过短期的情境或者其他因素迅速改变(长期可能会有一定变化),企业对人的改变更多只是浮在表面的人际交往特质或者情绪等。

所以企业如果充满公益气息,虽然无法在短期内改变一个人的价值观(员工的价值观总是良莠不齐),但可以改变一个人的人际交往特质,并且也会激发人性中好的一面。

2. 路西法效应——一半天使,一半恶魔

企业由不同的员工个体组成,虽然在招聘时会有一定的筛选,但对员工的个人工作能力很容易筛选,而对于精神层面、道德层面则难以筛选,所以一个企业或者组织总是会遇到成员道德良莠不齐的问题。

津巴多教授曾经做过一个经典的实验,一群心理健康的大学生模拟了在监狱对罪犯进行看管的情境,结果令人非常震惊的是,在环境的暗示下,一些大学生开始对罪犯进行了不人道的行为,而这些行为违反了自己平时的价值观,这也就是所谓的"路西法效应"。

正如图6-2显示,天使身处错误的

图6-2 路西法效应

注:插图创意及版权为笔者所有

环境中,也会做出恶魔行径,鞭笞劳动者。而在企业中,这种效应更是危险,即使每个员工本质是天使,如果企业环境本身不佳,员工最后都会变成有恶魔行径的天使,那对企业会造成非常大的负面影响。

当然"路西法效应"是一个极端的例子,大家平时听到更多的是"破窗效应",但是笔者并不完全认同破窗效应,因为世界总体变化是一个熵增的过程,也就是破窗效应其实是一个必然效应,规则的打破也是必然。但是不同的环境会有不同的影响,并非所有的破窗效应都会造成坏的结果。不过,加一个限定词,在不佳的环境下,破窗就一定会有不好的效果。

笔者在此想提出一个"路西法效应"的反效果,亦即"逆路西法效应"。人性本善和人性本恶论为什么争论数千年,就是因为人性中既有善(天使)也有恶(恶魔),也就是一半天使,一半恶魔。

所以每个企业,无论招聘时品格要求多高,只要环境不够健康,即使天使般的品格也会有极大的概率沦落为恶魔。所以笔者认为招聘时对于应聘者的品格过度评估并没有多大意义。而这样的情况对企业的伤害是长期、深远和巨大的。

虽然企业可以通过流程设计、内部监督、外部审计等去约束员工,但是过度的安全流程设计会严重影响效率,而监督、审计发现一个问题时,可能问题早已非常严重并且无法解决问题根本(当你发现一个蟑螂时,可能已经到处有蟑螂)。

公益充满道德感、正义、阳光,可以大大地激发员工心中天使的一面。如果一个企业可以发自内心真诚地践行公益,即使破窗必然发生,通过环境的影响,我们也有可能将企业中的员工尽量变成天使。但是由于企业环境的不可量化,笔者很难找到确定的恰当实际案例。

3. 危险的服从——平庸之恶

企业在与员工的关系中无疑是强势的一方,而强势的一方对个体的影响是深远而又危险的。笔者在本章的开头想引用米尔格拉姆的服从权威实验来说明这个危险的服从。

服从权威实验指的是,心理学家精心设计了一个实验,挑选一批心智健康的孩子,然后测试人员伪装成权威专家,告知他们现在需要问知识问题,但是他们很有可能记不清,为了帮助他们记忆,有一个手段就是采用电击方式如果无法记忆,那就不断加码电压,电压从75伏加至最高450伏。

当然为了实验安全,电击本身没有真的电,但令人震惊的是,仅仅是一个测试人员假装权威专家,虽然绝大部分实验者都表达出质疑甚至不满态度,但是大部分的实验者都坚持完成了测试。

笔者在此不想赘述其中的路西法效应,只想说人性中天然就有对权威的服从本能,哪怕不符合他们的价值观,这也就是平庸之恶。但是之所以说是危险的服从,是因为无论实验者当中有没有表达不满,其内心的潜意识始终是不满的,即使他短期选择的是服从,其内心的不满情绪迟早会爆发为消极、怠工甚至是反生产行为。这对于企业的运营来说是危害极大的,这就是平庸之恶的服从之所以危险的原因。

正如图 6-3 所显示的,在企业中如果企业领导人对中层指责,企业中层会照搬地将可能是错误的信息传递给下层,一传十,十传百,从而让企业陷入一种危险的服从中。虽然员工迫于各种压力不会反抗,但是会陷入更多的负面情绪中,这种危险的服从一定会无限放大,最终放大给客户,影响到企业业务。

所以绝大多数企业在对个体期望施加影响时,一定需要照顾个体的声音,不要单纯为了极致的运营效率而使整个组织的员工陷入危险的服从状态中。

图 6-3　危险的服从

注:插图创意及版权为笔者所有

但是公益是一种很好的避免这个问题的工具,所谓的危险服从,特别容易出现在传统中国威权式企业的环境中,笔者在此并非不切实际地呼吁所有的企业都应该尽快转变文化至西方推崇的分权式管理。但笔者认为,无论多么威权式的管理,也可以去打通公益这个路线,由于公益本身就有平等公平公正的气息,企业融入这个气息,就可以打通员工建言的路径,避免平庸之恶的发生。

6.1.3　个体对企业的影响

1. 企业家对企业的影响

一个企业当中有很多独立的个体,不过毋庸置疑,最重要也最特殊的就是企业家本人。当然笔者在此讨论的对象还指一家拥有独立法人人格的企业。如果对于一家人格混同的企业（现实中国内中小企业这种情况很多），企业家本身就是企业，那就没有讨论的必要了。

但即便对于比较成熟的国内企业，由于受到中国传统文化和制度的影响，中国企业大多权力集中度极高，体现在某一个人或者一个群体拥有近乎全部的决策权力。对于权力集中度高还是权力分散更有利于企业长期发展和创新，笔者在此不进行深入讨论，组织行为学中支持这两种模式的观点都有很多，存在着巨大争议。但有一点是毋庸置疑的，权力集中度高的企业，对于领导者的能力要求是指数级上升。

那更进一步说，如果一个企业家可以自上而下地推动公益，员工们往往也会身体力行地去实施公益，让危险的服从变得不危险，有句古话说得好："其身正不令而行，其身不正虽令不行。"在21世纪信息越来越发达的今天，领导力的获得已经越来越难靠威权来实现，而交易型的领导力又往往难以获得长久的竞争力，尤其难以吸引高水平人才。此时公益就是一个很好的成为魅力型领导的途径。

2. 员工对企业的影响——建言

一个企业作为一个组织需要正常运作，就如同一个细胞一样。一则需要有能正常工作的能力和效率，二则需要有在出现错误时自我纠错的机制和能力。正如前文所说，国内企业因为各种原因经常容易出现威权式的领导，并往往缺乏出现错误时自我纠错的机制和能力，但是人的能力是有限的，现代的社会行业脉动越来越加速，这种模式已经越来越不能满足企业的发展。

这时如何在企业的运营效率和自我纠错机制上取得一个平衡就是一个很难的问题。组织行为学理论中会说员工对企业的建言是一种很好的员工对企业的影响机制，可以避免企业陷入重大的错误之中。但在中国的现实就是员工不愿建言，就算建言了管理层也充耳不闻，即使企业掌舵人建立直接沟通渠道，也会被海量的信息和铺天盖地的假信息弄得不知所措。

正如前文所说，久而久之，公司就容易出现危险的服从，所以就这点来说公益文化特别适合传统型企业，让很多为了维持生存和效率竞争力不敢转型的企业，在威权中多一分人性的光辉，通过公益的方式，建立企业自上而下的共同价值观，从而提升企业的向心凝聚力。

3. 个体独立性导致的摩擦——内耗

古语有云："一个和尚有水吃，两个和尚挑水吃，三个和尚没水吃。"但在中国一个很有意思的现象是，我们每个个体都是独一无二的，无论我们是不是看上去独一无二,但我们总是希望自己看上去并非独一无二。

所以在任何的组织团体内,个体独立性导致的摩擦永远存在,但由于中国的文化和传统等原因,我们的企业管理层往往试图压制甚至掩盖这些必然存在的摩擦。在这种模式下,我们就需要一个机制可以化解个体的独立性差异导致的摩擦。如果没有这个机制,企业组织内的摩擦就会不断加剧,以至于最后会对企业运行的效率出现重大影响,这也就是现在很多大型企业都存在的"大企业病"、部门墙的原因。

一定会有人说,"大企业病"、部门墙的出现原因很多,有考核机制不合理、部门本身利益取向不同甚至企业领导的有意为之,等等。但是在此并不讨论如何消除,实际上也难以彻底消除。但是既然这个问题存在,如何将个体差异性摩擦控制在可以接受的范围内呢?公益显然是一个不错的选择。

如前文所说,由于公益的资源有限性和价值观等诸多伦理悖论和现实难题,公益实践中往往很难靠个人或小团体独自完成,往往需要跨部门的协同合作,并且公益往往不以利益为取向。所以在跨部门的公益合作中,大家往往可以卸去成见和防备,为了同一目标而共同努力。

虽然公益不是万能的,难以彻底消除部门墙和"大企业病",化解个体的摩擦。但公益也如同一个润滑剂,可以有效地在无形中减少摩擦的力度和程度,从而为提升公司运营效率做贡献。

6.2 公益对企业文化的塑造

6.2.1 企业文化的概念

一个组织或企业所具有的共同价值观、信念、行为准则的集合体统称为企业文化。其形成后通过企业内部或明或暗的各种规则(明面上的企业制度规定)和潜规则(企业行为习惯),反映了组织的核心价值观,是企业塑造人和性、构建企业之魂实现可持续发展的核心组成部分。

在很多传统中国企业文化中,企业文化似乎是一种自上而下灌输的意识形态和价值观念,但这其实不是一种健康的状态(这种文化是否真的会成为文化都存疑,很有可能只是危险的服从滋生的假象)。一个健康的企业文化,是核心领导层和员工互相成就的结果,其反映的是组织和员工对互相行为和价值观的期

图 6-4　健康的企业文化图示

注：插图创意及版权为笔者所有

望和规范。

正如图 6-4 所显示，一个健康的企业文化，中心一定是企业领导人，四周一定是员工，虽然大家个性不同（形状不一），但是在这个企业环境中互相兼容。一个好汉三个帮，只有领导者和员工相互支持，互相携手，才能形成一个有凝聚力的整体文化，从而对企业发展产生助力。

这也就是为什么现代很多企业都有目标和使命，但大多都是摆设，因为管理层只用他们来约束员工，却不约束自己和企业。但是如果员工们不真正认同这一目标，那也只是摆设。

健康的企业文化可以塑造很强的集体认同感和归属感。员工的工作积极性和责任感会在这样的心流中被激发（做自己内心认同的事），员工自然而然愿意自发地忠诚地为企业奋斗。

当然企业的领导者作为关键少数，在塑造企业文化的过程中显然是起到引领带头作用的。更讽刺的是，企业领导者想宣传的假象往往效果不佳，但是不想宣传的阴暗面倒是学得很快。企业管理者对企业文化的塑造是以其平时一举一动的实质传递的而非形式的宣传，宣传只能对实质起到强化放大作用。

所以如果需要塑造一个健康的企业文化，需要企业管理者以身作则，自身就表现出强烈公益意识和责任感。如果管理者自己本人都不能按照自己想塑造的企业文化奋斗，怎么能让员工信服这个企业文化。

当然在这里还得特地说一句，绝大多数企业文化都可以以身作则感动下属，但是只有一个文化不能只靠以身作则来感动，那就是奋斗创业加班类企业文化。但又有点黑色幽默的是，这又是目前很多企业最爱推的企业文化。员工的收入和受到尊重肯定远远不如企业管理层，他们也没有股权等机制来和企业长期利益共享，因为这两个差异，导致奋斗创业加班类企业文化没法单纯靠行动来感染。有些企业家说："我就以身作则，大家都被我感动自愿加班。"笔者认为恐怕只是一种环境，短期来看严重降低工作效率（其实总工作量差不多），长期来说损害员工满意和忠诚度。

同时企业文化本质还是一种灵魂、一种图腾。所以它需要长期累积形成和发展,需要组织上下的共同强化。企业文化的形成如果是一条江海,领导挖沟带头指明方向,绝大多数内容和执行需要员工在工作中实现。只有通过上下协同努力,企业才会深深地刻下烙印。

所以企业文化是组织内部所共有的一种共同认同和行为准则的集合体,它体现了组织的核心价值观和行为标准,对于员工的忠诚度具有重要的影响。一个有着积极企业文化的组织能够激发员工的工作积极性和责任感,提高员工的忠诚度,进而推动组织的持续发展和成功。因此,构建积极的企业文化,将有助于提升员工忠诚度,为组织的可持续发展提供坚实的基础。

6.2.2 逐利式企业环境对企业长远的危害

笔者在生活和工作实践中,因为工作性质关系,经常走访不同的企业,一直对逐利式企业环境对企业的深远危害有深深的感触。近来在读张新安教授撰写的《房奴王大头的职业沉沦》,有了更深的感悟。

笔者在此特地采用企业环境而非企业文化是有意为之,因为大部分企业都意识到逐利式企业文化对企业的伤害是非常巨大的(部分行业或企业就算采用逐利式文化,大部分领导者也对其伤害心知肚明,只是利用其获得短期利益),所以有意无意地都在规避逐利式企业文化。

然而,笔者实际走访过很多企业,见过无数的企业,标榜着有社会责任感的企业文化,但是所有的行为和理念都是极度逐利的。还有一些企业虽然没有提倡逐利式企业文化,但是由于企业天生的逐利属性,加之企业运营层的考核压力,企业也会慢慢陷入利润至上的环境中。所以笔者把这种情况称为逐利式企业环境。

而张新安教授的案例中,王大头原先是一个非常有研究能力、非常专注的青年博士,但是在残酷的现实中,王大头渐渐发现其需要增加收入来应对家人的要求,需要贷款买房时,王大头就逐渐沉沦了。王大头原先可以挑项目,渐渐地他只能什么项目都做,王大头越来越不快乐并且丧失了科研所需要的创造力,天天为了房贷担惊受怕。

笔者在这里想从王大头这个现实的人引申到企业环境中的每个人,当我们天天在一个为营利而生的企业中工作,日复一日久而久之,是否也会像王大头一样逐渐沉沦,丧失创造力、快乐感,成天只为了养家糊口而疲于奔命。

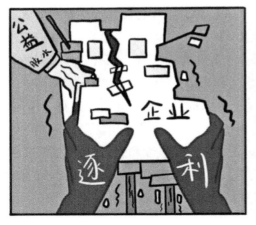

图 6-5 逐利性对企业的破坏

注：插图创意及版权为笔者所有

正如图 6-5 所展示，企业的逐利性特色会不停地破坏企业长久运营的根基，如果只是减少风险、增加内控，甚至是增加研发技术，也只能减缓这个破坏速度，却无法修复。而只有公益，由于其和逐利性相悖，所以可以作为修复的"胶水"，从根本上修复逐利性对企业的破坏。

由于企业本身就是个营利机构，笔者认为对于常规的企业来说，逐利因素不可能也不可以消除，而逐利本身就存在风险，所以是熵增的过程，当熵增到一定程度，组织就会崩溃，企业也是如此。

这就是逐利导致的企业熵增现象，它如同人类细胞中的端粒酶，每复制一次就少一点，直至企业衰亡，这就是逐利式企业环境对企业造成的长远伤害，并且这种伤害无法通过普通的方法消减。

所以一个企业如果需要长远发展，则必须修复逐利导致的熵增现象。这个时候 ESG 可持续发展战略就可以起到重要作用。

总体来说 ESG 是促进管控企业运营风险和可持续发展而存在的一个工具。而 ESG 有以下三个内容：

（1）治理维度——从公司整体架构增加透明性、合规性等。

（2）环境维度——从企业自身利益和社会利益两个维度考量，保护环境等。

（3）社会维度——保护员工权益和践行公益等。

而这三个维度中，只有出于社会利益考虑保护环境和为社会践行公益是不以自身利益为考量的。读者有没有想过为什么这能决定企业的可持续发展？因为公益需要极强的规范、透明、公正、公平等美好的因素才能推动下去，而这些都是可以消弭逐利性带来的伤害从而导致熵减的过程。

这听起来似乎很反常规，一般来说密闭体系是难以自发熵减的。但人性复杂，我们都向往美好的情感和事物，有时候我们可以牺牲一些眼前的利益，所以这才是可以熵减的核心。所以我们才可以利用公益的熵减效应来修复企业逐利所导致的熵增的损害。

根据公开资料显示,IBM 拥有悠久的志愿者文化,早在 20 世纪 10 年代,IBM 总裁便鼓励员工为社区贡献自己的时间与才能,仅在 2021 年,IBM 志愿者的注册人数就已超过 89 000 名,为全球各地社区贡献了超过 860 000 小时服务时长,这在一个商业企业中是非常令人钦佩的数字。

而说到逐利式企业环境对企业的长远危害,一个更有名的例子就是柯达。柯达是数码相机的发明者,但是由于逐利文化对企业的破坏,柯达陷入了利润至上的陷阱中,不愿意破坏其胶卷的商业模式,所以柯达将能给人们带来更多价值的数码相机技术束之高阁。

这个结局大家已经非常清楚了,一个曾经的跨国巨头,因为收到短期主义的影响,过度追求利润,战略转型缓慢,企业文化中丧失了对于商业伦理和公益的追求(和其口号和宣传的企业文化已经完全不符),目前已经沦为了时代的弃子。虽然不可否认柯达当年也推出过成功的公益营销计划,但笔者认为其公益营销更多是为了营销,而绝非为了社会公众利益。

笔者想到此,不禁嗟叹惋惜,如果柯达当初企业文化能够少一些逐利的权谋,致力于追求行业最新的科技水平,那么今天是否还有会有一个柯达的巨头,提供更好的相机甚至是智能手机照相功能解决方案呢?

6.2.3　公益和企业文化的关系

因为在现代社会中,企业的目的必然要带有逐利的目的,所以正如前文所说,企业的环境会对企业产生深远的危害,那如何修复或者减少这类危害呢?公益活动在企业环境或者文化建设中的重要性就逐渐凸显了。

古语有云:"因利而聚者,利尽则散。"人天生就有理性和感性两个方面,企业也是如此,同样拥有人和性、资和性两个方面。对于现代的社会,大家一说到企业往往都想到了有限责任公司或者股份公司,却忘了人和性的极致体现——合伙企业。当然笔者并不是说推崇合伙企业这种形式,而是说现代的企业往往追求利益,强调企业风险控制、管理、资本这些资和性的要素,往往欠缺人和性的温情,这对于企业文化和企业的可持续发展来说是致命的。为了增添人和性的温情,企业有必要将公益融入企业文化之中,提升可持续发展能力。

正如益海嘉里金龙鱼在 2022 年可持续发展报告中所说的,公司员工的持续帮扶提升了内部凝聚力,夯实了"和谐共享"的公司文化。不同组织和个人借助项目慈善平台奉献爱心,围绕改善贫困乡村教育条件和教育水平的目标分工合作,树立了良好的品牌形象。

而且公益不仅可以体现企业的道德担当,也体现了对社会的回馈和关爱。所以公益活动不仅可以增添人和性的温情,还有消弭逐利气息的作用,并能塑造一个消弭逐利气息的企业文化。而企业文化作为组织内部的核心价值和行为准则,对于企业的发展具有重要影响。

公益与企业文化都强调价值观和行为准则,但是其概念和范围又有很大的不同。企业文化是企业内部的核心价值观,主要约束的是企业内部人员,同时企业文化不要求或者说也不能是全部利他(商业企业的文化在为社会创造价值的同时也得牟取合理的利润)。而公益社会价值观和行为准则主要是在公益活动中需要遵循的规范,其具有公开、公正、透明、关爱弱者等特点。但两者可以如鸟之双翼相辅相成,当企业文化中的价值观与行为准则和公益相吻合时,能够起到协同作用。公益可以帮助企业文化升华,而企业文化又可以帮助企业内部更有力高效地推行企业公益。

公益与企业文化的协同也更有利于企业公益的长期发展。现在很多企业并非不知道公益的优点,但是往往出现一过性战术行为,主要原因在于企业内部没有企业公益的土壤,以至于所有的公益都是某个强势领导人拍板的一次性行为,形成不了企业长期的公益战略。但是公益对企业最大的助力,对内是企业文化、环境的改善,对外是企业形象的塑造、社会责任感品牌的打造,无论哪项都需要长期的累积。为了实现企业公益长期可持续发展,需要加强公益精神和企业文化的融合,从而充分发挥公益对企业的助力作用。

6.2.4 公益对企业文化的意义

综上,公益和企业文化有着紧密联系,而公益对企业文化的塑造有着巨大的促进作用。

在塑造企业文化的过程中,通过倡导和实践公益活动为社会做出更多的贡献,可以实现以下四项目标:

(1) 企业积极参与公益事业,通过捐款、志愿服务等方式回报社会。企业的公益行动也能够增强企业品牌形象,树立企业的社会形象,赢得社会的认可和尊重。可以有效地促进企业强调创新、进取和责任感的企业文化。

(2) 公益活动本身的活力也能够活化企业文化,通过参与公益事业传递的价值观。企业可以更加平等、团结、关爱弱势群体,等等,这些都可能提升企业的运营效率、提升创新能力和净化企业内部环境。在助人的时候,也可以利己,岂不美哉。

(3) 公益和企业文化之间也有互补。笔者前文也有提到公益和企业文化之间既有统一也有多元,所以他们是不同的维度,各有特定,可以互相弥补不足,由于前文笔者已经详解类似的内容,就不再赘述了。

(4) 每个人的天性都在追求公平回报,如果一旦感受到不公平的对待,人性中的天性就有对抗的动机。但实践中企业在运营中因为各种复杂的因素、消息壁垒或者价值观的问题(公平、公正、平等悖论),企业中必然存在不公平因素,这些因素不会因企业家个人意愿或者企业文化而消除。

更何况还有一种观点,追求绝对的公平,还有可能会影响企业效率。所以企业需要以收入作为激励手段(无论是工资、待遇还是股权)。而为了企业的效率,大部分企业也必须创造局部的不公平来激励员工。

所以这就导致了每个企业注定会有一部分人内心会有对抗不公平的情绪,这种情况对于企业的伤害是全方面的,也是实践中很多企业非常头疼的普遍现象。

但公益本身追求一种公平的正面的积极精神,即使追求公正或者平等的公益活动,其在局部范围也是追求结果公平的,只是是否全面结果公平、是否整体都是过程公平。所以公益活动在企业文化不够公平的企业中可以塑造一种公平的企业文化,即使一个企业文化已经非常提倡公平(不过这类企业也很自然会提倡公益),公益活动的公平精神也可以弥补企业中必然存在的不平等现象。从这点来说公益活动对于企业文化的塑造和完善有着重要的现实作用。

6.2.5 影响公益和企业文化融合的因素

正如前文所说,公益与企业文化的互相交融,对于企业的长远发展有着重要的决定性作用。但是在具体实施中,公益和企业文化如何融合?其融合受到什么因素的影响?这是一个值得深究的难题。所以我们需要分析影响两者融合的因素,分析清楚这些因素,有助于企业实践企业文化和公益的融合,以便获得公益的加持。

首当其冲,带头人是影响公益和企业文化融合的核心要素。带头人关注和推动两者融合,并在日常工作生活中示范和激励,才有可能实现公益和企业文化融合。如果带头人不支持,即使企业内部中下层的意见达成一致,都无法在这个环境中实现。并且一旦出现大部分员工和企业文化背离,更是公司运营的重大不稳定因素。

员工内生的内驱力和心流也会影响公益和企业文化融合。很多公益活动由于媒体报道和企业传统结构的束缚,往往露脸更多、获得荣誉更多的还是领导层。如果企业在公益活动中能够设计给普通员工更多展示自我的机会,使得他们更有自豪感和参与感,体验到情绪价值,就可以大大激发他们参与的动力。那么员工会更加主动积极地参与到公益活动中去。而这种愉快的参与感又会进一步加强企业文化中的公益价值观,同时也会感染身边的人一同参与,形成一种正向良性循环,更快地实现强大的公益型企业文化。

员工结构改变带来的认知和价值观错位,也是影响公益和企业文化融合的因素。由于现在社会科技和物质条件的急速改变,导致不同年龄阶段存在的巨大的认知和价值观错位(也就是所谓的代沟)。企业领导人愿意推行的思路(公益种类繁多,优化的思路也并不唯一)是否和中下层员工一致?这个错位客观存在,如果不加强处理,就会导致公益和企业文化融合化为泡影(前文所说的企业文化的建设需要上下同心)。为了弥合这一错位,有条件的企业应该推动领导年轻化,如果没有条件,也需要在执行之前加强企业内部的沟通,以确保不同的认知、价值观都能推行优化后的企业文化。

外部环境和社会影响力也在倒逼企业文化和公益的融合。随着环境污染问题愈发严重、世界局势尤其是部分区域出现安全风险(比如俄乌战争和巴以冲突)。公众、社会甚至连逐利的资本市场(详见 ESG)都已经加强对企业承担更多社会责任的呼吁。为了造福社会公共利益、维护公共关系,企业需要将企业文化融入公益元素。这种外部压力和影响力在一定程度上会促使企业将公益活动纳入其文化体系,并且在企业文化中对公益有更加明确的表达和强化。

这点在资本市场已经有非常明显的体现,虽然目前国际主流国家的做法都认为不应该强制要求披露 ESG 或者企业社会责任报告(主要考虑 ESG 存在一定的成本和道德属性,强制有损公平也有违道德自愿的原则),但是在一些特殊领域,我国已经开始试水强制披露制度。

上交所已经强制要求其部分领域龙头企业应当披露企业社会责任报告或者 ESG 报告,并且更优先倾向于披露社会责任报告。

笔者相信随着社会发展、监管制度不断完善,政策的引导和激励也逐步发力,会有越来越多的企业践行公益,主动发布一份份精彩的企业社会责任报告,义利融合，未来可期。

6.3 公益教育对个体性格的塑造

每个企业除了一个宏观的企业文化，其实都是由一个个独立的个体所组成。公益教育对个体性格有着很好的塑造作用。培养一个良好的个体性格，对于员工个人本身、工作的高效执行、高素质员工企业运营效率的提升对于员工的家庭关系、对于员工的长远发展都有非常大的意义。所以研究公益教育对个体性格的塑造对于企业管理也有重要意义。

6.3.1 教育对个体性格发展的影响

要介绍公益教育，首先就要说到教育对个体性格发展的影响，只要了解了不同的教育维度对个体性格的影响，就可以了解公益教育对个体性格的帮助和裨益。

1. 家庭教育对性格的影响

绝大多数企业的员工在完成工作任务之后，都有着自己的家庭，所以如果在一个糟糕的家庭环境中，显然也会对员工的工作状态产生巨大的负面影响。在一个人成长的过程中，家庭教育对性格的塑造扮演着至关重要的角色(当然不是唯一)。

家庭是塑造孩子性格的重要环境之一，所以家庭教育不仅仅只是单纯的传授知识，更是孩子人生第一次深入地接触、了解、模仿两个成年人的日常举止、言谈身教。家庭教育在孩子的情感培养、行为规范、价值观塑造以及社交能力的培养等方面都有重大影响。

并且家庭教育往往还是双向的，如果一对夫妻无法教育好子女，其自身也会受到影响，大大消耗宝贵的时间和精力从而改变其工作能力和性格。所以，虽说家庭教育的受众是小孩，看起来似乎也与企业无关，但是对于企业来说仍然有着非常重要的影响。

首先，家庭教育对家庭所有成员情感培养和情绪修复有着直接而重要的影响。温馨和谐的家庭环境是充满安全感和爱的港湾，让人每天一回到家就可以卸去一切工作和学习上的疲惫，它能够给予人持久的情感支持。这不仅仅是针对孩子,对于父母也是如此。在一个温馨和谐的家庭教育中(环境即教育)生活,孩子更可能拥有一个温暖的性格,而家庭的其他成员也可以及时修复工作带来的创伤,获得更稳定、更好的心情,从而长期高效地完成工作。假设天天回家都是一团乱糟糟的混乱景象,要说对工作没有影响,怕是连企业自己都不能相信。

其次,家庭环境教育对家庭成员的塑造行为规范起着重要的引导作用。传统教育学观点往往认为家庭教育是家长单方面教育幼年子女。的确,由于父母是小孩首先接触到的人,子女会学习、模仿、观察父母的行为、语言等来学习,但对于父母来说又何尝不是如此呢?笔者以前曾经面试一家日企失败,因为高管面试的时候对我说,因为我没有结婚生孩子,所以觉得我的性格少了一些元素,笔者当时内心还有点不服气,随着阅历的增长,笔者慢慢意识到了子女对父母的反向教育。

子女往往通过三种模式来反向教育父母:第一种是父母在培育孩子的时候,往往会提前主动学习一些教育学知识,从而提升自我水平,就连笔者自己也没少看蒙特梭利教育的专著,就想着未雨绸缪,为未来教育子女提前储备知识。第二种是父母内心知道,但是平时在社会生活中并不十分注意,在有了孩子后,尤其在孩子面前往往就会刻意地提高自身道德标准,以起到言传身教的作用。第三种是孩子毕竟未经世事,相对来说比较纯洁,对于真善美的追求,往往也会软化父母的内心,从而对很多事物的判断、对公益的态度、对社会的认知都会发生较大的变化。

再次,家庭教育环境对家庭所有成员的价值观也起到了很大的影响,对没有初始价值观的孩子是塑造,对已有价值观的父母是修正,家庭教育是父母和子女价值观的熔炉。如果将价值观的影响做一个形象的比喻的话,子女是天然未加工的毛坯料,父母就是熔炉,有趣的是出于对子女的爱,父母这个熔炉也会变得更好。这或许就是人性有意思的地方。大家都说父母培养子女,但子女何尝不是父母的磨刀石呢?在子女和父母的互相作用下,父母也会形成更完善、更成熟的性格。

笔者曾经有一个朋友,以前从来没有做过公益活动和志愿者,但是有了孩子后,总是自发地带着孩子去做各种公益组织的小小志愿者活动,笔者朋友在这些活动中也潜移默化地受到了影响。父母希望培养孩子从小热爱他人、关爱自然的品质,但换个角度来说又何尝不是子女对父母的反向教育,影响了父母的价值观呢?

再举一个现实中的案例,2024年2月,上海交通广播携手上海市血液中心倾情推出"新春体验志愿者活动"就是充分利用了子女对父母的反向教育激励作用。因为父母希望培养孩子向善的性格、良好的人品,所以父母也愿意和子女一同开展亲子公益,并在这个活动中互相学习、相互熏陶。类似的活动已经在上海市血液中心和其他公益机构举办过好几期,均取得了不错的效果。

最后,家庭教育环境对家庭所有成员的社交能力都会有较大的影响。对于未经世事的小孩,很多家庭会提升其社交能力。但是笔者也想提醒大家,由于各种复杂的原因,家庭教育也可以提升父母的社交能力。

一般来说,一个企业和组织中最高冷的往往是单身的男女,一旦一个企业员工有了孩子,养娃育娃本身就是一个非常热点的社交话题(笔者曾经经常陷入一堆父母中被迫聊天)。同时有了孩子也会有增加更多的走亲访友活动,一来是亲友对孩子好奇,二来可以带孩子多和外界接触沟通。所以,家庭教育环境一样可以提升家庭所有成员的社交沟通能力。

综上所述,家庭教育对家庭所有成员(尤其是对父母)在情感培养和情绪修复、塑造行为规范、价值观的磨砺和塑造、社交能力的培养上都有巨大的影响,并且并不是单向的父母对子女,而是双方互相作用。员工家庭教育环境顺畅了,自然而然也会对其工作表现产生巨大的帮助,这也是为什么现代企业人力管理理论上更多地希望企业关怀员工家庭的原因。

2. 学校教育对性格的影响

学校教育在一般情况来说对于已经从学校毕业的员工影响不是特别大,但是有些员工毕业后工作一些年再全职或者在职继续深造(例如笔者正在上海交通大学就读),所以还是有必要对此进行介绍。

学校教育对于知识、性格和价值观有着较为重要的影响。学校主要通过其设置的必修课、选修课之类的课程、课外活动或竞赛等方面的影响,对学生的各种特性起到影响,细分如下。

首先,学校是一个专门教育知识的机构。学生在课堂针对老师传授的知识进行理解、练习,在这个过程中磨砺身心。同时学生也可以从课本上直接学习到很多关于如何塑造性格、价值观的直接知识。

当然对于本书主要想解释的成年全职或者在职深造的学生来说,这个因素影响就很弱了,很多人毕业后工作几年再去深造时往往已经形成了自身的价值观和行为习惯。但这并不代表学校在成年人教学上没有办法有所作为,学校可

图6-6 笔者在上海交通大学学习的照片

以通过课程设置和教学方式的引导,来影响学生的性格和意识。比如长江商学院就有公益学时制度,同济EMBA也设置了公益学分,以这种课程设置和教学方式来引导所有的学生塑造企业公益商业向善的理念。虽然大部分长期工作的同学价值观已经基本固定,但是仍然可能通过这种方式去激活大家内心向善的一面,从而更好地实现可持续发展。

对于传统学校学习而言,社交有所涉及,但是范围不大。但是对于毕业后的学生来说,交际属性相对而言就更强一些,学生在学习上课的过程中会与不同的老师以及不同背景、不同性格的同学相互交流和互动,有时候还需要小组互相配合完成作业。同时,学校在课下也会组织各种社团和活动,学生可以在此寻找志同道合的伙伴、展示个性、锻炼领导能力。以上这些对很多同学的社交能力、合作精神、人际交往能力提出了新的挑战。经过一轮磨砺后,学生的这些能力往往都会更上一个台阶。

最后,学校的文化也会影响学生的性格。学校作为一个特殊的社会群体组织,虽然和企业有所不同,但是在文化的影响上和企业文化有共通之处。笔者就读于上海交通大学,正如交大名称的出处"天地交而万物通也,上下交而其志同也",其严谨的学风、活跃的社交风格,也使得读者深受影响并且受益良多,笔者在交大就读期间,被交大的文化激发了自我的价值追求,从而立下愿望想完成此书。

综上所述,学校教育对成年学生在教育、课程设置和教学方式的引导、社交、学校文化等多个维度上对学生的性格和价值观产生影响。正如笔者前文所说,笔者支持企业将优秀的员工送入学校深造,这样不但能提升员工自身素质,也可以为企业未来的运营奠定坚实的人力基础。

3. 社会教育对性格的影响

社会教育是脱离学校、走进家庭、踏入工作岗位的最主要的教育方式,主要指个体通过社会机构和社会环境接受学习或教育的形式,笔者在本书中主要讨论社会环境对性格的影响。

社会教育与家庭、学校教育鼎足而立,对个体性格的塑造和磨砺具有重要的影响。随着时代变迁和社会发展,社会教育种类越来越多,呈现出多样化和全方位的特点。其中社会公益活动、志愿者服务、社会实践这些活动都对性格产生积极的影响。而这个影响不仅仅是对成年人本身,很多父母也有倾向在公益活动中带上孩子。

图 6-7 笔者组织的参访上海悦苗残疾人寄养园活动

笔者一直认为公益应该联合所有可以联合的力量,打破学院和社会之间的壁垒和藩篱。所以笔者在 2024 年 3 月联合长江商学院组织了一场参访上海悦苗残疾人寄养园(心智障碍人群)的公益活动(图 6-7),其中就有很多参与者询问能否带孩子一同感受。可见成年人参与社会教育,尤其是公益类教育时,不只想着自己获益,如何让家庭成员一同获益也是他们非常感兴趣的事。而社会教育可以在以下角度使个体获益。

首先,特定社会教育(社会公益)可以提升个体的高尚情操、社会责任感和公益意识。在公益活动参与过程中,个体能够感受到自己实施利他行为帮助他人产生的快乐和荣誉感,这种愉快的感觉对培养情操和公益意识有着比较重要的作用。同时个人参与公益活动还可以在关心他人、扶持弱势群体的过程中,感受到同理心和关爱之情,让自己的性格更加完善。社会中有复杂的一面甚至是阴暗面，个体在和这些打交道时可以感受到社会的多元化和复杂性，完善个体的阅历和世界观，并形成批判性思维和社会经验。

其次，社会中个体还会接触到不同文化的人群，并且有时候还需要尝试和这些性格、才识、背景迥异的人沟通、合作甚至是对抗。在这个过程中，个体需要适应多元化的思想并且学会对不同个体的包容心，并理解且可以和多元文化交流。在合作的情况下更是需要学会倾听他人的意见和建议，消弭团队中的分歧和将冲突转化为共识，从而发挥合力，考验个体的团队合作能力和领导才能。

最后，社会教育也能培养个体的自信心和自主性。比如当你发表公众演讲、组织活动时，一定会遇到很多困难和挑战，在这个关口如果可以战胜这些困难和挑战就可以培养出个体的自信心和自主性，增强自我认同感，从而培养出积极向上的性格特质。并且社会环境不像学校教育，非常自由开放，对个体发展完全没有限制，个体可以任意发挥自己的想象力和创造力，从而激起个体的创新意识和开放性思维。

总之，社会环境可以在包容性、自信心、自主性、想象力和创造力等众多维度磨砺个人的性格。社会是个大染缸也是个大课堂，笔者希望我们都可以在社会中不忘初心，越活心智越完善，道德越高尚。

6.3.2 公益教育的概念

人的一生都应该不断学习，而公益能给企业和个人带来自我实现、道德赞誉和长期可持续发展等益处，但是我们如何系统地学习公益呢？当然笔者也承认有些人天赋异禀，完全靠自我思考和顿悟就能成为开宗立派的教父级人物，但对于大部分人而言，接受公益教育显然是一种更快、更有效、成本更低的方式。

公益教育是指通过各种形式（例如传递知识、培养技能和塑造价值观）提高企业或个体对社会问题的认知和理解，培养企业或个体的社会责任意识和公益情怀，并且认识到公益对于企业可持续发展有着重要意义。从而使得企业或个体可以更加积极地参与社会公益活动以及承担社会责任。

公益教育的核心主要是需要认识社会责任、培养公益情怀和学会获得公众支持。

公益强调社会责任。企业或者个体认识到自己作为社会的一员，其利益和社会有共通点又有差异点，一个良好的社会环境也有利于企业和个体的发展，所以应当力所能及地承担起一部分社会责任来协助共同推动社会的发展和改善。

公益也需要公益情怀,公益情怀指的是超出利益之外的充满某种感情的心境,具体来说就是个人对于利他性价值观的认同、公平公正的追寻、透明民主的认同、对弱者的怜悯、对多元文化和观点的包容等诸多因素,公益情怀是这些的集合体。公益教育的核心也是要培养出有公益情怀的人,没有公益情怀很容易将公益异化为一种工具和幌子,对公益和个人利益都不利。

由于公益是利他行为,往往资源受限且社会预期较高,所以公益一定要善于获得公众支持。一方面可以获得更多的资源用于实施公益,一方面也可以减少公益推行的反对阻力,在工作失误时被社会公众包容。善于获得公众支持者,才能真正地做大做强做好公益,对于企业更是如此。

从公益教育和目的就可以看到其和性格培养之间存在着直接的关系。所以一个成功的公益教育能够强化一个企业或者个体的社会责任感和公益情怀,进而对企业和个体的性格产生积极的影响。企业或个体在公益教育后再实施公益更容易获得更好的效果,能够充分体验到帮助他人、改善社会的同时提升自我、实现自我价值的快乐和成就感。一旦有了多次成功的体验,公益教育就会在人生态度和价值观上产生积极的影响。

6.3.3 公益教育对企业的裨益

企业作为法人,是一个虚无缥缈的概念,但是企业的具体却是一个个活生生的人,而人和机器人最大的不同在于,人有各自独特的性格。所以研究公益教育对于企业员工性格的裨益,自然就能理解公益教育对企业的裨益了。

1. 公益教育对企业员工性格的积极影响

企业内的公益教育是指通过各种形式的公益活动和教育方法,使员工认识社会责任、培养公益情怀和学会获得公众支持,促进员工积极参与公益事务。而性格是个体在长期的社会生活和教育环境中形成的相对稳定的个性特点和行为倾向。公益教育与企业性格培养有着密不可分的关系,通过分析公益教育对性格的影响机制,可以进一步促进企业的性格发展和形成积极向上的行为模式,从而利于企业长远发展。

公益教育能培养员工对于社会责任有更加充分准确的认识,而企业社会责任是指一个企业出于组织道德因素的考量主动承担高于法律标准的利他性行为,并且在战略上对企业的长远发展有决定性的助力。所以员工(包括管理层)在这个学习的过程中也会潜移默化地影响自己以更高的道德水平来要求自己,同时摈弃常见的短期主义倾向,学会以长期可持续发展的战略眼光来审视自己的工作。

要知道一个企业是没有可能对手下员工和管理层所有的细节操作都全部监控到位的,所以很多时候只能是"凭良心做事"。什么叫良心,那就是企业员工内心的道德感具象化的体现,更好地认识社会责任就会更好地在"凭良心做事"的细节上自发地完善,从而给企业提升效率,降低成本,促进企业的发展壮大。

公益教育还能够为员工培养公益情怀,公益情怀中的对于利他性的价值观认同,可以有效帮助一个企业内部抗衡其逐利性的文化,并且避免其侵蚀,所以可以帮助企业实现长期可持续发展。并且由于利他性文化和极端利己是对立关系,而极端利己主义是一个企业内部最大的敌人,利他价值观也会联同其他因素降低很多企业内部矛盾,提高运营效率,降低道德风险。

而公益情怀中暗含的对于公平公正的追求更是使企业受益良多。一个企业如果没有公平公正的追求,会导致多种不利的结果。对内企业矛盾迭升,领导者需要常常在各处救火,还发现很多时候是按起葫芦起了瓢(很多中小企业发展壮大时都会遇到的问题)。员工往往会因为过程不公正,而产生消极和抵抗情绪。而当结果也不公平时,员工的不满更会集体爆发。对外企业员工都消极应对工作,一定也会对企业产品质量、成本控制、客户服务等因素都产生消极负面的影响,从而严重影响企业的运营和盈利。而公益情怀暗含的公平公正则可以有效地缓解这个问题,如果一个企业内部受到公益情怀影响都洋溢着公平公正的文化,即使囿于现实所限,有时候会出现公平公正平等的矛盾,员工也往往因为满足了公平公正的需求,从而对企业产生更高的包容。

公益由于在实践中会收到社会公众高道德预计的影响,从而追求透明、民主,这其实也会给企业带来非常正面的影响。ESG规范中,在公司治理方面也有关于内部控制透明,决策民主的期许,认为其符合可持续发展的要求。这是因为不透明不民主的决策不一定不准确,但是犯错尤其是重大错误的概率比较高,内部风险控制可能完全失灵。一旦一个企业长期形成这个文化,一个企业是难以长远运行的。举一个通俗的例子来说,假设做单一决策的准确率是80%,连续20次都决策正确的概率只有1%,所以透明、民主也是为了企业的长治久安。但是笔者并不排斥在重大关头经过审慎考量的独断行为,毕竟真理不一定全在多数人手中,但是企业不能形成这个文化(只能是极其特殊的个例)。

而透明民主不仅在降低企业决策风险时发挥效果,其在净化企业内部环境上也有非常大的作用。众所周知，每个企业在一些敏感的岗位容易滋生一些潜规则甚至是商业腐败。很多国内企业的所有者可能还在一个默许的状态，认为其只要在可控范围内甚至可以与企业共生。殊不知腐败最可怕的不在于因为这个行为所增加的成本，最可怕的是其对于人心的破坏，它会使员工内心产生不公平感，从而导致竞相攀比。所以公益情怀提倡透明民主，虽说不一定可以杜绝这些问题，但是可以将商业腐败控制在个例的战术层面，从而大大降低对企业的侵蚀。这样既降低了成本又减少了员工的不满，何乐而不为呢？

笔者举一个关于腾讯集团的例子。腾讯集团是国内融入公益情怀的翘楚（单独发布社会责任报告和ESG报告），所以其企业文化中也必然内含了公益情怀中的公开透明等特性。根据2024年2月腾讯反舞弊调查部的公开通报，其在2023年全年共发现了70余起违规案件，120余人被解除聘用，20人涉嫌犯罪。腾讯的实际案例也证明了公益情怀的确对企业内部环境有着净化的作用，正因如此，腾讯才能长期保持一个正直廉洁的状态（个例的不道德永远难以规避）。

而公益情怀蕴含着对弱者的怜悯和对受难者的共情，看似与企业无关，只和公益受众有关，其实不然。每个企业都会有新人，新人无论相比老员工还是企业都是弱者，如果一个企业有对弱者的怜悯就会有帮助新人的行为，这样对企业长期发展有重大帮助。

同时，一个企业除了资和性之外，也必须有人和性，一旦在企业遇到危机时，企业反而会变成弱势的一方。如果在这个时候企业上下还是能坚持尝试渡过危机的话，公益情怀内涵的怜悯和共情应该是居功甚伟的。

公益情怀引入的弱者的怜悯和受难者的共情既可以帮助企业更好地融入新人，又可以帮助企业渡过危机，难道不是我们应该尽力去追寻的宝藏特质吗？

而随着企业业务的扩展和壮大，区域分支机构的增加，企业员工年龄的多元化企业不可避免会面临多元文化的冲击，这个情况在跨国企业中尤甚。对多元文化和观点的包容，对企业的助力不仅仅在于招了哪些特殊的人。而是在于公司内部是否有接受异见的宽容，从而加强企业对于自我错误的修复机制。

不仅如此，如果没有包容，不同区域、不同文化还会发生剧烈冲突，不仅仅导致企业内耗，也会导致员工幸福感大大降低，工作效率急剧下滑。最为可怕的是，企业要发展壮大，不能永远是"桃园三结义"般的小作坊，而是要吐故纳新。

而现在年轻员工和年长员工在一些事情的处理方式和文化差异存在代沟差异,这个时候公益情怀带来的多元文化的包容性就会给企业带来巨大的帮助。

2. 公益教育对企业员工家庭的积极影响

《礼记·大学》有云:"修身、齐家、治国、平天下。"现代企业也发现了员工家庭对员工在企业工作上的影响。所以现代的企业管理往往要求人力资源部门和员工的直属领导关注到员工家庭的重大变动,并对员工家庭给予一定的关怀,从而帮助领导力的建设。

但现实操作中,由于企业人力资源部门力量有限而员工的直属领导受到业绩考核的压力,都难以将精力分散关怀到每一个需要关怀的员工身上,所以显示当中亟须一种制度来缓解这两者之间的矛盾,笔者认为企业公益和对公益的宣传教育是一种很好的制度。

首先员工和企业的结合往往有两个维度的属性,资和性、人和性。不可否认的是,现实情况是由于企业的资源有限,不可能在每个员工身上都投入大量资源捆绑人和性,也不是所有企业都能像"遥遥领先"企业一样通过极致的资和性来提升企业凝聚力。所以绝大部分企业既需要资和性,又需要人和性。

但是国内很多企业往往是简单地呼吁员工要把企业当成家,问题是绝大部分企业没把员工当成家人,空喊员工把企业当成家,那不是天方夜谭吗?这种方式只能对企业的凝聚力产生负面影响。

而公益教育是一个可以兼顾低成本、广覆盖、高影响力的建立企业和员工之间积极关系的方式。笔者在后文公益活动员工积极性调查中也有阐述,员工对于公益活动的积极性是很高的(哪怕是加班),尤其可见公益活动本身对员工的影响力巨大。

而员工的人和性涉及两个方面:一是员工的个体,可以提升企业福利待遇,也可以通过公益活动来实现。二是员工的家庭,很多企业都认识到这个问题,但是都难以处理好。此时公益教育就可以大显身手,笔者为什么说是公益教育而非公益行为本身对企业员工家庭的影响,原因在于可以促进员工家庭人和性的公益活动往往是实践型公益活动,公益活动本身又是利他性的活动,企业只是作为第三方平台,鼓励员工及家人实施公益行为,行为本身并非企业实施,获益者也绝非(也不能是)企业。所以对企业员工家庭产生积极影响的往往是企业推动公益行动和其本身的公益教育。

而现在绝大部分有家庭的员工,尤其是有孩子的家庭,其实工作的根本目的是为了家人更好的生活。所以如果企业能推动员工整个家庭参与公益行动,对于企业来说是一个很好的有现实可操作性的建立和员工整个家庭人和性的方法。而对于员工来说则可以利用企业资源实现自我价值(企业的资源远比个人强大),提高自身荣誉度,更重要的是也可以借此联络家庭感情,推动对子女的教育。

这就是企业需要推动员工实施公益的一个重要目的,可以在完成企业社会责任、提升荣誉度的同时,以现实、可接受的成本,建立和企业员工尤其是和整个企业员工家庭的人和性联系。从而推动企业的凝聚力提升,效率提升。

6.4 公益对员工忠诚度的影响

6.4.1 员工忠诚度的概念和特征

一个正常健康的企业除了资和性,一定存在人和性。所以员工对企业一定会产生感情羁绊,其产生感情的强度和投入程度最后都会具象化为员工对企业或组织的忠实、信任和依赖,以及对企业或组织的价值观和商业目标的认同与支持,这就是企业忠诚度。

所以员工忠诚度不仅仅是对企业的一种情感态度,更是一种具体的行为倾向。最典型的就是员工忠诚度高的企业,员工一般来说更愿意长期留在企业或组织中发展。一个企业或组织如果没有员工忠诚度,再强的个体和组织也会陷入一盘散沙,如同那句名言"人心散了,队伍不好带了",员工忠诚度主要体现在情感、行为和认知这三个层面。

企业忠诚度高的企业,员工在情感层面会对组织产生情感认同和责任感,从而会对企业产生热爱和忠诚度。在工作时内心会洋溢着乐观的情绪,有着强烈的自豪感和荣誉感,这也就是我们常说的心流。在这样的状态下工作,员工的工作效率最高且最具创造力,能给企业创造最大的价值。

行为层面是指员工在行动上对组织的支持和忠实,甚至会超越制度要求,主动地去承担更多的责任。这时候员工往往会自发的为企业着想,提升工作效率,提升工作质量,在工作出现失误时还会内疚自责,更努力地工作希望后续可以找到机会补偿企业。

认知层面是指企业的价值观和商业目标与员工的追求和利益一致。如果员工和企业商业目标或价值观不一致,企业的很多理念推行就会有很多阻力,员工工作也会很不开心。而认知层面员工忠诚度高就可以解决这个矛盾,当员工和企业相向而行,自然可以发生 1+1>2 的化学反应,从而为自己、企业、社会做出最大的贡献,实现自我价值。

所以了解员工忠诚度受什么因素影响,对企业而言是一件非常重要的事,笔者试举四个维度。

(1) 企业文化。

企业文化是企业内部共同的价值观、信仰和行为准则的集合,它能够长期影响员工的态度和行为。所以一个企业文化所倡导的公平公正,即合理满足员工短期利益(薪酬和福利),并尊重员工长期利益(个人发展和成长),那么员工忠诚度没有理由不高。

(2) 公益活动的直接或间接影响。

企业公益活动实施过程中,企业能够表达出企业的社会责任感和关爱员工的态度,可以大大提高员工的认同感和忠诚度。

前文也提到公益活动本身又能影响企业文化,从而利于塑造一个积极、健康的企业文化,间接地提高员工忠诚度。

笔者会在后文详细展开公益这两个维度对员工忠诚度的影响。

(3) 员工的个人价值观。

员工的个人价值观和组织的价值观是否一致,对于员工的忠诚度有着重要的影响。若个人价值观与组织的价值观相符,员工更易产生忠诚度。

(4) 领导者的行为。

组织或企业领导者的个人行为(各级领导)也会对员工忠诚度产生影响,不可否认的是有些中高层领导者的个人行为有可能往往与组织或企业文化或者引导的方向并不完全相符。当这个效应是正面的时候,领导者的个人行为可以作为组织或公司文化不足的弥补,反之就是对组织或公司文化的破坏了。由于组织或企业本身只是一个抽象的存在,员工每天都在面对各级领导者,所以领导者的积极正面行为能够激发员工的忠诚度,反之亦然。

总结来说,员工忠诚度对于企业发展来说至关重要,毕竟 21 世纪什么最重要?是人才!而良好的企业文化、公益活动、个人价值观和领导行为示范等多种因素的影响都会对员工忠诚度产生较大的影响。一个企业应该注意这些方面,维系一个比较好状态的员工忠诚度,这样企业能够增强组织的稳定性和凝聚力,改善员工的工作表现和创新能力,促进员工的职业发展。

6.4.2 公益对员工忠诚度的直接影响——双因素驱动

员工忠诚度在员工管理中一直被视为企业成功的一个重要因素。所以企业探究公益活动对员工忠诚度的影响与企业文化的关系具有重要的理论与实践价值。

公益活动本身就可以直接影响提高员工的归属感和自豪感,从而提升员工忠诚度。通过参与公益活动,员工能够直接感受到企业的关怀与关注,从而增强对企业的认同感。他们意识到作为企业员工,不仅仅是为了工作而存在,还承载着企业回馈社会的使命。这种情感连接能够进一步巩固员工对企业的忠诚度,鼓励他们产生内在正向自驱力为企业的长期发展而奋斗。

所以说到这里就不得不提赫兹伯格双因素驱动理论了,传统的赫兹伯格双因素理论往往认为员工的绩效和两类因素有关。其中一类因素是激励因素,比如工作本身、认可、成就、结果公平和责任这些积极因素,如果员工对此感到满意,这些对员工的绩效有积极的意义。另一类因素是保健因素,比如公司政策和管理、技术监督、薪水、过程公正、工作条件以及人际关系,双因素驱动理论认为这类保健因素只涉及消极情况,可能会导致情绪沮丧、脱离组织和反生产行为等对绩效的负面意义。

正如图 6-8 显示的就是典型的双因素中的激励因素和保健因素。当利益足够多的时候,就会给员工带来足够的激励因素,并且这个因素会持续对员工产生激励。如果当保健因素不足的时候会对员工产生负面效果,但是一旦保健因素足够的时候,后续再增加保健因素就无法增加员工的满足感。所以,公益是很少见的可以将激励因素和保健因素合二为一的因素。

企业的公益行为本身就能大大地提升员工对企业的认可和员工个

图 6-8 赫兹伯格双因素驱动理论
注:插图创意及版权归笔者所有

人在社会的认可度,从而提升员工内心的心流,所以可以大大地提高激励因素,从而产生提高员工绩效的积极因素。另一方面,企业的公益行为还可以展示出企业的人文关怀气息,培育一个良好的企业氛围,同样可以大大地提高保健因素,从而消除员工的消极因素。

笔者为了验证这一观点,特地发起了一个随机调查(图6-9),笔者以受调查者接受的售价来代指企业的认可度。调查结论是超过50%的人支持一个具有良好的企业氛围、人文关怀信息的企业,大部分受调查者都认同其企业的成本可以更高。

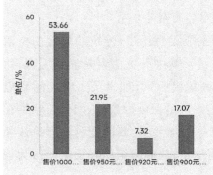

图6-9 企业公益行为和企业形象的调查表及对应柱状图

所以,以赫兹伯格的双因素驱动理论来看的话,企业的公益行为可以大大地提升企业员工的激励因素和保健因素,所以对企业员工的忠诚度有非常巨大的影响。

6.4.3 公益对员工忠诚度的间接影响

1. 公益活动通过企业文化的塑造间接地提升员工忠诚度

前文提到公益活动是塑造企业文化的重要途径之一,因为公益活动作为企业社会责任的外在体现,在现在社会个体意识觉醒,尤其是企业内外部环境都要求企业管理层越来越重视企业文化的背景下,公益活动可以通过回馈社会、关注弱势群体等方式,扩大企业的社会影响力。企业文化是企业的精神灵魂,它体现着企业的核心价值观和行为准则,对员工忠诚度有着直接的影响,公益活动有助于塑造企业文化中的价值观,同样也就可以间接地提升员工忠诚度。

在举办公益活动的过程中,员工可以感受到企业行动展示出的关爱弱势群体和其他正面积极的价值观。员工会因此更加认同企业的行为和价值观,并不自觉地将之融入自己的行为准则中。这种内心的同频共振,可以使得员工工作体验感非常好,从而增强员工的忠诚度。

2. 公益活动提供员工发展的机会,增强员工对企业的忠诚度

在当下的社会中,企业经常会安排自己的员工进行培训,但是一些和工作强相关的常规培训往往会被员工所反感(尤其还是要占用休息日进行的培训)。但是公益活动往往可以安排员工前往一些自己并不熟悉的领域,学习新知识,这对于员工来说是一种全新的体验。员工有更强的主观能动性,他们会相信他们正在做一件非常有意义的事,使他们更容易在培训中得到成长和提升。这种主观能动性不仅可以提高员工的公益能力和效率,还能够通过情感维度增加员工对企业的忠诚度。

尤其在企业普遍无法给予员工充足薪酬的实际情况下,如何让员工感觉工作得更有意义就是增加企业忠诚度的一个重要方面。囿于企业主营业务和现实条件的限制,让员工感觉工作更有前途,这绝非一日之功。现实实践中,很多企业家总是一厢情愿地给员工提供一些企业觉得可能让他们工作更有意义的培训,这往往会招致员工的反感。但是公益活动可以有效规避这个问题,员工往往会体现出更好的积极性和主观能动性,一方面可以有效地提高员工水平,另一方面还可以间接提高员工忠诚度,何乐而不为呢?

3. 公益活动员工积极性调查

为了验证以上观点,笔者进行了对应的调查(图 6-10)。笔者随机挑取了72 名来自复旦、交大和同济 EMBA 学生进行匿名调查,调查显示大部分受调查者对于公益活动有更大的包容和认可度,尤其是在双休日加班这个问题上,可以接受双休日加班参与公益活动

以下哪种工作培训,您最能接受? 本问题必须选择 2项。 [多选题]

选项	小计(人)	比例(%)
周六周日加班培训工作内容	29	40.28
工作日上班时间无薪培训工作内容	33	45.83
工作日上班时间无薪培训帮助贫困儿童	39	54.17
周六周日加班培训帮助贫困儿童	43	59.72
本题有效填写人次	72	

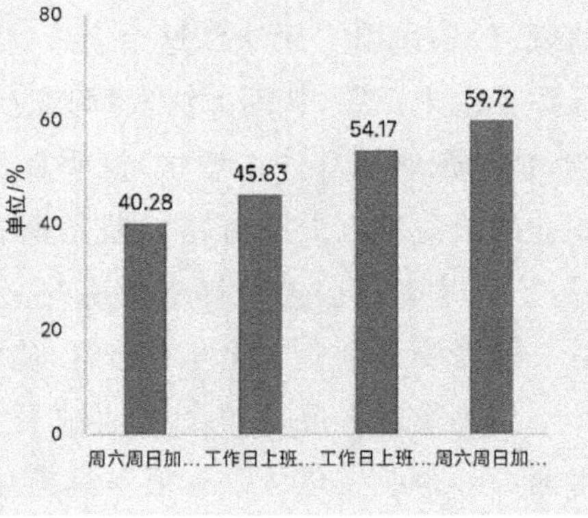

图 6-10 公益活动员工积极性调查表及对应柱状图

的人群要比加班培训工作的高出近20%。可见对于公益活动,员工往往有更高的热情、包容性和支持度。企业可以考虑尽量将公益活动安排在休息日。

6.4.4 公益和企业文化对员工忠诚度的协同效应

从前文可知,在当今商业环境中,企业公益和企业文化被认为是两个吸引和保留员工的重要因素,并且公益对企业文化有着强烈的影响。笔者认为,这两者对于员工忠诚度即有各自独立的因素去影响,也有更为复杂的协同因素互相提升。所以笔者在此小节着重阐述公益和企业文化的协同作用对员工忠诚度的影响。

企业文化本身为一种抽象的概念,本身往往只是一个概念或者是一些口号,如果没有具象化的内容,就只是一纸空文。而企业公益往往也只是一个具体行为,如果不加以引申扩展,企业公益也容易变成一过性的战术行为,难以长久持续。

所以企业文化和企业公益如果想要发展好,需要形成互相合作的关系,相辅相成。企业文化需要通过企业公益活动,可以具象化地向员工传递一种积极的价值观,促进员工对公司的认同、提升忠诚度。企业公益也需要企业文化的帮助,使其成为一个长期战略行为,并在企业的不同领导者和员工带领下长期代代传承下去,生生不息。

同时,企业文化还可以提高公益在企业内部的生命力。一个公益需要在企业内部推行,不仅仅只需要单纯的公益元素。笔者曾经经历过一个企业专门聘请一个专业公益人员希望在企业内部成立企业公益部门,但是由于这个人在价值观、处事风格上无法和这个企业达成一致,也就是公益无法和企业文化融合,导致了水土不服,从而无法发挥其应有的效果。这件事是谁的错,其实谁都没有错,企业既然能有这个想法,说明其文化有可取之处,而被聘请的人坚持自己的职业的公益观点更没有错。但是笔者想说这世界不是一个黑白泾渭分明的世界,正如笔者在公益情怀中所说的,公益也需要对多元文化的包容,所以企业公益一定需要和企业文化互相兼容,从而提高其在企业内部的生命力。

但是反过来也是如此,企业文化往往也需要企业公益相伴而生才能保证其生命力。企业文化可以有很多具象化的表达方式,不仅仅只有公益一种。但是其他具象化的方式,往往难以在员工中形成共鸣。因为其他种类的企业文化往往是对管理层和员工的限制和约束,比如尊重员工和同事是约束他们的态度、正直廉洁是要求他们的道德。而交互一定是相互的,一个文化如果只有输出没有反馈,这个文化也会走向崩溃,而企业文化又因为其敏感性和难以评估性,难以通过常规的物质或者精神去激励。

而公益是独特的利他性行为,在这个对第三方行为中,企业和员工都可以卸下防备,避免陷入囚徒困境(企业和员工的短期利益在一定程度上存在矛盾),从而各自获取自己所需求的部分。

在这方面做得很好的一个例子就是松下,其创始人那句"企业是社会的公器",如同黄钟大吕,影响着一代又一代的松下人,将公益和其企业文化协同推进,从而大大提升了员工忠诚度。

在松下官网可以看到许许多多各式各样的公益项目,可以想象到这一定是松下管理层和员工共同努力结果(有需要出钱资助活动、有需要大量时间的志愿者),这也是松下屹立一百多年不倒的重要原因(公益是可持续发展的源泉)。正因为松下有这样的企业精神,员工在工作中也可以感受到心流,所以松下在全球也多次荣获最佳雇主类奖项,这对于制造类企业是难能可贵的。

6.4.5 公益活动对员工忠诚度的影响的局限性

1. 公益和个人利益的矛盾

在某些特定的情况下,如果企业对公益的处理不当,公益活动与个人利益之间的冲突可能反而削弱员工对企业的忠诚度(和前文并不矛盾)。例如,企业可能会将更多的资源投入公益活动而不是员工福利上,导致员工感受不到企业对他们的真正关心和回报。用员工的福利去做公益,割员工肉赚企业名声,好处公司得(主要是企业领导人),成本员工扛,任何员工都不会在此间感受到快乐。更遑论,有个别企业可能只是把公益当作一个幌子,即使能短期忽悠外界一时,自身企业员工是难以全部被蒙蔽的,只会让员工对企业的价值观更加不认同。长此以往,员工内心不满的情绪会滋生,反而会严重削弱员工忠诚度。

有一种大家都普遍认同的直白说法,一个员工的离开,不是因为钱不够,就是因为心受委屈,公益活动只能让员工减少委屈,可解决不了钱不够的问题。如果企业为了公益活动,甚至利用公益活动,减少对员工收入的投入,那就很难取得积极的效果。

所以企业如果践行公益,是需要拿出真金白银去投入的。笔者曾经在其他企业中见过一个场景。董事长对外大笔捐款,回来要求所有的员工用其收入分担这绝大部分钱。虽然在一个企业中,大家大多敢怒不敢言,但是这个行为本身积累的怨愤,恐怕比直接扣薪还让人难以接受,因为这是两个维度的危害:

(1) 企业赚名声,董事长赚名声,员工掏腰包;

(2) 自身利益受损。

所以企业实施公益活动时,一定要避免公益和个人利益的矛盾,以免不但没有提升员工忠诚度,反而削弱了员工忠诚度,那就得不偿失了。

2. 价值观和企业文化的矛盾

员工对企业文化的认同程度也会影响公益活动对忠诚度的影响。如果员工对企业文化持质疑态度或者无法接受企业的价值观,那么公益活动对其忠诚度的影响将会被削弱。

而这个矛盾更隐蔽的是,这个矛盾往往不仅是公益活动或者其他公开活动宣传的企业文化,而是一个公司内在的真正的企业文化。

一个企业的企业文化,不是听其言,而是察其行。所谓的"其身正,不令而行,其身不正,虽令不行"也是这个道理,企业管理层往往会疑惑,自己弘扬的企业文化和实际感受到的不一致。那这个时候就应该好好反思一下,企业在运营管理中,很多时候细节上给员工的感受到底是什么样的文化氛围。

3. 马太效应和公平的矛盾

虽然公益活动往往讲究公平、平等的文化,但是在传统的金字塔型的企业管理结构下,即使在公益活动中,也会受企业管理层级的影响。往往公益活动的出席者和公司内部最大的受益者(往往不是金钱方面),局限在企业的领导人或者公益活动的具体经办人上(露面的风光或者培训的机会),所以如果不关心马太效应和公平的矛盾,久而久之企业的公益活动不仅不能起到积极效果,还有可能起到消极的反应(个别受益者除外),从而得不偿失。

所以说,虽然公益活动可以通过利他性行为提高员工的归属感和自豪感,塑造企业文化中的价值观,提供员工发展的机会等方式提升员工忠诚度。但是受限于企业文化和企业的实际情况(企业公益不可能脱离企业文化和实践长期存在),公益活动很容易出现最终领导人作为企业代表享受赞誉的情况,也就是级别越高的反而会富集更多的荣誉和优点。

说实话马太效应难以避免,我们只能减轻其影响,从而减少马太效应对员工忠诚的负面影响甚至是破坏。笔者认为针对此问题有以下两种可行的办法可以实施。

（1）设立高级别的战略级公益部门。

笔者在其他章节也有类似的描述，但是主要是从战略指定和业务推进的角度去说。设立高级别战略级的公益部门，并且除了牵头的领导人（企业内部负责资源），应该选择一批企业公认的道德品质和公益情怀较好的人来担任。一来给予他们更大的荣誉感和正向反馈。二来尽量避免由企业领导人来领奖，除非企业领导人出面有利于公益推广或者企业领导人在此中起到了令众人可以信服的决定性作用。

（2）去中心化设立众多独立的公益项目。

笔者之前和一些企业的领导层沟通，他们都认为企业公益应该中心化，否则容易一盘散沙，这个显然是从他们便于管理的角度来说，他们希望由上而下地推进。但是笔者要提出一些不同观点。由于公益有自愿性难以强制这个因素，所以公益不适合中心化从上而下的推动，其更适合去中心化由下而上的推动，顶层仅仅做引导和支持。正如之前松下官网显示，一个企业应该设立众多的独立公益项目，实现去中心化。对于不同的公益项目可以有不同的负责人，这样不仅仅可以更加清晰透明地看到不同的公益项目，也可以增加具体经办人的出镜概率，从而使得员工更容易获得荣誉感。

只有消弭了马太效应带来的负面影响，公益才能为员工忠诚度做出更大的贡献。

第 7 章
企业公益实践

前文中,笔者通过大量的文字,论述了从"公益是什么"到"公益对企业的内部和外部影响",但是在现实中我们实践得如何呢?什么形式适合企业公益呢?虽然联合国的 SDGs 列举了 17 个可持续发展目标,但是这个显然过于阳春白雪了,毕竟有些领域在实践中并不适合企业公益。

笔者虽然在前文中,举了一些实际案例,但是并没有归纳总结所有的实践中的企业公益经典案例。本章将主要以引用案例的方式带大家来看实践中不同形式的企业公益。

7.1 社会企业

7.1.1 社会企业——企业还是慈善机构?

在讲企业公益的实践问题之间,笔者想先偏题介绍一种特殊的企业形态——社会企业。

企业是社会的企业,企业却又不是社会的企业。但这个定义在社会企业这种特殊的模式下并不适用。

社会企业的目的在于增进公众福利(传统企业也要解决社会问题),而非追求自身利润最大化。投资者拥有企业所有权,企业采用商业模式进行运作并获取资源,投资者在收回投资之后也不再参与分红,盈余再投资于企业或社区发展。

从以上的定义我们可以看出社会企业和普通企业存在根本性的不同,笔者在此举一个社会企业的实例——老爸评测来说明。

根据笔者前文的分析，公益机构最重要之一的就是做到信息的公开，以满足公众严苛的道德预期。所以老爸评测虽然不是上市企业，但是也公布了年度报告。

根据老爸评测2022年报披露的信息，2022年老爸评测发起十五项免费检测鉴别服务，收到粉丝寄送的检测样品6 000多件，包括儿童泳圈邻苯检测、防晒霜真假鉴别、防晒衣防晒性能测试、护肤品汞鉴定，等等，为大家答疑解惑。甲醛漂流仪项目持续发挥能量，截至2022年年底已漂流32个省份，356座城市，服务227 088个家庭，共计检测862 934个房间，累计漂流里程达45 519 831公里。

还有老爸科学实验室的亮相，它同时也是浙江清华长三角研究院杭州分院安全评估认证服务中心。相比之前的实验室，3.0版的老爸科学实验室做了更系统的划分，新设立了高分辨质谱间、感官实验室，设备总投入超3 800万元（含甲醛仪），员工们开玩笑说，老魏（魏文峰，"老爸评测"创始人）的"劳斯莱斯"在实验室里。除了硬实力的升级和完善，老爸实验室拥有38位内部技术专家和25位外部合作专家，并且联合了国内几十家有资质的实验室。

通过评测发声，2022年老爸评测累计产出短视频和文章共879条，浏览量近40亿次，全网粉丝超过5 100万人，为大众提供中立的产品评测和消费决策建议。我们也通过科学技术赋能公益慈善，将产品思维用于公益帮扶，继续探索实践社会企业的课题。

但是笔者在2022年报中，反复寻找也没有找到公司的收入、支出、盈利等关键数据，仅仅指出2022年营收大幅度增长（老爸评测有直播带货作为收入）。作为一个社会企业，这不免白璧微瑕。笔者在此没有过度指摘的意思，但是作为社会企业，一旦关键数据不够透明，未来总是一个隐患，一旦遇到遭受质疑需要危机公关的时候，再公布数据可能就有点晚了。

当然笔者在此也要替不公布财务数据的行为解释一下，毕竟社会企业在国内属于一个新兴业态，运营方应该是考虑到一旦公布核心数据，很容易陷入笔者上文所说的一些伦理困境中，尤其是公益能否包含功利性因素？社会企业在践行公益时，是否可以为了企业的发展壮大有更多的资源回馈社会，而进行营利活动？

笔者在此想到一个有意思的问题，一个组织可以用两种表达方式来描述：

（1）社会企业是一个非营利公益组织为了有更多的资源实施公益活动，发掘商业模式进行商业闭环的一个组织。

（2）社会企业是一个企业家怀揣着回馈社会的感恩之心，开办的一个虽然有商业模式，但是主要目的并非营利而是为了社会公共利益的一个特殊企业。

社会企业——企业还是慈善机构？笔者认为横看成岭侧成峰，可能很难有一个标准的答案。但笔者认为，社会企业是一种值得提倡，但是在现代社会可能永远也难以成为主流的一种特殊模式。

如果考虑它的价值取向，毫无疑问应该是个慈善机构，但是如果完全按照慈善机构的高要求去要求它，很有可能会扼杀一种新的业态，使得很多人得不到帮助。

而如果考虑到对社会的贡献，我们应该把它认为是一种特殊的企业，这样我们就会认为它是一个很高尚的企业，就会自然而然地愿意支持它。

7.1.2 社会企业和公益主题企业的差异

笔者曾在第3章公益营销中介绍了两个非常特别的咖啡馆，并称之为公益主题企业，其企业本身的营销手段和员工都深度植入了公益元素。但笔者没有将其称为社会企业，而是将其称为公益主题企业，相信有些读者会对此有所疑问，其实这两者的确是属于非常类似的范畴，但还是有所不同，在此单独解释一下两者的差异。

社会企业和公益主题企业差异如下：

（1）公益是否深度嵌入商业模式。

公益主题企业商业模式往往并非为了社会利益，就比如笔者列举的爱咖啡和熊爪咖啡的例子，如果他们把店员更换为正常人，咖啡店以卖咖啡和周边食品盈利模式依旧成立，公益因素只是影响其宣传。

而老爸评测则截然不同，帮助社会公众进行免费专业测评从而帮助消费者或者公众远离劣质有污染的产品本身就是其商业模式中不可或缺的重要一环，其通过公益行为帮助社会公众并且建立公信力，再通过建立的公信力促进直播带货，实现商业模式的闭环。

（2）企业目的。

公益主题企业并不排斥为股东盈利，甚至如果运营得当，公益主题企业营利能力并不弱于普通企业（政策扶持、残障人士人工成本低）。

而社会企业要求其并非以股东盈利为目的，其商业模式为社会企业募捐提供更多的资源和能力，提供更好的社会服务。

7.2 企业公益的不同形式

企业公益有很多种形式和方法,笔者在此列举一些常见的方法,供读者思考。

7.2.1 环境保护和废品回收

环境保护的公益有很多种形式,尤其在现在很多互联网企业的 ESG 报告中,节能减排更是喜欢连篇累牍宣传的内容。当然笔者一样认为绿色地球是我们需要保护的未来,节能减排对于地球未来特别重要。笔者曾经在 2019 年前往格陵兰旅游,目睹了全球气候变暖对北极冰盖的破坏状况(图 7-1),对环境保护的迫切性有切身体会。

图 7-1 格陵兰冰山碎裂的声音仿佛是地球母亲无声的哭泣

但是笔者在前文中也提到,哪怕是功利性公益,也需要企业本身的出发点是公益。但是很多企业节能减排更多是为了实际的获利或者是为了符合部门区域的环境监管政策。所以笔者此处的环境保护不涉及节能减排的内容。

环境保护中的翘楚,无疑是蚂蚁集团。根据蚂蚁集团 2022 年可持续发展报告的公开信息,蚂蚁集团和 636 家合作伙伴开发了 60 多种降低碳排放量的场景,通过 6.5 亿用户,减少了 2 600 万吨的碳排放量。而根据这个计划,蚂蚁集团共计种下了 4 亿棵树,保护 2 700 平方公里社会公益保护地,开展了 500 亩海

图 7-2 笔者在格陵兰当地购买的极光纪念章

草床的科学种植,仅仅 2022 年一年蚂蚁集团就种了 7 400 万棵树。蚂蚁集团不仅仅通过薪酬考核、管理架构变革等将 ESG 放到一个比较重要的角度,而是在行动中真正做到了将公益理念融入了企业战略之中。

而另一家巨头京东也不甘示弱,通过废物回收的方式来保护环境。根据京东公益微博的公开信息,京东零售、京东物流、京东公益、中华慈善总会、爱心商家纽西能共同携手在全国启动"我'奶''盖'世英雄"——空罐旧衣回收公益计划。回收的旧衣服将由慈善机构分拣环保处理,空奶粉罐将被做成艺术装置,避免奶粉罐流入非正规渠道,给消费者带来担忧。同时,回收的旧物将被置换成全新的纽西能高钙配方乳粉和新校服,送往受助乡村学校——四川省巴中市通江县两河口镇中心小学,助力环保事业,也为乡村儿童送去温暖。在这个公益活动中,公益活动借助了京东物流的资源,在践行公益的时候又宣传了京东物流的物流能力,可谓一举两得。

笔者举一个身边的例子。笔者 2024 年 4 月在逛南丰城商场的时候,看到南丰城商场和 GOOD CYCLE 联合举办"春雨新生计划"(图 7-3),创意很不错,活动内容如下:

(1)消费者将 PET 材质塑料瓶扔进回收桶;

(2)每集齐 28 个 PET 塑料瓶,企业捐赠 1 套校服;

(3)企业每捐赠 3 套校服,GOOD CYCLE 机构配捐 1 套校服。

笔者认为这个活动的社会利益和

图 7-3 笔者在南丰城拍摄的照片

企业利益双赢。从社会利益角度看,不仅可以让需要帮助的儿童获得校服捐赠,而且可以保护环境减少塑料瓶的污染,并且可以减少回收成本(都是 PET 塑料瓶避免了垃圾分拣)。而从商业角度看,企业即获得了美誉和企业形象的提升,同时也减轻了商场内的保洁压力,同时还联合了公益机构减少了自己公益活动的成本,放大了公益活动效果。这项公益可谓一举多得,值得我们学习。

"不以善小而不为",可能有些企业会觉得环境保护如此之大的一个课题,自己是没有能力参与的,但是笔者在此要纠正这个错误的观点。只要企业有公益之心,总能找到能为社会公益做出贡献的领域。

笔者本科读的是化学领域,所以对于化学材料所导致的污染和解决污染的措施有一定的感悟。笔者在此列举一个我们生活中常见的一个涉及化学材料的公益环保案例——塑料袋的案例(尹海涛教授在序中也着重讲了这个例子)。众所周知,以前塑料袋因为塑料的稳定性难以降解,被称为白色垃圾,所以在 2008 年中国推出了限塑令,对一次性塑料制品的使用进行了严格限制。

但是不可否认塑料袋的确是方便了我们的购物体验,那么如何在环保和体验上进行平衡,这就是我们企业需要花心思的地方。这也是笔者在企业公益第一段就想说的,企业公益一旦涉及自己主营业务,不应该简单粗暴地强行推进,应当考虑消费者感受,以柔性、自愿的方式进行。

以超市塑料购物袋为例子,有以下三种方式:

(1) 建议顾客自己带袋子或者不用袋子。

这是最简单也是最环保的方式,但是不是所有顾客都有袋子或者当天带袋子,如果强行推行这种方式会伤害到客户的购物体验。

(2) 付费购买或免费提供可降解袋子。

这是一种折中的方式,通过提供可降解塑料袋(生物基或者石油基)从而提升了客户体验,并且由于可降解塑料袋成本比较便宜,相对可以负担。

(3) 付费购买布袋子。

布袋子的优势是可以反复利用,但是缺点是成本较高。

而将这三种方式柔性自愿地结合在一起,就可以既保证客户体验,也可以实现环保的企业愿景,一举两得。而让笔者欣慰的是,目前市面上已经有越来越多的超市都如此推动,于细节处彰显了企业社会责任,为环境保护造福。

图7-4 交大"清塑行动"智能回收机正面　　图7-5 回收机侧面

而在环境保护上,上海交大安泰经管学院作为世界知名商学院,在培育企业家的同时,也在尽自己的一份力。交大安泰以身作则,不仅自己作为一个教育组织,更联合其他企业和组织,引导中国更多的企业家加以重视,加强对于环境保护的助力。

交大安泰经管学院联合天猫、蚂蚁森林、联合利华等进行清塑行为智能回收,在投入塑料瓶成功回收后可以收获联合利华优惠券和蚂蚁森林能量。

笔者认为这是一个非常有意义的活动,授人以鱼不如授人以渔,空洞的一万条理论有时候还不如一个活生生的案例效果好。笔者认为新时代的国际一流大学的商学院应该承担起更多的商业向善的引导功能。以己为镜,使得更多的企业家和高管了解并知悉企业公益对企业的重要意义,从而使得商学院的商学理论更加丰富和立体,提升商学的教育质量。同时企业也更加了解,如何将企业和公益实现双赢,义利融合,实现企业的更高质量的长远发展。

7.2.2 绿色能源和节能减排

笔者在前文评价某一企业时并未将绿色能源列入公益范畴,但是在这里列入,所以要特别澄清一下,笔者认为使用绿色能源/无污染能源或者节能减排有以下三种情况。

(1) 绿色能源生产企业(其主营业务就是绿色/节能减排);

(2) 通过绿色能源,后者节能减排可以牟利(例如某些科技企业或者拥有数据中心等);

(3) 出于社会利益考量(可以附带自利因素)采用绿色/无污染能源或者节能减排。

虽然(1)和(2)在结果上也促进了碳排放的减少和环境的保护,但是笔者认为将前两者认定为企业公益不甚妥当。因为如果那样认定,那么一个做风能、风车、风机或者做硅片的企业也可以说自己是公益企业,一个企业纯粹为了节约电费采用太阳能路灯,也变成公益行为了?这两者缺乏为社会利益考量的基本点,不能单纯唯结果论。所以本文此处的绿色能源和节能减排仅指(3),出于社会利益考量的行为。

1. 可再生/绿色能源和双碳政策

随着当今温室效应愈演愈烈,所谓的绿色能源目前主要指的是某种形式的能源可以减少温室气体的排放,而又由于因能源导致温室气体主要是 CO_2、CH_4,为了我们共同的绿色星球环境的可持续性,减少碳排放也是我们每个企业和个人的责任,常见的可再生能源或者绿色能源有水能、风能、太阳能、核能等等。当然每种能源都有其优势和短板,例如核能虽然各个方面都很突出,但是一旦出现安全事故就损失巨大,而风能和太阳能虽然取之不尽用之不竭,但是其稳定性不佳,很难起到稳定的输出,比较依赖于储能。而水力发电虽然比较稳定(只是相对,毕竟也有枯水期),但是其对生态环境的影响较大(影响河流鱼类生存环境和附近的地质条件),并且布设地点也有很大的局限,也有其明显的短板。从短期来看,绿色能源还难以彻底完全取代传统化石能源,但是在一定程度上逐步减少传统化石能源的使用,扩展绿色能源的使用场景,还是可行的。所以我们就把碳排放作为减少温室气体排放的一个重要指向性参数。

而对于减少能源带来的环境污染,中国对此也高度重视,在联大一般性辩论上,我国提出了 2030 年碳达峰、2060 年碳中和的对于环境保护的承诺,彰显了大国的气度和担当。

而对于实现双碳目标,全球主要有碳税和碳排放权限额两种模式。全球目前来说有以下三种控制碳排放量的方式,2021 年,我国采取了设定碳排放权限额的方式来实现:

(1) 碳税(政府对于碳排放直接收税);

图 7-6 碳排放交易示意图
注：插图创意及版权为笔者所有

(2) 碳排放权交易（对于碳排放设定限额，超额需要购买额度）；

(3) 混合模式（以上两者混合）。

假如有两个发电厂，一个是传统火电电厂，一个是太阳能绿色能源发电厂，如果没有任何政策干预，火电电厂是没有动力进行技改减少排放的。

(1) 如果实施的是碳税。

火电工厂每年需要缴纳 1 亿元碳税（假设），绿色能源发电没有直接收入。当然可以设计成碳税返还给绿电，但是即便没有碳税，难道国家税收就不支持绿电吗？优点是监管简单而又直接，并且对于落后结构能源淘汰力度比较大。缺点是容易将产业直接挤出到国外，并且对绿色能源扶持力度不足，并且税本身也需要法律指定，难以满足快速变化的市场。

(2) 如果实施的是碳排放权交易。

火电厂每年可能向太阳能电厂花费 1 亿元上下购买碳排放额，并且由于这个高昂的花费，火电厂肯定竭尽所能进行技改尽量减少其碳排放。优点是既扶持了绿色能源，也给了传统能源改进的机会，并且由于定价是市场行为，所以适应性很好。缺点是结构复杂，容易出现监管漏洞和道德风险。

(3) 两者并存。

吸收了上面两种模式优点，但是可能会导致需要达到预期目标的税费较高，企业负担过重，不太适合发展中国家。

碳排放这个概念似乎离我们很远，其实我们身边每处都有涉及碳排放的相关领域，甚至有些领域读者可能都没有想到和碳排放有关。正如图 7-7 中，哪怕就连我们平时使用的 Windows 更新都在致力减少碳排放（通过和当地碳排放数据联动，在用电波谷绿色能源比较多的时候开始系统更新从而降低碳排放）。

中国为了实现控碳目标，在 2011 年已经设立 7 个碳排放交易所。而在 2024 年 5 月生效的《碳排放权交易管理暂行条例》以更高位阶的规范性文件（原先是部门规章，现在升级到条例），规范了碳排放权交易，从而更好地倡导和帮助企业提高能效、节能减排。其碳排放权本身设计的核心思路也和笔者全文的理念相同，公益不能仅仅喊口号、讲道理，要让对社会有益的企业和个人获得该有的荣誉和回报。

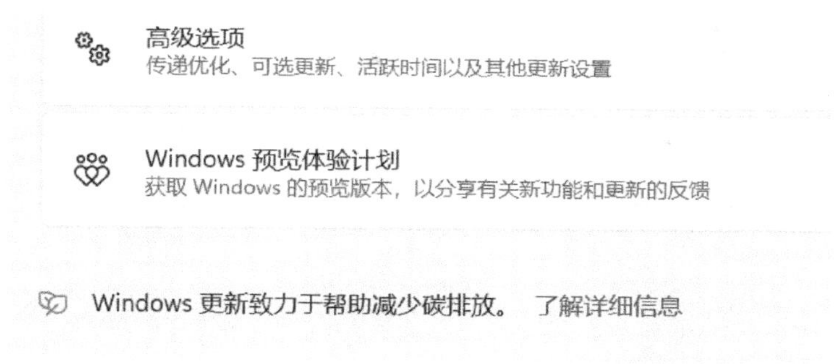

图 7-7 笔者电脑 WINDOWS 更新截图

2. 企业能做什么

前文阐述了可再生/绿色能源和双碳政策,那么企业公益在企业运营中可以做些什么呢?

(1) 采用绿色能源满足能源需求。

企业运营中往往比较容易想到节流,而开源比较容易忽视,但开源的效果又远远强于节流,对于能源更是如此。如果使用的能源本身绿色,当然比单纯地减少能耗效果强得多的多。在现实条件允许的情况下,企业可以考虑尽量采用绿色能源满足自身企业运营能源需求。

而绿色能源除了企业自行采用绿色能源发电外(比如苹果总部采用太阳能发电),也可以用购买绿色能源的方式来间接实现(尤其对于一些企业现实条件不可能自行以绿色能源的形式发电)。在我国,绿色能源上网也是如火如荼,由于大部分绿色能源存在不稳定的特性,所以为了帮助清洁能源消纳,2017 年起,我国试行绿色能源绿证核发,上网绿色能源可以通过绿证被自愿认购从而获得收益。

笔者在国家能源局绿电交易平台的网站上认购了甘肃省临泽北滩项目风电能源(图 7-8),根据国家能源局的绿

图 7-8 国家能源局颁发给笔者购买绿色能源证书

第 7 章 企业公益实践

能源明细表,笔者购买的 1 兆瓦时绿色风电可以减少 779.3 千克的二氧化碳排放(图 7-9)。

绿证信息明细表					
证书编号	生产电量(兆瓦时)	生产日期	项目业主	统一社会代码	
WWC160162072300 1T2022020 0005042W 1	1	2022年2月	临泽县天恒新能源有限责任公司	916207233160837540	
项目名称	项目代码	项目所在地	项目类型	补贴/无补贴	交易/不可交易
临泽北滩50兆瓦风电场项目	WWC1601620723001T	甘肃省	风力发电	无补贴	可交易
买方信息明细					
单位/个人	权益所属地区	减排贡献		对应电力生产日期	
沙峰	上海市	相当于减排二氧化碳779.30千克		2022年2月	
交易平台信息明细					
交易平台		证书编号		交易日期	
中国绿色电力证书交易平台		N00124010000021528		2024年02月10日	

图 7-9　笔者认购绿色能源明细表

这仅仅是笔者个人的绵薄之力,如果更多的企业可以寻找到节能减排的动机和实现社会生态责任契机,那毫无疑问对我们未来的生态环境更友好。也许我们国内大部分企业还没有苹果的条件可以在总部建筑上设置大量的可再生能源设施。然而,不积跬步无以至千里,只要我们每个行业、每个企业在生产中常怀保护环境之心,在条件允许的情况下尽量采用绿色能源、节省能耗的技术,加上好的政策鼓励和引导,中国一定可以早日实现承诺的双碳目标。

(2) 降低能耗、减少排放。

企业运营中运营成本大半都是能源或者变相的能源费用。例如,办公电费、工厂运营电费、燃气费是直接的能源费用;而企业办公用纸、一次性纸杯又是变相的能源费用。

现在很多企业在总部的行政管理端,由于资源的富集,对于行政办公的节能减排和节约推行力度是很大的。比如下班关灯、无纸化办公、办公空调温度限制,等等。

但是笔者在这里想说一个大部分企业的盲点,也就是主营业务的能源节省,笔者曾经工作于机器人企业,深谙工业设备采购,笔者发现现在国内很多企业在采购工业生产设备时,对能耗的关注度不够大(当然这些年对于一些特殊领域也逐步加强了关注,比如涂装)。但降低能耗不仅仅是为了企业降低一些能源成本,也是因为企业文化、社会责任更有潜在的政策风险。所以在设备采购和工厂工艺设计时,应当采取更大的力度优先购买节能减排的设备,并且每年应当投入适当的资金对设备节能减排方面进行技改。这不仅是为了企业当下,也是为了企业的未来。

(3)温室气体介绍。

温室气体顾名思义,它有可以让地球温暖的作用,太阳光辐射到地球,如果没有温室气体,气体吸收辐射的能力会大幅度降低,热量很难保留在地球表面。而温室气体可以吸收地面反射的长波辐射并重新发射辐射,通过这个形式,让热量尽量留在星球表面。热传导有三种形式,热传导(主要是固体的互相接触)、对流(主要是液体和气体的互相流动)、辐射(光、微波的照射)。

温室效应体现得最多的就是不同的行星环境,笔者列举太阳系的类地行星的环境作为对比,以体现温室效应的影响,见表7-1。

表7-1 太阳系的类地行星环境对比

星球	水星	金星	地球	火星
大气压	2.0×10^{-9} Pa	9.0×10^{6} Pa	1.0×10^{5} Pa	7.0×10^{2} Pa
大气压倍数	几乎没有	90倍	1倍	千分之七倍
主要气体	He、Na(合计84%)	CO_2(合计96%)	N_2、O_2(合计99%)	CO_2(合计95%)
距离太阳距离	0.58亿公里	1.08亿公里	1.5亿公里	2.28亿公里
以天文单位计	0.39 AU	0.72 AU	1 AU	1.5 AU
是否有磁场	无	无	有	无
白天平均温度	430℃	485℃	25℃	5℃
夜晚平均温度	−190℃	465℃	15℃	−125℃
温室效应	几乎没有	非常强	较强	较弱

众所周知，如果不考虑温室效应，距离太阳越近温度越高，反之亦然。但是我们可以看到金星反而是太阳系内最热的星球，因为金星大气层有浓浓的温室气体，所以产生了极端强烈的温室效应。

同时温室效应不仅仅体现在白天最高温度，还体现在保温效果。火星距离太阳比水星远很多，但是夜晚的温度要比水星温暖得多，其原因就在于火星有一定的 CO_2 产生了一定的温室效应。而地球夜晚温度也不至于极端低温，所以适当的温室效应其实维系了生命的存在，所以大家没有必要闻温室气体而色变。但是我们也不能让温室效应完全失控，否则金星的今天就可能是我们的明天。

常见的温室气体如下，见表 7-2。

表 7-2 常见的温室气体对比

气 体	来 源	温室效应能力	是否需要削减
H_2O	天然	无数据	不纳入考虑
O_3	天然	无数据	不纳入考虑
CO_2	天然/动物	1	需要控制排放《京都议定书》
CH_4（甲烷）	天然/动物	21	需要控制排放《京都议定书》
N_2O（氧化亚氮）	天然/动物（人类为主）	270	需要控制排放《京都议定书》
HFCs（氢氟碳化物）	动物	124—14 800	需要控制排放《京都议定书》
PFCs（全氟碳化物）	动物	7 390—12 200	需要控制排放《京都议定书》
SF_6（六氟化硫）	动物	22 800	需要控制排放《京都议定书》
NF_3（三氟化氮）	动物	10 800	需要控制排放《碳排放权交易管理办法（试行）》

表 7-2 的温室排放能力是以 GWP 值来对比的,读者可以简单地理解为排放 1 吨 SF_6 产生的温室效应相当于排放 22 800 吨 CO_2。而 H_2O 和 O_3 由于其绝大部分的来源并非人为活动,地球也通过其温室效应维护正常的生态环境,所以不属于需要控制的排放范畴。

温室效应也绝不仅仅只是控制 CO_2,因为 CH_4 的温室效应效果是 CO_2 的二十多倍,所以目前畜牧业如何控制 CH_4 的排放也是控制碳排放的一个重点。并且人工合成的一些含氟化合物的 GWP 值远远超过了天然的化合物(很多甚至都是上万倍),所以其对环境的影响力非常强,很容易导致恶性的温室效应。

失控的温室气体排放会导致全球变暖、海平面上升、动植物灭绝、海洋酸化、极端气候频发、气候恶化等不可逆的恶果,金星作为地球的姐妹星已经是前车之鉴。所以哪怕为了人类自身利益考虑,企业和我们每个人也应该努力做出自己的贡献,减少温室气体排放,为可持续发展贡献自己的绵薄之力。

7.2.3 生物多样性保护

笔者在 2019 年年初走访世界上最大的生态自然公园——坦桑尼亚的塞伦盖蒂国家森林公园,曾经乘坐敞篷车深入塞伦盖蒂核心腹地,近距离拍摄到了树上的狮子(图 7-10)。笔者深深地感受到,如果不对生物多样性进行保护,地球就没有可持续发展的未来,这也是企业,尤其是食品类等特定类型企业应该关注的社会责任。

图 7-10 树上的狮子

蒙牛作为一家乳制品企业,如果不对生物多样性表示足够的关心,那么其对于奶源的控制是令人担忧的,所以蒙牛在生物多样性保护中投入了足够多的资源,用于向消费者宣传其价值观。

根据蒙牛 2022 年可持续发展报告的信息披露,蒙牛乌兰布和沙漠有机牧场项目在联合国《生物多样性公约》第十五届缔约方大会上入选了《企业生物多样性保护案例集》。

蒙牛旗下贝拉米品牌联合中华环境保护基金会,共同创立"蓝色星球"保护生物多样性公益教育项目,通过设立生态教学基地,面向学龄前儿童和低年级小学生,开展寓教于乐的互动体验和生态教育实践活动。2022 年,"蓝色星球"公益计划共举办 20 场活动,招募约 400 组家庭参与线下课程,学习有机农业和保护生物多样性的知识。

蒙牛旗下特仑苏品牌携手中华环境保护基金会共同开展"守护乌兰布和"项目,围绕沙漠地域生物多样性主题开展了一系列公益行动,通过组织科学志愿者在野外布设红外相机、开展社区访谈,对生活在乌兰布和沙漠重点调查区域的鸟类、野生动物进行监测,形成多份野生动物及其栖息地生物多样性调查报告。

说到生物多样性保护,也离不开另一个典型企业——小米,根据小米手机官方微博帐号的公开消息,小米手机联合专业的环境保护机构在 2022 年 6 月 8 日的世界海洋日发起了珊瑚保育活动。

与此同时,小米还巧妙地融入了自己产品的特色,不仅包括小米手环的抽奖活动,整个视频还采用小米 12Pro 手机进行拍摄,不仅借助公益活动提升了影响力和品牌形象。还借助水下拍摄之机,间接地显示了小米手机卓越的品质和防水能力,可谓是一举两得。

而说到生物多样性保护,华为也是贡献良多,根据华为投资控股有限公司 2022 年可持续发展报告披露,其正在执行多个生物多样性保护项目,维护世界生态平衡。

(1)华为与世界自然保护联盟在全球共同开展 Tech4Nature 项目,用数字技术赋能全球 300 个保护地的有效管理,提升自然保护的效率;

(2)华为与挪威贝尔勒沃格狩猎和垂钓协会(BJFF)合作,尝试用科技防治入侵物种太平洋粉鲑对挪威原生物种大西洋鲑的侵害;

(3)华为和雨林连接组织合作,利用太阳能供电的、基于云和 AI 的生态声学监测系统"自然守卫者",帮助护林员实时识别威胁环境的异响,让生态学家基于声学数据研究和保护当地的生物多样性。

截至 2022 年年底,在华为的支持下,"自然守卫者"项目已在全球 37 个自然保护地部署,覆盖森林、湿地、海洋等场景。综上可以看出华为在全球对于生物多样性保护也是助力颇多。

地球是人类赖以生存的唯一星球,保护环境、维护生物多样性就是保护人类自己,这是我们全人类和企业共同的责任。希望阅读本书的读者也可以多多投身于植树种树(固碳减碳)等维护生物多样性的活动中,为维系美好的大自然环境添上自己的绵薄之力。

7.2.4 志愿者服务

对于很多企业来说,员工在工作时间创造的价值远比他们的收入要高,所以对于企业来说需要推动志愿者服务的确比较困难。但即使如此,笔者也发现了一些推动志愿者服务的优秀企业。

而志愿者服务在公益中比较特殊的是,其他形式的公益其实都是间接的公益(出钱、出物资),而只有志愿者服务是直接的公益(出力践行)。当然很多读者可能认为志愿者服务就是做义工,这其实是一个比较狭隘的看法。在现今的社会中,志愿者服务也开始有了一些创新的形式。

比如笔者在交大安泰 EMBA 阿卡贝拉团排练时,我们有一个创意,排练一些特殊的音乐节目唱给自闭症儿童,从而帮助自闭症儿童的治疗。又比如上海市血液中心目前主推亲子一同进行献血推广公益(植树志愿者也经常采用亲子的模式),不仅能募集到献血活动的志愿者,还帮助亲子间更好地联络情感,并且帮助父母更好地给自己子女传递向善、帮助他人的价值观,将志愿者服务和亲子要素结合,从而让献血志愿者服务的内涵更加的多元化。

接下来让我们看一下企业志愿者服务的实际案例:

根据蒙牛 2022 年可持续发展报告和中国建设银行股份有限公司 2022 年社会责任报告(环境、社会及管治报告)及其他报告披露的公开信息:蒙牛约有员工 4.7 万人,年度员工志愿活动时长达 20 000 小时,志愿者数量达 10 000 人次,年均每个员工的公益时长约为 0.4 小时。建设银行约有员工 35 万人,全行 7.65 万名青年志愿者,开展志愿服务累计 48.18 万小时,年均每个员工的公益时长约为 1.4 小时。

而根据 2023 年阿里巴巴环境、社会和治理报告的公开信息,2023 年阿里巴巴员工的总志愿时长达 250 144 小时,110 多个公益幸福团活跃在自然环保、动物保护、教育等主题的超过 1 000 场公益活动中。而阿里巴巴大约有员工 22.8 万余人,年均每个员工的公益时长约为 1.1 小时。

小米 2022 年环境社会及管制报告显示,小米集团组织了 21 个志愿服务项目,总服务时长 5 652 小时。并且小米基金会开展了小米公益同行 2022 项目,联合 16 家公益机构在 9 个城市举办了 9 场公益活动,吸引了超过 300 名"米粉"志愿者服务超过 600 小时。

复星集团 2022 年环境、社会及管制报告显示,复星医药 2022 年有员工 3.8 万人,公益志愿者时长 45 787 小时,公益时长达 1.2 小时。

如果每一个企业推动其员工每年都可以投入 1 小时进行志愿者服务,也许我们社会的环境和文化就会完全不同,这其实对于企业本身都有非常长远的益处。

在当下快速的社会竞争环境下,不切实际美好的期待近乎"堂吉诃德"。但是在现实可行性的情况下,志愿者活动对于公益有特殊的作用,可以拉近公益和企业员工的距离,更容易对企业文化产生有益影响。让员工在践行公益时候感受那句名言"永远相信美好的事情即将发生",怀揣这样的信念,为了理想而去工作,企业也会大大受益。

7.2.5 公益捐款/物

1. 常规捐款

根据胡润慈善榜的公开资料,2021 年企业家慈善捐赠榜排名第一的是雷军,捐款高达 150.7 亿元,而位列 2022 年企业家慈善捐赠榜第一的是刘强东,捐款高达 149 亿元。

根据华夏公益·上市公司公益慈善年度报告(2022)的公开资料,2021 年上市公司前 50 大年度捐款总额仅为 129.84 亿元,2022 年上市公司前 50 大年度捐赠总额仅为 154.21 亿元。

我国捐款的情况也慢慢出现了个人捐款大于企业捐款的现象,上榜的 50 家企业中,民营企业 28 家,占比 56%,国营企业 22 家,占比 44%。

我国企业总体的公益捐款总额仍然偏低,处于偶发性的"面子营销"状态。部分企业还没转换陈旧观念,没有将公益当做一个战略性的发展因素去考虑,仅仅作为一个费用中心,在行动中将公益理念融于企业文化还是做得不够好。

放眼未来，公益捐款仍然不失为一种比较直接并且简单的公益方式。未来企业公益捐款可以通过募款方式和公益受众两个角度进行着手，从而提升企业公益捐款的影响力。

从募款方式来说，可以通过公益义卖会、演唱会、分享会、互联网平台捐款、公益游戏捐款等创新的方式使得公益捐款更加有趣、好玩，从而更符合年轻人或者不同受众的需求。

从公益受众来说，由于现代科技的进步，点对点或者通过互联网平台的帮扶更加方便，并且也更加容易看到公益的成果。相比传统基金会或者平台的方式，这两种方式的成就感更强，并且风险也更低，所以未来其他的帮扶方式也会成为一种传统基金会或者公益平台补充的方式。

2. 突发事件捐款/物

突发事件往往指的是在突发自然灾害或者突发事件等特殊情况下，企业或者个人针对某一个特别用途捐款或者捐物。这类例子数不胜数，而在中国这类捐款最多的就是自然灾害捐款和特殊疾病捐款，说到这种捐款方式，最为典型的毋庸置疑就是鸿星尔克了。

根据公开资料和鸿星尔克官方微博公开显示，在2021年河南水灾时，鸿星尔克捐赠了高达5 000万元的物资，用于定向对河南的援助。这次援助引发了互联网的广泛好评，大家纷纷称其为破产式捐赠。因为鸿星尔克2021年营收28.43亿元，净利润负2.2亿元，捐款5 000万元大大超过了很多经营状况远比鸿星尔克好的企业，远远超过了大众的心理预期，博得了社会的广泛好评。可以说光这次捐赠，就给鸿星尔克带来了巨大的广告效应。诸如此类，是中国企业最擅长的公益类型之一。

在鸿星尔克的官方微博(图7-11)上，仅仅这一条微博收到了18.2万次转发，28.7万个的点评和937万个的点赞，如果再考虑到转发后的浏览和其他平台的浏览量，鸿星尔克此次公益捐赠的关注度更是难以估量，可谓是非常成

图7-11　鸿星尔克驰援河南灾区的微博

功的一次公益案例。

鸿星尔克常年热衷于公益,根据其官网社会责任和公开信息,鸿星尔克近年来大的公益项目主要如下:

(1) 2015年尼泊尔大地震,鸿星尔克捐赠价值320万元物资;

(2) 2018年,鸿星尔克捐赠价值6 000万元物资帮助贫困残疾人和家庭改善生活;

(3) 2023年甘肃地震,鸿星尔克再次捐款价值2 000万元物资,支持灾情救援。

鸿星尔克的企业社会责任也非常有特色,将公益放在了首位,并且也认为企业应当回报社会。这点也是笔者所认同的,亦即企业既是社会的企业,又不是社会的企业。

鸿星尔克对于公益在企业可持续发展中的核心作用的重视和其在公益捐赠时的细节都做得可圈可点,不愧是国内公益企业的典范,鸿星尔克也收获了巨大的企业现实利益和宣传效应,因为各种心理效应叠加,广大网友纷纷慷慨解囊,大幅度提升了鸿星尔克的产品销量。而鸿星尔克也获得了中央宣传部、国家发展改革委颁布的2021年"诚信之星"奖项。

> 新华社北京1月15日电 为深入贯彻习近平总书记关于诚信建设的重要指示精神,大力培育和弘扬社会主义核心价值观,生动讲述先进典型讲诚信、重诚信、守诚信的感人故事,推动诚实守信成为全社会的共同价值追求和自觉行动,中央宣传部、国家发展改革委近日向社会发布了2021年"诚信之星"。
>
> 此次发布的10个"诚信之星"(2个集体和8个个人)分别是:福建鸿星尔克体育用品有限公司、新疆旺源生物科技集团,天津市北辰区瑞景街道宝翠花都社区党总支书记、居委会主任林则银,上海市静安区彭浦镇社区卫生服务中心全科团队长严正、江苏省淮安市淮阴区市场监督管理局退休职工李爱云、安徽省六安市金寨县麻埠镇齐山村海岛卫生室医生余家军、山东省济宁市市中区委老干部局退休职工谢立亭、重庆市万州区武陵镇椅城社区居民袁玉兰、中国邮政集团云南省怒江傈僳族自治州分公司泸水市称杆乡邮政所所长桑南才、西藏自治区林芝润鑫实业有限公司董事长韩宇。
>
> 今年"诚信之星"发布主要通过电视专题片讲述他们的先进事迹。他们都来自基层一线,有的践行根本宗旨、矢志为民服务,办了大量实事好事;有的牢记初心使命、恪守职业道德,成为群众生命健康的"守护神";有的传承红色基因,赓续精神血脉,用一生践行守护革命烈士的朴素誓言;有的秉承诚信理念、主动奉献社会,在市场经济大潮中铸就企业信用品牌。他们用一点一滴的实际行动集中彰显了永远听党话、跟党走的铮铮誓言,生动展现了以诚立身、守信践诺的人生信条,是诚实守信价值理念的坚定守护者,是社会主义核心价值观的模范践行者。

图7-12 新华社关于鸿星尔克获得2021年"诚信之星"奖新闻报道

但是虽然鸿星尔克已经做得很好,但是仍然有可以提升的空间。笔者观察到鸿星尔克对于公益捐赠,单个集中度偏高,可能会有一点公益战术化的趋势。笔者这样说是为了鸿星尔克未来可以更好地践行公益,而非对鸿星尔克展开批评,所有真正热心做公益的企业都值得被尊重、称赞。

笔者建议鸿星尔克未来可以借着公益带来良好影响力的契机,好好地珍惜这个机会,将公益作为企业长远发展的一个基石,从战略的角度去重视公益,获得企业社会价值的实现和可持续发展目标的达成。

7.2.6 教育公益

企业践行教育公益,目前主要有三种主要形式:

1. 资助学校建设或设立奖学金

此种形式前些年在国内比较流行,但近些年由于国家对于教育的投入力度加大和对贫困学生的奖助学金待遇的不断提升,覆盖度的提高,目前此种形式已经不是最流行的形式,但仍然是一种非常有效的帮助贫困学生的补充手段。

根据复星集团2022年环境、社会及管制报告公开信息,复星集团在海南和上海建立了奖学金计划,累积帮助了困难学生10 000名,捐款超过了2 000万元。2022年10月向复旦大学捐赠了500万元用于院史馆的建设。

根据小米2022年环境社会及管制报告显示,小米集团设立小米奖助学金花费1 500万元资助了2 120名品学兼优或者家境贫困的学生,并启动了小米青年学者项目,计划捐赠5亿元覆盖100所高校(已覆盖30所)。向菲律宾、越南、泰国和马来西亚的1 000余名学生与贫困儿童捐赠了小米液晶书写板。

根据哔哩哔哩2021年环境、社会及管制报告公开信息显示,哔哩哔哩在2021年共向13名一线乡村教师发放了约28万余元的快乐奖学金,帮助乡村孩子培养特长和爱好。并在2021年中秋节活动中,向儿童捐赠了657册图书。另外还在云南和贵州支持建设了4所学校,截至2022年2月,共有3 465名学生就读。

根据腾讯2022年可持续社会价值报告披露,腾讯在99公益日期间发起"为乡村孩子捐10万本书计划",目前此计划已累计为乡村学校捐建99个图书室、8 714个图书角,捐赠80.85万册图书,惠及约40万名学生。并和中国儿童少年基金会联合成立5 000万元"腾讯春蕾筑梦"专项基金,以合唱教育的方式提升女童的艺术素养。未来三年内,将在全国各地组建近100支地区合唱团,帮助春蕾女童在专业、快乐的环境中学习合唱技能,提升审美修养。同时,双方还将创新线上线下公益行动,调动公众参与儿童公益事业热情,共同关爱女童成长成才。

而根据公开信息显示,1993年起中国平安在全国各地累积建造了119所希望小学。根据益海嘉里金龙鱼2022年可持续发展报告公布的信息,益海嘉里金龙鱼截至2022年年底共资助援建了38所益海学校,共计学生17 000余名,老师1 500名。

但是随着目前生活条件的改善,教育公益已经渐渐从纯硬件的资助转向了后两者身体力行的支教和科技助力的课程教育。

2. 实体支教

根据中国平安2022年可持续发展报告公开信息,中国平安持续推动支教行动,从阅读、体育、科技三大内容出发,于多地开展"快乐少年"支教行动,以素质教育知识为乡村少年带去快乐,并向学校捐助体育用品、学习用具等教学物资。

但正如上文所说,目前新时代由于国家对于教育的大力投入,教育公益已经渐渐从实体硬件支持,慢慢走向软件、知识方面的支持。企业囿于时间、专业性、盈利属性、企业形象等局限,已经逐渐不适合进行实体的支教。实体的支教未来更适合于部门企业对于企业文化的宣传或者是个人及教学机构对于社会责任的担当。

而笔者就读的交大安泰经管学院在2023年也举办了一场"携书引童为伴,共赴洱海之源"的支教活动,4位指导老师和7名本科生一同为云南省大理白族自治州洱源县丰源中心小学,带去了为期一周的丰富多彩的专题课程、英语专项教学、党的二十大精神宣讲、校园活动与锻炼等项目。

当然我们不能将支教简单地狭隘局限在经济困难地区帮助进行支教,现实当中也有很多创新的实体支教的公益新项目和新模式,例如也可以对不同民族、文化融合中存在的困难进行帮扶。

3. 创新教育公益——阳光育人

为了提高少数民族学生的综合素质,培养更多的优秀的少数民族人才。由上海交大安泰经管学院田新民副院长作为发起人,从2007年开始和上海有关部门共同组织了"阳光育人"公益项目。通过募集资金成立"阳光育人"基金,并且选拔导师和助理导师,通过助学金和活动的沟通交流,定向帮扶全上海高校中的优秀少数民族学生。

导师和助理导师通过在职业发展定位、人生三观引导、社会学校融合等领域,帮助培养少数民族的优秀学生有更强的社会适应能力、向善的价值观、反馈社会的责任感,从而帮助各民族学生全方位更好地发展。实现播洒希望阳光,育民族人才的活动理念,让阳光照亮少数民族的心。让钟灵毓秀、人杰地灵的少数民族优秀人才可以更容易地在社会中发挥自己应有的作用。

截至 2023 年 6 月,全上海有 380 多位优秀少数民族学生受益于该项目,和 200 多位不同行业的社会导师、150 多位在校博士、硕士生导师紧密结对。作为交大安泰的一份子,很多交大安泰优秀校友和笔者也都积极参与了此项活动。胡梅雄学长还为阳光育人项目撰写了原创歌曲《有梦的地方就有阳光》。笔者已经成为阳光育人第 17 期导师,争取在自己擅长的领域帮助少数民族优秀学生,在教育公益领域贡献自己力所能及的一份力量。

在企业公益实践中,无论是教育类公益还是其他类型的公益,帮助弱势群体时除了传统思路之外(传统思路一般是帮助经济窘迫、性别年龄弱势、身体残疾的人群),也有其他新型的思路和模式可以创新(阳光育人项目就是希望帮助少数民族优秀毕业生填平不同文化的沟壑)。

现在很多国内企业也需要在全国甚至全球各地设立工厂,参与和少数民族相关甚至是不同国籍的优秀人才相关的公益项目,对企业未来发展甚至是全球化也有巨大的助力。也希望越来越多的企业可以以此为鉴,创新出更多的公益模式和思路,为社会上需要帮助的人做出自己的贡献。

4. 科技助教

正如上文所说,因为企业性质所限和目前社会条件的进步,科技助教成了企业在教育公益领域最适合也最能有所作为的方式。科技企业因为其科技属性,加之国内较为丰厚的财力和影响力,在这个领域可谓是频频发力。

根据腾讯 2022 年可持续社会价值报告披露,截至 2023 年 5 月,腾讯在科技助教上实施了以下两个项目:

(1) "数字支教赋能乡村教育"项目在全国 22 个省,150 余个区县,1 000 余所学校,为 10 万名学生提供 4 万课时教育;

(2) "智体双百"公益计划,在全国 17 个省累计落地未来教室和未来体育场 68 个,累计开课超过 5 万节,参与师生人次达 200 万次。

根据哔哩哔哩 2021 年环境、社会及管制报告披露,其通过以下两种方式进行数字助教:

(1) 携手爱心 UP 主与多家公益机构共同探索哔哩哔哩安全课程和哔哩哔哩梦想课程。截至 2022 年 4 月,课程线下共覆盖 7 914 个班级,累计超过 38 万名学生从中获益;

(2) 2021 年有 1 436 名青年用户通过哔哩哔哩申请成为"美丽中国支教项目"乡村教师,并有 1 354 名在校大学生在"哔哩哔哩大老师"线上支教活动中授课。

综上可以看出,年轻人对于科技的接受度更高,而很多科技企业本身就是一个平台,所以笔者在此也呼吁越来越多的平台科技企业可以加入科技助教的活动中,为我们祖国的未来添砖加瓦,同时也是为了企业自身的未来发展,夯实良好的文化基础。

5. 职业教育

千百年来,饱受"万般皆下品,唯有读书高"的传统理念的影响,我国一直存在重视本科和研究生教育,轻视职业教育,甚至认为职业教育是低人一等的观念。但是随着人口老龄化的加重,劳动力的下降,以及高等教育的一再扩容,传统理念已经不符合未来的社会要求,未来职业教育的缺口会越来越大。

企业公益在职业教育上发力,也有未来接受职业教育的员工在进入工作岗位后会下潜意识选择自己最熟悉企业的自利因素,但是更多还是支持职业教育。益海嘉里金龙鱼 2022 年可持续发展报告公布,公司和金龙鱼基金会联合中国烹饪协会持续推进"助学工程"的衍生项目——"金龙鱼烹饪班"。截至 2022 年年底,累计资助 500 多名贫困学生学习烹饪技术,共有 205 名学生毕业并进入烹饪行业。

笔者非常赞同企业在职业教育上加大公益的投入,在为社会公共利益创造价值的时候,也对后备人才培养、行业标准设立、企业形象展示有非常大的长期现实价值,实现企业商业目的、社会责任的相互结合,义中取利。

7.2.7　健康公益

有些企业认为健康公益与食品、医药企业高度相关,实则不然,所有涉及人相关的公益正如前文所说,都会给人一种企业美好形象的暗示,所以健康类公益领域,医药、食品类企业自然在积极参与,但是也绝非只有它们,很多企业都参与其中。

根据以岭药业 2022 年环境、社会及治理报告发布的信息,以岭药业从 2015 年起全力支持由中华中医药学会主办的"慢病(络病)防治中国行"项目,累计开展国家级、省市级、地县级专家学术交流活动 50 000 余场、专家义诊 200 余场、患者科普教育 9 000 余场。同时多次开展赠药活动,仅在 2022 年全年累计无偿捐赠药物就达 14 550 万元。全国大量的医药企业在抗击疫情方面都捐赠了大笔的物资,为我们整个社会的健康公益付出了大量的贡献。

而放眼全球,以复星医药为例,其在非洲配合WHO消除疟疾计划,积极提供药物和技术支持(向全球提供了2.8亿支注射用青蒿素酯,帮助5 600万例重症病人恢复健康,1.75亿个非洲儿童获益于季节性疟疾化学预防项目)。生命和疾病不分国度,医药企业的公益为更健康的世界做了自己的贡献。

不光是医药企业关心健康,食品企业也不遑多让。根据益海嘉里金龙鱼2022年可持续发展报告公布的信息,自2015年起,公司和金龙鱼基金会联合上海假肢厂探索开展"金龙鱼假肢助行"项目。截至2022年年底,投入1 300万元,帮助贫困肢患者1 600名,并荣获上海市人民政府颁发的第一届"上海慈善奖"慈善项目和慈善信托奖。

由于健康和每个人息息相关,所以关注健康公益的也绝不只有食品和医药企业。根据中国平安2022年可持续发展报告公开信息,平安持续推动移动检测与义诊等公益体检项目,为群众提供健康体检、辅助诊疗等义务体检服务,及时帮助村民发现自身健康问题,进一步提高村民健康意识及当地医疗服务水平。2022年,平安已落地移动体检义诊8场,健康公益服务覆盖人数1 150人次。

根据京东公益官方微博披露,截至2023年9月,罕见病医疗援助工程京东健康专项——京东健康罕见病关爱基金累计援助罕见病患者超过350人次,涉及39个病种,覆盖全国27个省市自治区,累计拨付善款超过370万元。

而京东之所以对罕见病如此关注,也是由于原京东高管罹患渐冻症。而在2024年1月27日,蔡磊夫妇个人捐助1亿元支持机构和个人对渐冻症的基础研究,为渐冻症病人造福,笔者后文也会介绍未来这样一种新业态的组合。

当然说到这个,最特别的就是哔哩哔哩。哔哩哔哩不仅在多种形式的公益上助力颇多,也热心组织公益献血。最为特别的是,哔哩哔哩还和上海市血液中心合作在上海翔殷支路建设了哔哩哔哩爱心献血屋(图7-13),该献血屋在2023年被评为全国最智慧献血屋(图7-14),是科技与公益结合的典范之一。

这个联名对于无偿献血公益事业和哔哩哔哩都是双赢,哔哩哔哩可以通过献血屋的建设获取广告效应,并且塑造良好的企业形象。而无偿献血也可以通过哔哩哔哩的受众群体扩大无偿献血的影响力。

图7-13 笔者在上海市杨浦区爱心献血屋外实拍

图7-14 2023中国最智献血点——上海市血液中心Xbilibili荣誉牌

图7-15 笔者在哔哩哔哩献血屋所获献血证

而笔者也在2024年亲身体验了一下这个上海最智慧献血点，并且亲身践行公益献血，取得了一张献血证（图7-15）。笔者发现在献血点的布设上加载了哔哩哔哩的元素和冠名。目前哔哩哔哩献血点所有的献血证都会加盖哔哩哔哩的可爱印章，这种健康公益和文化的双重宣传，显然对于哔哩哔哩的品牌形象建设、市场宣传大有裨益，哔哩哔哩在践行社会责任的同时自身也能获益。

不仅联名搭建献血屋，根据公开资料显示，哔哩哔哩2023年年底还组织了211名员工（180名成功捐献）捐献52 600 ml血液。哔哩哔哩显然是将公益和企业自身运营和战略深入嵌入是一个非常好的示范。为其将来保持其主营业务的创新能力、企业文化的积极健康、企业未来的可持续发展能力都提供了一个良好的基础。

7.2.8 文化公益

对于企业公益而言，实体的公益是更常见的形式，但是还有一种特殊形式的公益就是文化公益。文化公益本身并没有实质的捐赠，而是宣扬带有公益精神的无形的内容。以往这种是媒体企业或者是通讯企业比较适合的内容，但是随着时代进步以文化宣传的方式来践行公益,也是很适合科技或者特定赛事组织企业的一种方式。

1. 企业公益宣传

根据哔哩哔哩 2021 年环境、社会及管制报告披露,联合国《生物多样性公约》第十五次缔约方大会召开期间,哔哩哔哩联合生态环境部宣教中心发起"自然万物 共同守护"生物多样性短视频大赛,同时作为战略合作平台参与论坛并对活动进行支持。本次公益活动中哔哩哔哩本身并没有直接捐款捐物,但是通过举办短视频比赛宣传公益文化的方式来实施公益。

哔哩哔哩通过以下三种方式来推动文化公益:

(1) 国创全球化推广。

整合自身宣传资源,助力优质国创作品登上世界舞台,将优质的国创内容推广到 200 多个国家和地区。截至 2021 年年末,哔哩哔哩已有 24 部国创作品在世界范围各地区上线。

(2) 弘扬传统文化。

哔哩哔哩以年轻化、创新化的方式托举传统文化,树立新时代的文化自信。截至 2021 年年底,哔哩哔哩传统文化爱好者总数达 1.36 亿人次,全站国风类视频投稿已超过 200 万份。

(3) 宣传绿色环保理念。

哔哩哔哩充分利用自身传播优势和资源,向用户传递绿色理念,共同保卫绿色家园。平台上与"环保""低碳""垃圾分类"等相关的视频播放数累计达 57 亿次。并且哔哩哔哩和 BBC Studios 联合出品全球首个通过沉浸式的呈现方式聚焦植物的 4K 纪录片《绿色星球》。为观众揭开了神秘的却又和人类紧密相关的植物世界,引发了用户对于地球环境保护的广泛关注和激烈讨论。

不光是哔哩哔哩,腾讯 2022 年可持续社会价值报告也提及,腾讯依托自身文化资源和技术能力,持续推进科技在文化领域的应用,利用 VR、AR、3D 等数字技术以及互联网、大数据等平台,实现文化传播的时空普及与内容升级,形成具有创新性、体验性、互动性的文化服务与共享模式,全力助推文化遗产保护。腾讯与故宫博物院、敦煌研究院、秦始皇帝陵博物院等多家文博机构建立密切合作,通过公益捐赠、开发新文创等方式,形成一套较为完善的文化遗产数字化保护解决方案,为保护文化遗产贡献力量。

除了科技企业,电信企业在文化公益上也发力颇多,相信各位读者都在不经

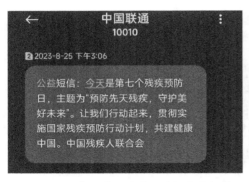

图 7-16 中国联通残疾预防日公益短信

意间都收到过各种各样的公益短信,公益短信本身就是典型的文化公益。通过电信企业天然的信息平台的优势,发送弘扬正能量的公益信息,为推动实现更美好的社会尽自己一份力量。

当然相比较以上的企业来说,传媒企业毫无疑问绝对应该是文化公益中的主打,笔者在此就列举两个知名的媒体来简要介绍一下。

(1) 中央广播电视总台(CMG)。

根据中央广播电视总台 2022 年度社会责任报告披露,CMG 围绕各式主题,创作了公益广告 86 个,累计播出近 49 万次。其中比较突出的有 2022 年 2 月制作的虎年春晚公益广告《妈妈的幸福年》和 2022 年 8 月制作的乡村振兴公益广告《彝族老家 幸福喜德》。可以看到 CMG 运用其得天独厚的宣传资源,在社会的正能量和传统文化宣传、弱势群体支持、乡村振兴等方面仍然发挥着中流砥柱的作用。

(2) 芒果超媒体。

芒果超媒体的 ESG 报告也是少有的笔者比较认可的 ESG 报告,芒果超媒股份有限公司 2022 年度 ESG 暨社会责任报告(以下简称"芒果 ESG 报告")通过章节的分布将自利和利他两种属性 ESG 元素拆分得非常明晰。并且整个报告更倾向于社会责任,也就是笔者认为的 ESG 报告中最有价值的部分。

据芒果 ESG 报告披露,其 2022 年在文化公益上通过天娱传媒拍摄了《守护童音》宣传片,通过芒果 TV 组织了"'益'路繁花,绽放她力量"女性公益主题活动,针对女性遇到的困境发声并助力解决(促女性就业、助母婴健康、关爱少数民族女性群体)。

可见芒果超媒体作为国内知名的媒体集团,在文化公益上也是独具特色和创意,尤其特别重视社会责任,这也带来了芒果超媒体全国知名的创新媒体文化,令人眼前一亮。

笔者认为在最近的几十年里,随着我国改革开放的不断深入,我国在经济上的成果翻天覆地,但是由于精神文明和理念本身需要一到两代人的时间才能逐步翻新,所以我们现阶段精神文明的进步速度落后于物质文明。

在现今这个物质并不是非常匮乏的年代,依托科技的优势推行文化公益无疑是一种更新颖、更有意义的社会责任实践方式。

2. 赛事/活动公益宣传

上文说的是企业本身以自身的名义对公益进行宣传,但是目前也出现了一种新兴的方式,即企业不以自身的名义和公益联合,而是举办的赛事品牌和公益的联合。

对于赛事本身来说,可以丰富赛事的文化维度、受众群体、影响力、社会好评度以及参赛者的情怀和粘性,从而提升赛事的影响力和生命力。而对于公益活动来说,则是增加了一个宣传的方式,有效地增加了公益项目的宣传力度从而可以帮助更多有需要的人(很多赛事的赞助商都是付出高昂的成本才能获得,相当于变相地给予公益支持,但是又比单纯捐款效果好得多),从而实现互相给对方赋能,实现 $1+1>2$ 的效果。

笔者最近经历的一个典型的案例就是戈壁挑战赛和戈友公益基金会合办的,以行走致新生的公益项目(荒漠生态保护)。有关这个项目,笔者前文已经有介绍,在此不再重复赘述。

(1) 上海马拉松(以下简称"上马")和公益的联合。

上马自从 2015 年开始设置公益席位,每席 3 000 元,2015 年一开始是 200 个席位,2023 年已经到了 800 个席位,并且公益席位非常紧俏。每届上马赛事能筹集的公益款项已经从 60 万元上升到 240 万元。截至 2022 年年底,上马公益基金会汇集了 1 700 名爱心人士,募集资金 400 多万元,支持了 18 个公益项目。除了绿色马拉松之外,还涵盖了低碳环保、助弱扶贫、营养健康等多个领域。

如果参与了上马,会有特殊的比赛队服和纪念品,从而使得参加上马公益的参赛者精神上有更强的自豪感,图 7-17、图 7-18 是笔者所有的 2023 年上马

图 7-17 2023 年上马公益跑者完赛纪念册

第 7 章 企业公益实践 | 221

公益跑者纪念册、运动队服和环保袋。可以看到上马公益和公益的融合程度是非常深入的,完全是将上马的文化和公益的文化互相融入其中。从而使得上马的赛事拥有更大的加持。大家设想一下,如果作为公益跑者参加上马,不仅可以帮助需要帮助的人,还可以穿着特殊服装(图7-18)拿到特殊的纪念册,岂不是动力满满、荣誉感满满吗?(每年上马公益跑者的名额非常紧俏,需要靠手速抢才能获得)

图7-18 上马公益服装和环保袋

上马和公益的联合不仅使得很多需要帮助的人受助,同时也使上马的品牌更加丰满,汇集了一批志同道合的伙伴相伴而行,从而实现品牌效应、商业价值和社会价值的统一。

(2)杭州马拉松(以下简称"杭马")和公益的联合。

杭马的公益精神和上马如出一辙,但是公益联合的具体方式却又和上马有所不同。由于马拉松本身是一项极限运动,存在一定的危险性,所以杭马的公益联合切入点选择和生命结合在一起。2023年杭马的口号是"绽放生命,为爱奔跑",杭马多年来将赛事和三献公益活动结合在一起(三献即器官捐献、造血干细胞捐献、无偿献血),从而打造一个温暖的珍爱生命的情怀,加大杭马的品牌影响力。

正如图7-19展示的笔者获得的2023年杭马公益证书一样,杭马跑者在参与赛事收到赛事比赛包时,也会同时收到三献公益活动的宣传资料。杭马通过颁发公益证书的形式,让参赛者深刻认识到他们推动了"促进健康,关爱生命"的理念传播。所以杭州马拉松选手会真真切切地感受到他们不是枯燥地在马路上奔跑,而是为了帮助苦难的患者、可怜的病人而跑。而这正和跑步运动的健康初心相匹配,从而使杭马绽放了强大的生命力。同时也为浙江省的三献(无偿献血、器官捐献、造血干细胞捐献)工作提供了强大的助力,帮助更多的患者从中获利,可谓功德无量。

3. 公益电影/电视剧

这也是一种新兴的公益形式,企业借用拍摄特定题材电影/电视剧的形式来推广一些特殊的公益概念,使得社会的广大群众受益,从而实现较好的公益效果。

其中这里面最经典的例子就是改编自格列卫仿制药事件的电影《我不是药神》,笔者曾在刚刚工作后的几年中(格列卫专利即将到期之前,早于电影发生前)亲身经历过类似事件(一个供应商的女儿罹患慢性髓性白血病),笔者在当时已经竭尽个人所能去帮助对方,也令笔者深深感触到生命的可贵。但要澄清的是,笔者不认为药企常见的诸如买3赠9活动是一种健康类公益,笔者更认为这是一种扩大覆盖面的促销行为。

图 7-19 2023 年杭马公益证书

2024 年 2 月春节上映的《第二十条》也是一个带有很强公益性质色彩的电影,其源于昆山龙哥案,让广大观众更熟悉刑法第二十条正当防卫的内容,在遇到危险的时候如何更科学、更合法地保护自己。

2022 年 10 月以公益救援为题材的电视剧《追光者》电视剧播出,这部电视剧也通过了文化传播的方式让更多的观众了解了公益救援这个特殊领域,为更好地宣传和推广公益救援做出了贡献。

4. 公益文创纪念品

笔者对纪念币、纪念章情有独钟,而很多公益领域和企业也发布了很多纪念章来宣传公益活动,例如腾讯、字节跳动,而笔者也收藏了各式各样的无偿献血公益纪念章以示纪念。在满足自己收藏爱好的同时,也通过文化的方式进行了公益宣传。

5. 其他文化公益的方式

说到文化公益，显然不可避免的就是知识宣传和科普，当然笔者之前介绍的几种文化公益的形式，也包含了知识宣传和科普，但是显然知识宣传和科普的方式远远不止以上说的这几种。

比如笔者最近参与的三个活动（图7-20、图7-21、图7-22）：

图7-20　笔者参与"全国青年海洋保护科普行动"获得的证书和纪念章

图7-21　笔者获得的"全国青年低碳节能科普行动"活动荣誉证书和纪念章

（1）全国青年海洋保护科普行动。

这个活动是通过讲座、知识竞赛、宣传片、志愿者活动等多种多样的综合形式宣传海洋环境及海洋动物保护的知识。在参与活动后可以获得精美的证书和纪念章进行留念。活动不仅很有意义，而且参与的体验感也满满。

整个海洋的保护结合了环境保护、生物多样性保护、绿色能源（碳排放）、志愿者服务、教育公益、文化公益等多种元素，可谓是公益活动中一个出色的典范。

（2）全国青年低碳节能科普行动。

这个活动是通过在活动中学习低

图 7-22 笔者获得的"全国青年低碳节能科普行动"
活动实践证书和纪念戒指

碳节能知识,然后作为志愿者进行低碳科普宣传,从而实现提升知识和认知的个人价值和增强大众的节能环保意识的社会价值的完美统一。

(3) 阿卡贝拉乐团公益演出(人声无伴奏合唱)。

笔者热爱唱歌(有多首翻唱和原唱歌曲),所以当交大安泰组织阿卡贝拉乐团的时候,就欣然参与进来。进入乐团后,笔者发现,原来阿卡贝拉乐团也能以自己的方式为社会、公益做贡献。

笔者参与的阿卡贝拉乐团预计后续会组织面向自闭症和其他有需要的人的公益义演,用美妙的歌声帮助帮助他们康复。能让自己的爱好帮助到更多需要帮助的人,这无疑也是企业可以借鉴的一种更有持续动力的公益形式。

7.2.9 关爱弱势群体,缩小贫富差距

关爱弱势群体是一个企业社会责任感的重要体现,而具体的企业的实现方式主要有以下六种:

1. 支持残障人士就业/生活

残障人士往往是因为先天残疾或者后天损伤导致的肢体或者功能受损,但是他们一样是有血有肉的独立个人,我们社会应该为残障人士的就业提供帮助。笔者在此要特别给蚂蚁集团点赞。根据蚂蚁集团 2022 年可持续发展报告披露,2022 年蚂蚁云客服平台与中国残疾人联合会合作,为残障群体提供更多就业机会,新增就业 193 人,约占 4%,未来 3 年将向残障群体开发 1 000 个专属岗位。

这不仅使 1 000 多位残障人士可以有尊严地发挥自己的能力谋生，还能帮助更多的残障人士获得更好的服务体验，真可谓功德无量。

笔者前文也介绍了自闭症实践中心的"爱·咖啡"，而也有和企业合作扶持残障人士。而根据互联网公开信息，"爱·咖啡"和 VMware 公司共同宣布启动针对自闭症儿童的慈善合作项目。除了资金援助外，VMware 将与"爱·咖啡"展开合作，由 VMware 员工作为志愿者定期拜访"爱·咖啡"，支持咖啡馆的正常运营。同时，利用 VMware 员工在 IT 领域的丰富学识，为自闭症孩子提供关于 IT 技能的免费培训，为他们创造实习机会，帮助他们通过习得一技之长融入社会，并为科技创新创造价值。

以上说的是帮助残障人士就业，但是对于更重度的残障人士来说，工作已经是奢望，帮助他们生活是更为重要的事。笔者在此也列举上海悦苗残疾人寄养园的例子来说明企业能在帮助残疾人生活上有所作为。

上海悦苗残疾人寄养园是上海老牌知名非营利性公益机构（2003 年创办），创始人吴忠伟先生原为共青团九大代表、黄浦区民政局副局长、残疾人联合会理事长，现退休。曾受到毛主席等老一辈革命家的亲切接见，受到过中共上海市委嘉奖。

吴忠伟退休后怀揣高尚情怀，自费创办民办非营利性福利机构，宗旨是让心智障碍人士有尊严地生活。笔者曾经走访上海悦苗残疾人寄养园，看过他们的财务报表，当笔者听到创始人希望能让更多生活困难的残疾人可以受到更好的照顾时，笔者也受到深深的触动。当看到墙壁上一些志愿者的画作和一些企业的捐赠，笔者就想到了本书一开始笔者对于企业的定义。企业既是社会的企业，又不是社会的企业，对于弱者的帮助和怜悯，是未来企业内部核心竞争力的体现之一。

笔者的好友——上海涂豆科技董事长孙明军先生作为机器人行业的元老企业家、创业家，在支持悦苗园和其他残障人士的公益活动中都做出了巨大的贡献。

不得不说，即使在经济条件上佳的上海，园内的床位也较紧张和生活也相对艰难，整个社会目前来说提供的支持仍然不足。但不积跬步无以至千里，不积小溪无以成江河，希望通过本书向大家宣传商业向善的巨大感召力和对企业的内在企业文化帮助，让更多的社会力量可以投入其中。

当然令笔者欣慰的是，悦苗园也是上海乃至全国众多高校和商学院公益和社会实践基地。笔者在2024年3月9日也组织了交大、复旦、长江等诸多学校的校友联合走访悦苗园,以帮助这些苦难残障人士更有尊严、更有品质地生活,这是我们这一代人的社会责任。

图7-23 悦苗园工作车间介绍栏

笔者在参访悦苗园的工作车间时,发现了两个极佳的例子,在此与读者朋友分享。

图7-24 悦苗园精美手工工艺品照片

(1)艾福迈汽车系统公司为悦苗园心智障碍人群用心挑选了一些适合心智障碍人群工作的岗位和产品,从而实现了企业商业价值和社会价值的统一。

(2)悦苗园组织心智障碍人群制作手工工艺品从而以劳动来争取更美好的生活。

笔者在走访的过程中,也得知自闭症和心智障碍人群虽然在很多方面相比普通人群有所不足，但是在做手工方面，不见得比健康人群差，甚至在专注度方面会更高一些，所以他们往往可以做出很多精美的手工工艺品。授人以鱼不如授人以渔，笔者也组织了热心公益小伙伴（黄滢格、骆千莎、黄艾青、张吉、李红玲）购买一批心智障碍人群手工工艺品作为毕业典礼的礼物赠送给交大安泰的校友，让更多的校友可以知晓（在此感谢 23 级 1 班的班主任褚梦洁老师的大力支持），弘扬交大安泰的商业向善精神。

在条件允许的情况下，努力让弱势群体从勉强生活升级成更有尊严的生活，是我们每个新时代企业家所必备的精神之一，在企业的战略和经营中融入人性和义利结合，不仅仅是为了净化自己内心，更多也是为了在未来更加波谲云诡的商业竞争环境中赢得一些生存和发展的空间，支持企业自身可持续百年企业的战略所必须。

2. 关爱老年人

根据蚂蚁集团 2022 年可持续发展报告披露，阿里发起了"蓝马甲"助老公益行动，线下走入超 25 个省份、100 个城市、10 000 个社区开展服务，组织 4 万名志愿者服务老年人覆盖超 90 万人次。

根据中国建设银行股份有限公司 2022 年社会责任报告披露，中国建设银行为了提升老年人服务体验，制定行业首个《营业网点无障碍建设专项指引手册》，打造"无障碍服务示范网点"。1.4 万个营业网点已全面配置爱心座椅、老花镜、放大镜等服务设施，建有轮椅坡道 11 228 个，在有条件的网点增配轮椅、叫号振动器、血压计、沟通手写板、移动填单台、无糖饮品区等设施。

而以年龄人受众居多的哔哩哔哩也在关爱老年人上有所作为，哔哩哔哩 2021 年环境、社会及管制报告中写到：作为 Z 世代用户高度集中的内容小区平台，我们希望借助自身传播优势，引导年轻一代给予身边老人更多的关注和关怀，以淡化年龄代沟。2021 年，B 站自制综艺《屋檐之夏》邀请了 3 位阅历丰富的独居老人与对数字有独特人生态度的沪漂青年开启了一场为期 21 天的代际共居体验。希望该节目成为年轻人重新重视对长辈关爱的契机，为不同代际的交流与思想融合提供引导方向。《屋檐之下》入选了国家广播电视总局 2021 年第四季度优秀网络综艺节目。

3. 助农下乡

由于中国的贫富差距还是很大，所以助农下乡也是帮助弱势群体，缩小贫富差距的一个常用公益方式，并且目前政府对助农的各种扶持支持力度也非常大，助农下乡也是塑造品牌形象,提升企业社会责任的一个非常好的途径。

根据蚂蚁集团2022年可持续发展报告公布的信息,通过蚂蚁公益基金会,蚂蚁集团联合公益机构支持了46个乡村公益项目,并带动爱心企业和1.4亿用户共同捐款超过4亿元,覆盖1244个县域,其中乡村振兴重点帮扶县113个,让更多乡村弱势群体得到关注与帮助。同时蚂蚁集团还发起了支付宝百县百品助农项目,已完成浙江山区26个县的全覆盖,助力山区特色农产品品牌扩大宣传,累计带动42万人次的网友消费助农922万元,并获得浙江省商务厅授予的"共享浙里货,共富山区路"浙江省电商公益活动支持单位称号。

以岭药业2022年环境、社会及治理报告中写到:以岭药业依托产业、技术等优势,通过"公司 + 基地 + 农户"模式,在多地自建或共建中药材种养殖基地,进行药材全产业链开发,以产业带动当地乡村经济发展,通过产业帮扶、健康帮扶、对口帮扶、综合帮扶等多种模式有效提升受助乡村经济实力和带动水平,惠及全国20余个省市的百余个乡村,受益人数近50万人。

4. 未成年人/儿童保护与关爱

根据腾讯2022年可持续社会价值报告披露的信息,腾讯从2017年开始打造未成年人保护体系。在积极响应未成年人保护规定的同时,腾讯也在持续探索具有建设性的未成年人保护方案,并不断调整思路、迭代升级,进而更好地服务于未成年群体。

功能保护层面,腾讯视频、微视、微信等多项产品推出"青少年模式",或开发适合未成年群体使用的版本。

内容安全保护层面,腾讯优化和升级内容风控能力,多渠道、多维度建立完善的涉青少年网络内容治理机制,给未成年人营造更加健康绿色的网络环境。

游戏准入机制方面,腾讯游戏全面落实实名注册的准入机制,实现不同年龄对象针对性限制,针对未成年人账号实行"限玩、限充"。2023年第一季度,腾讯未成年人游戏时长占本土市场总游戏时长比例仅0.4%,较三年前同期下降96%。

腾讯与家长合力,引导未成年人培养健康的上网习惯,为避免未成年人绕过家长监管进行非理性消费,腾讯发起的"少年灯塔主动服务工程"已于2021年升级为"未成年人家长服务平台",该平台建立了未成年人非理性消费申诉和受理机制,并为有需要的家庭提供免费教育辅导服务。截至2022年年底,"未成年人家长服务平台"已服务家长用户超3600万人,其中,长期建联、深度沟通辅导家长5.2万人。

哔哩哔哩2021年环境、社会及管制报告也提到,哔哩哔哩持续完善未成年保护机制,开展第二期未成年人保护专项活动,建立系统性的未成年人风险内容框架及相关管控策略,制定未成年人UP主常规化管理方案,同时关注用户体验,升级青少年模式,并对未成年人数据隔离。

对未成年人UP主有特别保护,哔哩哔哩研发多种未成年人UP主识别方式,在投稿、弹幕、评论、私信等功能上提供保护。

针对青少年提供了特色内容,启动了"知识光年"青少年科普计划,为青少年用户提供更多正向内容选择,投入专项资金激励创作者进行更丰富的青少年科

图7-25 笔者获赠的联合国儿童基金会月捐证书

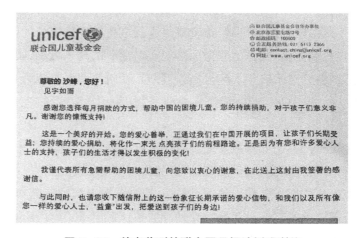

图7-26 笔者收到的联合国月捐计划感谢信

普内容创作。该项计划涵盖包括地球起源、生命演化、人类文明和浩瀚宇宙等硬核知识,通过邀请诺贝尔奖得主、中国科学院院士以及来自各大高校的教授学者,以生动丰富的视频带领青少年用户探索求知的乐趣。

联合国儿童基金会推出了月捐计划,通过月捐我们可以为全球的儿童保护助力,并且同时也能收到联合国儿童基金会的月捐证书和感谢信。笔者也借此为契机呼吁企业也可以加入其中,为全球的儿童福祉做出自己的贡献。

5. 女性保护

妇女能顶半边天,一个完善的社会必然离不开对女性群体的扶持和保护,这绝不仅仅是妇婴产品企业的责任,更是全社会所有企业应尽的责任。

蚂蚁集团 2022 年可持续发展报告中提到,蚂蚁集团发起的"数字木兰"计划用数字技术,从基础保障、创就业支持、多元发展三个层面助力女性发展。已累计为女性提供了 375 万份保险,为 1 万名女性提供了就业培训及新型数字岗位,为超过 100 万名女性创业者提供贷款免息支持,同时资助了 70 支乡村校园女足球队。

在国际上,支持女性公益项目的企业更常见。百事公司曾向中国妇女发展基金会捐赠款物 944 万余元,为重庆、贵阳等 11 个城市的 16 万名低收入妇女送去新春慰问。截至目前,百事公司支持"母亲水窖""母亲邮包""天才妈妈"等公益项目,惠及 12 个省区市 800 多万人。

而著名打车软件 Uber 在 2016 年曾经在中国大力推行女性公益活动:"给她力量。"虽然 Uber 在国内已经因为各种原因和滴滴合并,笔者也早就卸载了相应的 APP,但是公益精神永存,笔者一直保留这条公益短信至今(图 7-27)。

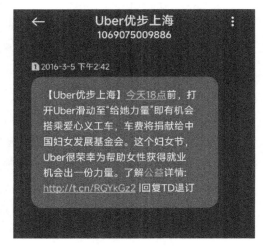

图 7-27　Uber 2016 年女性公益宣传短信

滴滴出行也有很多针对女性的特殊保护政策。根据互联网公开信息,2014 年 9 月,滴滴组织首届"关爱女性出行"媒体沙龙,与中国妇女发展基金会携手,联合数十家知名企业通过旗下滴滴专车平台,发起一场解决女性出行难的大型公益活动——

"粉爱行动"，并在2014年10月在北京悦·美术馆宣布成立"粉爱基金"，以尝试给女性用户带来更舒适、更安全的乘车体验，让"她"坐好一点。同时滴滴出行结合滴滴公益计划，与"粉爱基金"携手，为互联网出行行业女性司机群体免费提供专属保险及身心健康线上公开课。

6. 其他弱势群体

由于弱势群体这个内涵非常丰富，笔者在此限于篇幅，难以完全概述所有类型，但是笔者在此想通过对户外劳动者保护的例子，来说明对于弱势群体的公益，绝不仅仅只有以上的形式。

根据中国电信2022年企业社会责任报告公布，2022年8月，中国电信厦门分公司陆续在八大营业厅开展关爱户外劳动者活动，联动外卖企业在江头、滨北营业厅布置"爱心茶摊"，为骑手提供进厅纳凉、便捷充电、派发降暑饮品等服务，引导骑手们下载国家反诈中心APP，以增强防骗意识，提高防范能力。

对于大部分企业高管和普通管理层来说，酷暑天的户外劳动者无疑是弱势群体，所以弱势群体这个范畴往往是相对而言的，外延范围非常广泛。

天下的弱势群体千千万，囿于篇幅和知识所限，笔者也不可能全部列举，希望文内所写的范围能够抛砖引玉，激发大家的想象力，希望所有看到本书的读者都有一颗关怀弱者的仁心。

7.2.10 灾害、诈骗预警与社区帮扶

灾害、诈骗预警和社区帮扶等工作原本应该是行政机构的责任，但是很多企业也在此处进行了发力，以提升企业形象。笔者在此还是特别赞赏小米对于公益的努力，尤其是地震预警系统，推广至全球，不知道可以挽救多少无辜的生命免遭地震天灾荼毒，真可谓功德无量。

根据小米2022年环境社会及管制报告，小米集团对手机地震监测系统进行了升级并且扩展到海外地区，小米与成都高新减灾研究所申请的地震检测预警方法专利也获批。2022年，小米集团推送4级以上地震预警近4000万次。

以岭药业2022年环境、社会及治理报告披露，以岭药业先后投入近百万元资金帮助河北省张家口市涿鹿县、赞皇县、阳原县等地区提升基础设施建设，包括道路修建、村容村貌提升、小学维修、河道清淤等，助力建设美丽乡村。

根据中国电信2022年企业社会责任报告显示，中国电信持续推进"爱心翼站"建设运营，发挥小切口大平台作用，以有温度的服务关怀社会特殊群体，助力

提升信息无障碍安全发展,持续提升公益关爱水平。笔者在第5章也以此作为例子,认为其是企业社区公益和运营结合的极佳案例。

中国电信以"爱心翼站"为基础不断升级"爱心翼站"服务内涵和外延,形成了一个综合性的社会公益综合体。

推出"相约星期二"公益服务日,建立"线上公益直播+线下站点服务"联动的一体化关爱模式,常态化提供休息补给服务户外劳动者,长期组织老年人智能应用提升微课堂讲座、警企联动全民防诈宣传,开展"夏送清凉""冬送温暖""重阳敬老"系列主题关爱活动,不断提升"爱心翼站"创新服务能力和服务半径。截至2022年年底,累计建成"爱心翼站"1万多家,加密覆盖居民社区等需求量大的区域,组织数字产品使用培训等讲座4.3万场,关爱服务惠及人群达到600万人次。2022年,96家"爱心翼站"荣获中华全国总工会"最美工会户外劳动者服务站点"称号,获表彰站点数量蝉联企业类第一。

7.2.11 其他特殊公益

当然世界是纷繁复杂的,笔者虽然已经在前文举了很多种企业公益的形式,但不可否认的是,笔者也没有办法详尽赘述每一种企业公益的类型。尤其是一些特殊行业基于自己特殊领域进行的特殊公益。

例如法律行业的律师事务所(一般是特殊普通合作企业),往往也会出于社会公益对一些特殊案件进行辩护(非法律规定的法律援助案件),最典型的原型就是《我不是药神》电影中的辩护律师。如果单纯从经济利益考量,对这种案件进行辩护无疑是没有价值的,甚至还因为一些复杂的现实冒着一定风险。但是毫无疑问如果作为法律工作者和企业对这样的案例不施以援手,不仅仅是个例冤案错案蒙受损失,更会导致类似的案件犯一样的错误,所以这就是法律人的公益。

而目前也有很多的专业法律学者,在网上公益性地进行普法行为,帮助大家更好地在生活的各个领域依法行事,同时更好利用法律的武器来保护自己的合法权益。

除了法律外,还有公益救援,笔者也是探险和越野重度爱好者,曾经多次前往气候或者自然环境极度恶劣的地方(多次前往西藏、北极、非洲等地探险),所以笔者深知户外运动存在一定的危险性。

笔者曾经在格陵兰探险,在冰天雪地中,掉进了一个冰坑中,大半个身子都

图 7-28　笔者在寒冬拍摄的纳木措雪景

图 7-29　危机四伏的格陵兰海边山路

埋了进去，如果不是随行的格陵兰本地人冒着风险将笔者拉出，可能笔者也无法在此写这篇文章。国内最知名的公益救援队伍就是蓝天救援队，是中国第一支民间救援队，也是一支纯公益性质的救援队。在全球各式水灾、地震、高山救援等专业领域，总会看到蓝天救援队的身影。希望未来能有越来越多的企业可以助力这个领域，壮大救援队伍的力量，同时也可以让企业获得更好的国内外影响力（救灾无国界），作为企业走出中国、走向世界的一个助力跳板。

除了以上两个角度，金融行业除了因为自身高利润率在社会责任上有比较多的投入，在商业实践中也在监管层的指导下通过其行业的优势（资金支持），在其主营业务上为公益做贡献。

央行在 2024 年 1 月 29 日发布了 2023 年的金融机构贷款投向统计报告，可以看到各个金融机构通过支持特殊领域的贷款资金需求。如果不考虑社会利益、公益因素、不考虑义利,只考虑功利性因素的话,金融机构不会花太多精力在规模较小、风险较高的领域。但正是从社会效益考虑,金融机构在其专业领域内为社会利益做出自己独特的贡献。

(1) 普惠小微贷款(支持弱势群体);

(2) 绿色贷款(支持基础设施绿色升级产业、清洁能源产业和节能环保产业);

(3) 涉农贷款(扶持农业弱势群体)。

很多行业的发展和创新都离不开资金的支持,金融机构不完全按照利益最大化的立场,在特定的领域给予更大力度的资金支持,金融机构对社会的公共利益、能源结构转型、弱势群体的支持也做出了自己的贡献,实现义利结合。

不同的行业在各自的专业领域都有自己优势资源或者专业优势去以独特的形式践行公益。每行每业其实都有基于专业践行公益的方式,只要是为了社会、公众、环境等利益出发,不单纯为了自己牟利。笔者相信只要中国每个行业、每个企业都可以常怀公益之心,义中取利,我们的世界一定会有一个更美好的明天。

7.2.12 小结

从上述这些案例来看,大部分企业都是和非营利机构合作,通过各种方式来实施企业公益项目,但为什么有越来越多的企业愿意投入更多的资源去进行企业公益,而不仅仅是单纯的一次性大额捐款呢?原因就是笔者整本书一直提到的公益会对企业的运营发展提供很大的益处。

虽然企业本身不一定有一整套完善的理论,但是从实践中企业也是应该感受到了很多好处。但是如何更进一步,让公益更好地发挥对企业的助力呢?笔者在此先引出这个话题,但是先卖个关子,最后再做出总结。

从上面可以看出企业的公益形式多种多样,可以选择的类型也是五花八门,各个企业可以根据自己实际不同的情况来选择对应合适的方式。

笔者认为一般企业选择公益需要考虑自己的主营业务模式,但又不能只考虑利己的模式(以公益作为幌子)。

企业在选择合适的企业公益模式时应当考虑以下四点:

(1) 企业的财力。

企业还是需要量入为出,根据自身的实力选择合理的公益模式和金额,只有自身可以可持续发展,才能持续为公益做贡献。

（2）企业的主要用户群体图谱。

企业需要对其主要的用户图谱（年龄、地点、偏好等）进行调研。

如果是一个年轻的运动品牌，主要的受众群体就是年轻人，做公益就应该避开自利性色彩，以环境保护、志愿者服务等方式为主，并且形式需要足够好玩、有趣（见上海市血液中心的案例）。

如果是一个女性品牌，那主要的受众群体就是女性，公益就可以考虑以关爱弱势群体（残障人士、老年人）、教育公益、文化公益为主，因为这些方面要么是女性容易共情，要么是女性亲身有体会，对企业更有帮助。

又如果是一个地方性小吃，比如南翔小笼，除了常规的健康公益，还可以引入一些所在地方的文化公益项目，从而调动对应区域的人的本土情怀，从而提升企业公益的效果。

（3）公益的出发点。

笔者在此虽然说了很多公益可能会对企业产生的助力。但是企业公益的出发点一定是为了造福社会，至于回报尤其是短期回报可能并不均衡，但是由于公益的长期和其他效应，合理规模的公益对企业长久发展一定是利大于弊的。

（4）企业品牌形象或者其他战略。

企业的品牌形象当然也是一个重要的企业公益需要考虑的点，假如一个企业想树立一个负责任的企业形象，那么在接近主营业务范围选择一种公益是比较不错的选择。比如蒙牛选择以生物多样性保护为切入点，给消费者形成一个关爱动物同时也关爱消费者的印象，从而提升消费者对其品牌和质量的信心。

而一个企业在其品牌形象需要提升或者业务模式需要转型时，也可以针对性地设计企业公益。比如小米为了提升其企业形象，在公益方面投入较多，从而引发文化层面对小米的认可，进而帮助其企业品牌升级。

一个企业不仅应该学会做公益，还应该学会如何最大化帮助社会公众群体，在此同时兼顾企业自身的利益，这样才能使企业公益行稳走远。

7.3　企业公益战略

7.3.1　企业公益战略层面支持

企业是社会的企业，但企业又不是社会的企业，这是站在一个企业的根本属性去说的,这也说明了企业和公益之间存在着微妙的关系,广泛的影响企业内外部各种环境,公益也是企业可以实现可持续发展的重要动力源泉。

所以笔者认为企业未来应当将公益不仅仅作为一个一过性的战术,更不仅仅是一个简单的营销行为甚至是装点门面的面子工程,企业应当将公益纳入战略范畴进行考量,而在战略层面如何去把握,怎么样把握,这就需要企业的最高决策层做好精准的把控。

正如蚂蚁集团2022年可持续发展报告中所说:蚂蚁集团遵循ESG理念,把可持续发展作为优先准则,全面融入公司的整体发展战略。

现实当中,企业公益战略方向一旦出现问题,就容易陷入泥潭难以自拔,笔者试举三个常见的误区。

(1) 误区一:企业决策层认为盈利和公益是对立的关系。

虽然这是常见的误区,但是笔者整篇文章都在批驳这个观点。企业的盈利和公益绝不是对立的关系,在合适的处理下企业是完全可以做到盈利和公益相辅相成、互相成就的。

如果企业的决策层可以理顺这点,认识到公益可以对企业无论是内部还是外部、直接还是间接都产生广泛而又有意义的影响。企业决策层就可以对公益提供足够的资源支持而不是仅仅将其作为一个费用中心,使得公益部门实施公益项目阻力小很多。

(2) 误区二:企业认为公益是一个一过性的战术行为。

这也是目前国内很多企业对于公益的一个最大的误区,如果这个误区不解除,企业公益即使放置在战略层面,有了合适的组织架构,也不过是一个个更为成功的战术,甚至是披着公益外皮的企业的纯牟利行为,反而成为企业长期运营的隐患。

并且也只有明确地认识到公益的长期战略重要性这点,企业的管理层才可以有可能不会因为小小的短期利益从而轻易的损害公益活动,杜绝在公益上的出尔反尔或者假公益等丑恶现象。

公益对于企业绝非一个仅仅为了一时的广告效应或者企业领导人的面子的一过性的战术行为,而应该是一个长远的战略行为。其对于企业的多方面、多层次都有深远的影响,是ESG概念中唯一可以使得企业实现可持续发展(其他因素更多是控制风险实现长期发展)不可或缺的因素。

(3) 误区三:企业公益不需要提前战略筹划。

不可否认的是,企业战略决策层精力有限,难以提前筹划公益细节,并且我国大部分企业擅长的在突发事件中大额捐赠实现广告效应，很多时候也需要非常强的及时性，但这绝非表面公益不需要提前进行战略筹划。

比如公益战略如何和企业商业模式结合，到底是捐款还是捐物，公益营销究竟是广撒网还是精准定位，活动是否符合公司的目标受众，是否能达到预期效果，如果遇到突发事件如何应对，资源是否充足，公平、透明性如何保证？公益虽然是企业的一个形象和文化的宣传放大器，可一旦做不好反而会反噬带来更大的麻烦。

比如笔者最近看到一个新闻，2023年12月某人出于爱心，定向捐赠10万元衣物给甘肃积石山某学校。但是某快递公司快递错了地址，事发后快递企业只肯按照协议赔付7倍邮费。寄方愤怒地录制视频抨击快递公司引发网络舆情，导致对快递企业大量的口诛笔伐，最后快递公司迅速上门道歉并且捐助同样价值的衣物给同一个学校才平息舆情。从这个案例就可以看出，无论是公益行为的哪一方，一旦没有提前规划或做得有纰漏，公益能带来多大的益处就能带来多大的反噬副作用。所以在践行公益时，一定要尽量使公益行为不要出现明显的过失和错误。

企业公益是最需要提前筹划的，正如《礼记·中庸》所说："凡事预则立，不预则废。"这句话用在企业公益筹划上真是再合适不过了。只有提前筹划，才会最大限度地感受到公益对企业的莫大助力，帮助企业行稳走远。

综上，公益需要企业在战略层面上予以支持，并且需要在认知和观念上打破一些误区，从而支持公益成为企业长期可持续发展战略的核心组成部分。

7.3.2 企业公益的组织架构顶层设计

随着21世纪科技的发展，信息的传递速度越来越快，越来越广，不单是正面消息，负面消息也是如此，这对企业公益也是有一个良好的助力作用，但也带来了响应的及时性，很多企业曾经因为公益部门架构和权限问题导致响应不及时而被社会口诛笔伐。同时因为公益天然具有公平、平等、跨部门等多种属性，所以公益对接部门的设置需要和其他业务部门不同。

因为以上这些因素，企业对于公益不仅需要战略层面重视，还要组建一套适合企业公益的组织架构。而这当中最容易令人困扰的就是，公益部门和ESG部门之间的关系以及公益部门在企业组织架构中的地位。

现在很多企业为了彰显对ESG的重视，往往将ESG部门提升到了一个战略层次,但是很多企业的 ESG 部门往往变成了一个 PPT"歌颂"部门,笔者认为这是企业只将 ESG 视为战略层次,而未将公益同样视为战略因素有关。

主要原因是,ESG 有利他和利己两大部分组成,大部分企业内部都有 EHS 或者类似 EHS 的部门,其实 EHS 已经涵盖了大部分 ESG 内的利己因素,所以以至于很多企业将 ESG 提升为战略部门后,仍然没有重视 ESG 外含的利他公益部分。以至于实践中出现,如果 EHS 是战略部门(如保密性要求高的代加工厂),ESG 部门往往只是充当 EHS 的宣传工具,兼顾部分公益。而 EHS 是非战略型部门,ESG 部门往往更是成了一个宣传和 PPT 部门,干的其实原本都是市场宣传都能干的工作,丧失了 ESG 原本的作用。

所以笔者认为企业需要实现可持续发展,应该将 ESG 部门作为战略组织支持,但要实现 ESG 的战略组织目的,就应该将 ESG 的公益部分作为战略组织优先支持。

正如笔者前文所说的观点,有条件的企业应当争取做到以下两点:
(1)将公益部门作为独立的战略部门或者是 ESG 核心战略部门;
(2)单独发布社会价值报告或者在 ESG 报告内扩充社会价值报告的立法。

只有在公司的企业组织架构中认识到公益对企业未来发展的战略性意义,在组织架构上予以考虑,才能充分发挥公益对企业的助力,同时 ESG 的理念才能真正地帮助企业实现可持续发展的目标。

7.3.3 捐款/捐物企业公益战略如何选择

公益活动形式多种多样,其中有些是捐款,有些是捐物,其中笔者前文提到的企业公益正面典型——鸿星尔克就擅长捐物。有些企业可能觉得捐款还是捐物差别不大,但是其实并不尽然。企业公益到底是捐款还是捐物对企业更有助力呢?就让我们从不同维度来对比一下捐款和捐物的区别。

(1)及时性。

企业如果捐物,及时性要求极高,不仅要求及时到账,并且还要安排配送并且还要监督发放,否则难以实现公益目的,对企业要求极高。

但是捐款对及时性要求就很低了,现实当中很多企业或者团体可以认捐后过一段时间后再实际到账,甚至迟迟不到账(笔者在此强烈批评诈捐行为)。

如果某企业承诺捐赠 5 000 顶帐篷给灾区,那就是一定要在灾情期间捐献,如果延误了时间,就没有任何捐赠的必要了。而捐款就没有那么迫切,很多捐款往往好几个月都没有实际到位。

(2) 价值可衡量性。

企业如果捐物，虽然物品本身也可以用价值多少来衡量，但是衡量物资的价值本身就存在估算的方式。例如：成本、公允价值、标价，等等，所以捐赠物资时价值是有一定浮动空间的。

企业如果捐款，金钱本身只有数字一个维度可以衡量，只要承诺捐了多少，最后就得兑现多少。

(3) 长期效应。

企业如果捐物，可以通过各式各样的宣传活动，并且可以在物资上印刻LOGO来实现宣传效果，其中尤其以耐用品好于消耗品。在危难时候捐赠带有LOGO的物资也会让受帮助者内心产生非常强烈的印象，长期效益显著。

企业如果捐款，如果捐款金额足够多可能会在捐款的时间点造成比较强的轰动效应。但是一旦过了那个时间点，就会被大众所遗忘，效果并不好。

综上所述，企业到底应该捐款还是捐物，各有利弊，但笔者认为从企业公益综合考量来说，企业一旦把公益作为企业战略去衡量，提前有所准备，应该是捐物对企业更为有利。但捐赠物资时，企业也应该提前筹划，捐赠的物资是公益活动真正需要的物资，不能为了捐物资而强行捐物资。

7.3.4　企业公益笔者观点——利他性公益对企业不可或缺

说完了企业公益战略，笔者还对企业战略公益有一些个人看法，希望和读者们一起分享一下。

以波特为代表的战略管理学者认为，只有企业的公益行为既有良好的社会效益又具有经济效益时，才有意义。波特派观点对组织公益行为的四分图以市场导向和竞争力导向为标准，分为了四种：外聚型、战略型、离散型和内聚型。所以企业公益最终要的就是在运营活动和竞争环境的社会因素中找到共享价值，战略型公益才有价值。

笔者部分认同却又不能完全认同，笔者认同波特公益存在战略意义的观点，并且最完美状态的公益一定是企业运营和社会价值的统一。

但笔者同时认为波特的战略企业公益过分强调了企业的利益和外部环境的协调，波特认为无法改善竞争环境的公益没有战略意义，忽视了企业公益会对企业内部环境带来的长远性变化，也并未考虑企业可持续发展的因素。

笔者在此要对传统的战略管理学者,对于企业战略公益看法进行调整。

笔者认为企业公益分为三种:

(1) 自利性企业公益。

此类公益过分强调企业自身商业目的的实现,公益仅仅是一个实现的手段,笔者认为这类公益只有战术意义,没有战略意义,以笔者一开始对于公益的定义而言可谓是伪公益。

一旦实施不好,很容易搬石砸脚,企业需要盈利,何必多此一举披着公益的外衣,建议企业对此类公益慎之又慎。

(2) 利他式企业公益。

此类公益单纯强调社会价值的实现,对于企业商业价值是否能实现,基本是随缘的态度。虽然按照传统战略管理理论,此类公益的战略意义不大,但是此类公益可以完美契合内部和外部利益相关者的期望驱动,随着未来从产品思维走向用户思维,利他式公益对于企业的品牌形象、员工满意度等可持续发展也有很大的帮助,有其战略意义。

但不可否认的是利他式企业公益往往需要企业投入一部分资源,所以企业应该量入为出,结合自身能力实施战略公益投入。

(3) 共赢式企业公益。

此类公益在设计时就兼顾了社会价值和企业价值,两者兼顾实现(当然不一定完全对等),从战术的角度来说其可以解决企业公益投入的问题,从战略的角度来说其又可以实现一部分社会价值。从企业的短期利益来说是非常完美的解决方案。

但共赢式企业公益受局限因素过多,要求项目设计时,天时地利人和均满足要求,并且共赢式公益本质其实是笔者一开始所说的功利式公益的一种,虽说也可以造福需要帮助的人,但是对企业长远发展的影响远不如利他式公益。

所以笔者认为利他式公益作为企业公益的战略方向,应该考虑到自身能力大力推动,而共赢式公益作为企业公益战术和战略的折中方案,在有合适的项目时也可以大力推动,这就是笔者所认同的企业公益战略。

7.4 企业公益的未来发展

随着时代变迁,社会公众对企业的预期越来越高,企业公益作为企业社会价值的体现、可持续发展的战略要点、对企业内外的各种有利影响，笔者认为企业公益未来的发展一定前途无量。

笔者认为企业公益的未来发展趋势如下：

1. 越来越多的企业将公益融入企业可持续发展战略

随着我国经济从增量爆发市场走向存量市场，人均收入越来越高，整体社会文化程度越来越高，物质条件越来越好。

这就要求企业，从产品思维走向用户思维，从低端低毛利产品走向高端产品，未来对企业的管理的要求越来越高，这个管理的要求绝非过去的成本最低，而是综合效率最高。

并且随着科技发展，绿色能源、碳达峰、碳中和等可持续发展的热门词汇也屡屡出现在越来越多的企业的可持续发展和节能降本的概念中。无论企业初心如何，利己和利他已经渐渐从竞合变成了融合。如果不将企业公益作为一个战略方向进行投入，未来可能越来越会被时代抛弃。

所以可以预见的是，未来会有越来越多的企业为了实现自身可持续发展战略而投身于企业公益中。

2. 公益相关制度越来越完善

目前现行税务法律对于企业公益有一定的支持政策。2007年通过的《企业所得税法》就允许对企业发生的公益性捐赠支出，在年度利润总额12%以内的部分，准予在计算应纳税所得额时扣除。在2017年第一次修订时又增加了超过年度利润总额12%的部分，准予结转以后三年内在计算应纳税所得额时扣除。但是这个政策支持力度还是略显不够的，只能降低企业的一部分公益成本。

2023年12月29日通过了《慈善法》的修订，于2024年9月5日正式施行，而新法中第88条和第101条，新增对慈善信托可享受税收优惠、将慈善捐赠、志愿服务记录等信息纳入相关主体信用记录，健全信用激励制度。

可以预见的是，随着社会主义建设越来越好，综合国力越来越强，对于社会主义核心价值观的弘扬力度也会越来越大，未来《企业所得税法》有可能会加大对于公益慈善支出的税收优惠力度。

不仅对于公益慈善的税收优惠和激励会加码，监管也会越来越完善。新《慈善法》规范了慈善组织募捐成本、加大了违规人员的处罚力度、健全个人求助网络服务平台监管制度、强化具有公开募捐资格的慈善组织在合作募捐中的责任。这一切都使得未来企业公益可以更加有法可依、监管和运营都更加完善。

而在《民事诉讼法》和《行政诉讼法》修订中,也可以看到制度对于社会公众利益的保护力度在加大,现行的民事诉讼和行政诉讼就规定了公益诉讼制度。

根据现行法律,法律规定的机关和组织可以对污染环境、侵害众多消费者合法权益等损害社会公众利益的行为在满足一定条件下提起公益民事或行政诉讼。这就大大增强了对于社会公众利益的保护力度。

但是实践中公益诉讼还存在覆盖面太窄(主要针对环境保护和侵害众多消费者利益),诉讼主体限定过高(不对个人开放)等问题。但笔者相信未来公益诉讼的覆盖面会更广,对社会公众利益的保护也会更加完善。

3. 公益的新模式、新业态越来越多

2024年实施的新《慈善法》一个原因就是填补公益新模式互联网平台监管空白,随着经济的发展、科技的发展、信息的通畅,企业公益的新模式和新业态也会越来越多。

例如说到公益慈善就想到根据《基金会管理条例》设立的公益基金会,但是现实中公益基金会一旦捐赠,由于公益基金会是非营利法人,捐赠者就无法按照自己意愿进行管理和处分。

于是我国根据欧美发达国家的经验,根据《信托法》和《慈善法》设立慈善信托。相比基金会不同的是,慈善信托由受托人按照委托人意愿以受托人名义进行管理和处分,开展慈善活动,委托人的意愿大大加强。

由于信托三独立的原则(信托财产和受托人财产独立、委托人信托财产和委托人其他财产独立、不同委托人或者同一委托人不同信托财产独立),使得慈善信托一旦设立就可以在制度上保证长久持续发展。

2023年度中国慈善信托发展报告的数据显示,2023年12月31日,我国慈善信托累计备案数量达1 655单,累计备案规模为65.20亿元,由于我国社会信用制度和响应的管理制度尚不够完善,慈善信托目前仍处于初期阶段,但未来前景可期。

互联网也是未来一个新模式爆发的领域,互联网公益已经创造了很多新业态,涌现出了水滴筹、腾讯公益、阿里公益等互联网公益平台等模式,大大降低了公益募集成本,可以将涓流效应发挥到极致,并且帮助平时难以发声的需要帮助的人成功发声获得帮助。可以预见未来互联网科技企业一定会利用自身创造力的优势,更好地为企业公益付出。

而在未来那么多潜在的新模式下,就有一个实际案例值得我们关注和讨论。

京东原高管蔡磊,因为个人罹患某罕见病,所以个人感同身受地组织公益力量、结合不同的公益形式来帮助渐冻症这个群体。

根据微博上蔡磊公开表述的信息,蔡磊将持续推动渐冻症患者的公益资金投入,主要资金来源如下:

(1)"破冰驿站"直播间所得;

(2)攻克渐冻症慈善信托;

(3)《相信》一书稿酬所得;

(4)其他爱心人士或组织以及其他社会资源力量的支持;

(5)个人支持。

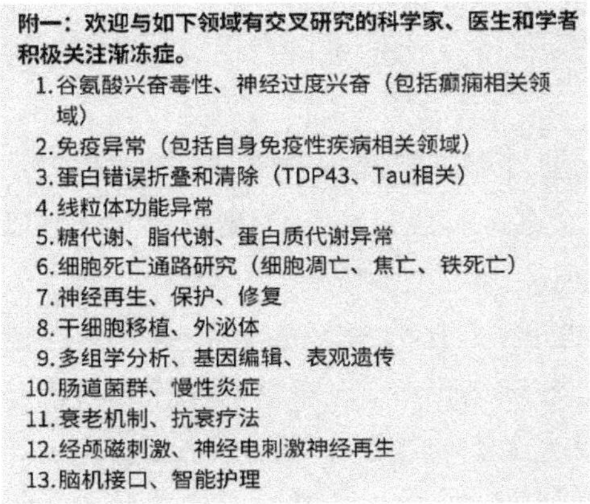

附一:欢迎与如下领域有交叉研究的科学家、医生和学者积极关注渐冻症。
1. 谷氨酸兴奋毒性、神经过度兴奋(包括癫痫相关领域)
2. 免疫异常(包括自身免疫性疾病相关领域)
3. 蛋白错误折叠和清除(TDP43、Tau相关)
4. 线粒体功能异常
5. 糖代谢、脂代谢、蛋白质代谢异常
6. 细胞死亡通路研究(细胞凋亡、焦亡、铁死亡)
7. 神经再生、保护、修复
8. 干细胞移植、外泌体
9. 多组学分析、基因编辑、表观遗传
10. 肠道菌群、慢性炎症
11. 衰老机制、抗衰疗法
12. 经颅磁刺激、神经电刺激神经再生
13. 脑机接口、智能护理

图 7-30 蔡磊招募团队支持研究方向

当然笔者在此不想讨论如果蔡磊没有罹患罕见病是否会如此大力支持公益慈善,在这里笔者只想说蔡磊显然是结合公众力量和各种多元的公益形式,结合社会多种宣传和创新方式,汇集力量尝试去攻克渐冻症。蔡磊意图以这些资金和拉起一支团队对渐冻症的所有相关领域进行攻关,为了造福所有的50万名渐冻症患者,虽然形式上还没有构成社会企业,但是实质上也是社会企业。

而参与蔡磊项目的企业、个人、组织,毫无疑问,在这个行动中,不仅仅会因为这个项目支持而收获更多经济支持,也会收获巨大的道义和公益加持。

蔡磊此条微博,在笔者观看的时候,已经收获了7 816次转发、3 779条评论、2.7万条点赞,其相关新闻和热搜共有67家媒体报道,阅读量超过8 000万人次,讨论5 810条。毫无疑问激发了巨大的社会反响。

笔者在此借助本文,也真心地希望蔡磊先生可以最终痊愈,相关研究可以造福50万名渐冻症患者,并且可以开创一个企业公益的新模式、新案例、新的社会联动,为未来企业公益提供更多更好的模式,为更多值得需要帮助的人助力。

4. 公益的理念的更新

传统的公益理念更多的还是在人、财、物三个方面给予需要帮助的人直接帮助,不可否认的是,一旦热度消退,需要帮助的人仍然会陷入需要帮助的困境。

所以如何将公益从一次次净化心灵的冲动、偶发性的帮助、没有持续性的广告行为转换成长久的可持续性的模式的帮助。除了将公益融入一定的功利、荣誉的因素,变"输血"为"造血",让受助者未来不再需要帮助,也是一个非常有创意的理念的转变。

从传统的思维惯性来说,大家往往觉得弱势群体或者需要帮助的人会有一些难以克服的缺点,从而需要帮助,让他们自己可以"造血"几乎是天方夜谭,但是从现实来说并非一定如此。

笔者拿自己 2024 年 3 月组织的悦苗园活动来说,悦苗残疾人寄养园的重症患儿主要有四类,即唐氏综合征、脑瘫、自闭症、智力发育障碍,这四类人群很难在社会上立足。但是这些心智障碍儿童在专注度的方面其实是超过的普通人群,所以其做手工工艺品或者重复简单的操作反而适合。

笔者看到他们亲手做出了很多精美的手工艺品,并且也看到他们努力在车间里工作,说实话笔者在现场被深深地触动。

为心智障碍人群设计了手工工作坊和零部件生产车间,从康复的角度来说,适度的手工工作也可以锻炼身心,从而改善自身的心智障碍症状。而从物质的角度,也可以通过手工艺品来换取一定的收入,从而为更好、更有尊严的生活下去,提供给坚实的基础。

所以未来随着我们社会对于公益越来越重视,不仅仅帮助到需要帮助的人,还帮助到更有尊严更长期可持续,类似的双赢的公益模式一定会越来越多地发掘发现。

5. 社会文化潮流支持企业公益

不可否认的是,随着中国经济的快速增长,社会中趋向于极致利益取向的声音多了很多,但是笔者认为这是中国经济快速增长和文化概念无法快速革新所带来的短期现象。但即使在这个现象下,企业公益仍然蓬勃发展,笔者可以预见到,在物质文明越来越富足,人们生活满足感越来越高的明天,诚信、友善的社会主义核心价值观将会越来越被重视。

在这样的社会文化潮流的变迁下,企业公益给企业带来的各种短期和长期的获益必然只会随着时间的推移而愈发放大,那企业自然而然地会更加积极地推动企业公益的发展和进步。

笔者相信公益是主推企业未来可持续发展的核心竞争力,义中取利不仅是道德追求,更是企业健康发展的应有之义。

在本章的结笔之处，笔者想提及几句涉及自己专业的话，笔者本科毕业于吉利大学化学工程与工艺专业，对于化学有着特殊的情感。笔者也知道随着技术的进步，正驱动着化学为社会公众利益做出越来越多的贡献，笔者很想撰文阐述，但又怕知识所限，力有不逮，并且有点脱离了本书的主线。所以笔者特别邀请了吉林大学副教授苏清老师做一篇"跋"，来对化学化工对社会环境的保护所做的贡献进行一些分享。

第 8 章
总　结

8.1　实践中企业公益的误区

行文至此,笔者想在本书结尾之处,提纲挈领概括一下笔者概念里的企业公益。

首先企业公益毫无疑问存在两个价值:

(1) 企业公益的道德意义;

(2) 企业公益的工具价值。

但是企业公益之所以复杂,是因为是"企业+公益"的结合体,而绝非公益的企业(不切实际地拔高其道德意义)或者企业的公益(过分强调其工具价值)。

现在越来越多的企业认识到了法律的成本,已经从过去的无视法律发展到了成立相应的法务或者合规部门。但是道德作为一个柔性且没有刚性的约束机制,大家往往会忽视其成本,甚至认为只要符合法律的最低限度(往往也就是道德底线)即可。

所以在很多实践中常常有两个误区:

(1) 只考虑企业公益的工具价值,将所谓的企业伦理认为就是合规合法(甚至只是形式上),没有收益公益层面不用特意考虑(有收益的可以做一下)。

(2) 只考虑企业公益的道德意义,低调地做企业公益,甚至将公益与企业剥离,尽量以个人或者第三方机构的名义去做,企业能参与也不参与。

笔者在此不讨论形而上的道德意义,只说一个现象。现实中一些合法不合理的现象,即使法律没有制裁,企业也可能遭受沉重的道德成本。而这个道德成本对企业的伤害,有时候甚至会远胜于法律本身对其制裁带来的伤害,这就可见道德成本和法律成本往往是独立的。

所以笔者认为未来的企业应该在战略层面将合规部门升级为企业伦理审查委员会,以更高的标准去审查企业的业务,从而助力企业行稳走远。

8.2 企业公益的道德意义和工具价值的关系

然而,道德标准是否越高越好呢?也就是我们是否应该无限拔高企业的道德层次,转身变成公益机构?这个显然有点荒谬,现实更不是如此,这就需要我们深刻地了解和权衡企业公益的道德意义和工具价值的关系。

现在也有大量反对企业公益(以反对ESG的形式提出,但是显然没人反对ESG中的内控部分)的风潮(美国两党对于ESG不同的观点就是最典型的例子),认为其推高了企业成本,降低了股东收益。不得不说,反对企业公益的有其一定道理,毕竟公益本身是有成本的。但显然这也是很片面的观点,大家也都知道企业公益也有其存在的价值,但是为什么这会成为争议呢?就是因为企业公益带来的支出和收益没有一个模型可以定性计算,所以大家才会陷入争议之中。

而笔者写本书的目的就是希望告知企业家,企业公益因善念而树立,因价值而壮大。道德意义和工具价值是企业公益的车之两轮、鸟之双翼,相辅相成、相伴而生,两者不可偏废,也不可孤立看待。

道德意义是企业公益的目的,工具价值是企业公益的手段。没有目的,企业公益就会走样,没有价值,企业公益就无法长久运行。

从图8-1可以看出,当企业的道德度还没到达合法的时候,企业成本会急剧增加,这时候的成本不仅仅是法律成本,也有道德成本。所以才可以解释实践中即使合法但是不合理,企业也会遭受重大损失的现象(没有法律成本但有道德成本)。

但是道德度跨过合法线之后,企业成本(企业公益增加道德度)和我们大家设想的成本增加

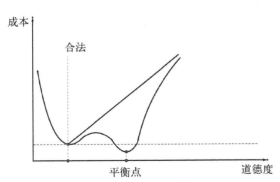

图8-1 企业成本和道德度关联图

不同,在起初时由于规模效应不够,的确会小幅增加总体成本(公益创造的价值不足以弥补其支出),但是在一定的规模后,会产生强大的价值,从而降低企业总成本。而这个平衡点,也就是我们常说的义利结合平衡点。

也许理论上的最佳义利结合平衡点是我们在实践中永远难以找到的,但是我们在实践中找到企业公益对成本产生下降的这个趋势范围还是可以实现的。在这个范围内,企业的总成本是降低的,企业的运营风险也在降低(道德度越高风险越低)、企业的可持续发展能力也越好,各位企业家何乐而不为呢?

参考文献

[1] 尹海涛. 商业伦理与可持续发展. 上海交通大学 EMBA 教材, 2023.

[2] 张新安. 心理行为与决策. 上海交通大学 EMBA 教材, 2023.

[3] 张新安. 房奴王大头的沉沦. 公众号"管理心理与行为", 2020.

[4] 刘涛. 财务报表分析. 上海交通大学 EMBA 教材, 2023.

[5] 张志学, 井润田, 沈伟. 组织管理学：数智时代的中国企业视角[M]. 北京大学出版社, 2023.

[6] 任浩, 甄杰, 张军果. 组织管理学：现代的观点[M]. 清华大学出版社, 2019.

[7] 任建标. 技术驱动的商业模式转型. 上海交通大学 EMBA 教材, 2023.

[8] 范惠众. 赢利模式辅导. 上海交通大学 EMBA 教材, 2023.

[9] 蚂蚁集团. 蚂蚁集团 2022 年可持续发展报告.

[10] 益海嘉里金龙鱼. 2022 年益海嘉里金龙鱼可持续发展报告.

[11] 阿里巴巴. 2023 年阿里巴巴环境、社会和治理报告—终版.

[12] 哔哩哔哩. 哔哩哔哩 2021 年 ESG 报告.

[13] 华为投资控股有限公司. 华为投资控股有限公司 2022 年可持续发展报告.

[14] 腾讯集团. 腾讯集团 2022 年可持续社会价值报告.

[15] 腾讯集团. 腾讯集团 2022 年 ESG 报告.

[16] 百度. 百度 2022 年环境、社会及管治(ESG)报告.

[17] 复星. 复星 2022 年环境、社会及管治报告.

[18] 老爸评测. 老爸评测 2022 年度报告.

[19] 蒙牛.蒙牛2022年环境、社会及管治(ESG)报告.

[20] 农夫山泉.农夫山泉2022年可持续发展报告.

[21] 中国平安.中国平安2022年可持续发展报告.

[22] 小米集团.小米集团2022年环境,社会及管治报告.

[23] 以岭药业.以岭药业2022年环境、社会及治理报告.

[24] 中国电信.中国电信2022年社会责任报告.

[25] 中国建设银行.中国建设银行2022年ESG报告.

[26] 中央广播电视总台.中央广播电视总台社会责任报告(2022年度).

[27] 芒果超媒.芒果超媒2022年度ESG暨社会责任报告.

[28] 中国人民银行.2023年金融机构贷款投向统计报告.

[29] 新媒体时代公益活动创新路径解析——以2019—2021中国新媒体公益十大优秀获奖案例为例,2022年6月.

[30] "数"说公益新趋势,2022年公益行为数字化洞察报告发布.

[31] 新媒体时代公益传播的问题与对策新华网.

[32] 赵蓬奇.跨界合作：助力新时代社会公益事业新发展[J].全球商业经典，2018(179).

后　记

当笔者写到这里的时候，其实是大大地松了一口气，在写这本书的时候深深地感受到了自己知识的不足和匮乏，还请各位读者多多包容和海涵，多多提出宝贵修改意见。

同时笔者也深深感觉到写书是一个严峻的考验，完成初稿其实只花了6周，但是写好后无数次地感觉自己的书稿还不够完善，几次对部分章节进行重构或者扩充，总是很焦虑觉得自己哪里写得还不够好。直到农历二月初二"龙抬头"这天，终于下定决心将本书的主体内容部分截稿。

在本书付梓之前，笔者想与读者们分享一些最新的收获和心声。

2024年6月，笔者被上海市政协民族和宗教委员会、上海市少数民族联合会、交大安泰经管学院正式聘为"阳光育人"计划第十七期导师（图1）。

图1

而笔者在 2024 年年中时也由于长期致力于公益,为上海市儿童基金会奉献爱心,而获颁捐赠纪念证书接受表彰(图 2)。

图 2

图 3

同时截至 11 月 7 日,笔者已经荣获 2020—2021 年度、2022—2023 年度全国无偿献血金奖(图 3)(献血量已经达到终生成就奖标准,预计 2024—2025 年申报终生成就奖)。笔者也借此机会呼吁,当今的国内,无偿献血率还是偏低,全国的整体血液供应仍然处于紧张状态。只有越来越多的身体健康并且心有余力的人怀揣无私、大爱之心撸袖献血,帮助更多有需要的人,我们的社会才会更美好。

当然社会是现实的,除了公益的领域,如何和企业利益相结合也是一个难点。笔者也同时注重义利融合,毕竟没有盈利的公益始终是无源之水、无本之木,只有可持续盈利才能支撑企业公益模式长久健康发展。所以笔者对盈利模式的创新进行了深入的思考,笔者提出的王者智造——《AI 智能制造精益生产解决方案》也成功在交大安泰经管学院组织的企业盈利模式大赛中晋级决赛，并且 11 月 2 日在交大徐汇包兆龙图书馆（安泰楼）举行的决赛中荣获得三等奖（图4）。结合这个比赛，笔者近期也在思考探索如何从实践的角度设计一种符合中国企业的义利融合的企业社会责任管理模式和战略。

图 4

图 5

在企业伦理、社会责任、公益等领域，笔者近期和上海交大的周祖城教授（兼任全国 MBA 商业伦理与企业社会责任课程责任教授）进行了一些深入而有建设性的交流。周祖城教授专业而又渊博的企业社会责任、企业伦理、组织行为学知识让笔者获益良多，他也在自己的专著中给笔者做出了一些寄语（图5），在此笔者也和各位读者共勉，让我们努力为成为更好的自己而努力。笔者也希望更多的企业家、高管、学术界和其他社会相关人士可以对企业可持续发展、企业社会责任和企业伦理投入更多的关注和重视，更好地赋能中国企业行稳走远。

而在学习的领域，笔者近期计划在交大安泰组织多场智能制造相关领域的世界头部企业参访公益活动。同时未来也有意在中国社会科学院进行全日制的管理学博士的深造,希望有机会继续在企业管理、组织管理等领域和更多高水平的老师和同学进行深入地学习探索,提升自我。

同时笔者也获得了武汉音乐学院的声乐等级认证证书,在个人爱好学习上有更多的提升,未来也有冲击声乐 10 级的计划。

以上的这些思想理念,笔者从小内心就有种子,但是囿于个人能力和视野有限,过去一些年对于一些公益的领域实践有时候仍然有所迷惑、踌躇和力有不逮。但笔者在交大安泰就读 EMBA 后,通过在交大的学习和与一些专家的交流后逐步深化自我的思想,并且笔者一直努力贯彻知行合一的理念,从而不断提升自我。这是笔者近几年的心路历程,希望可以对大家有所帮助。

写这本书的初心是因为笔者发现现在市面上很少有资料将公益和企业的利己联系在一起。笔者有幸担任交大安泰 EMBA 班级的公益委员,自然就想到了利用所学的知识创作这方面的内容。

笔者从 2017 年走访西藏时,就深深感受到,我们生活的价值绝不仅仅是为了单纯的金钱。在 2019 年年初前往非洲塞伦盖蒂国家森林公园时,更是感受到了大自然之浩瀚。笔者在 2019 年年底前往格陵兰探险时,一个人在孤寂的北极极光下静静地思考,更是深刻地认识到了公益的重要性。所以笔者在生活中践行公益,努力做一个对社会有一定贡献的人。

本书在写作过程中离不开诸多老师和同学的支持和帮助。

首先,特别感谢上海交通大学安泰经管学院的副院长尹海涛教授,尹教授曾在 2006 年获得宾夕法尼亚大学沃顿商学院 Russell Ackoff 奖,2008 年获得美国公共政策与管理学会最佳博士毕业论文奖,他的商业伦理与可持续发展课的内容给我写作提供了很多灵感。同时尹老师高尚的品格、严谨的学术风格、深邃的商业洞察力,也让笔者深深触动。尹老师在纷繁冗杂的学术和行政事务中还抽空为本书做序,笔者首先对尹老师致以最诚挚的谢意。

与此同时,还要特别感谢长江商学院的校友孙明军董事长,孙董作为机器人行业的元老之一,非常热心公益事业。他不仅自身践行公益,还带动了一批长江商学院的同学支持笔者的公益活动,作为挚友,还为新书做序。借此机会,笔者也要向孙明军董事长致以诚挚的谢意。

其次,感谢上海交通大学安泰经管学院高静老师和 EMBA 23 级 1 班的班主任褚梦洁老师。褚梦洁老师本人特别热心公益活动,同时也特别支持笔者作为公益委员的活动,并且帮助笔者提前预习组织行为学,给予笔者莫大的帮助,在此深表谢意。而高静老师不仅在公益志愿者和阳光育人项目上无私投入了大量精力,也给笔者在撰写本书时提供了大量公益方面的灵感和资料。同时还特别擅长唱歌和绘画,组织阿卡贝拉乐团公益演出,并参与了本书的封面设计,感谢高静老师对公益和笔者个人的支持和认同,希望高静老师如其头像照片一样,可以实现做一辈子公益志愿者的愿望。

再次,特别感谢吉林大学苏清副教授,在笔者报读安泰和写书的过程中,苏清副教授也给予笔者很多的支持,从一个化学人的角度来思考公益和商学的关系,给出了很多真知灼见。

还要特别感谢上海交通大学安泰经管学院的张新安教授和其他安泰经管学院的老师以及 EMBA 23 级 1 班全体同学。笔者书内有很大一部分内容涉及心理学和在 EMBA 23 级 1 班组织公益活动的感悟和调查。没有张新安教授课上对心理学的生动诠释和 EMBA 23 级 1 班全体同学对于我班委组织活动的支持,这本书是写不出来的。

还要特别感谢同济大学 23 级 EMBA 的田虹(副研究员)同学,由于她有丰富的从事媒体行业和参与国家社科基金项目的经验,她在本书的撰写和专业领域的知识上提供了巨大的帮助,并且对于媒体和公益的关系也给出了真知灼见(本书第 2 章中有其关于媒体和公益关系的单独撰文)。

笔者同时还获得了同济大学经管学院老师、吉林大学同学和老师、复旦大学 EMBA 同学、南洋理工大学 EMBA 同学、长江商学院同学、上海大学同学的支持。没有你们给笔者提供一些学术上的指导、调查问卷上的支持和在日常交流中的加油鼓劲,笔者是根本不可能写出此书的。

希望此书可以给更多的企业一些启迪,以便未来可以更好地践行企业公益,笔者也希望自己在未来的几年内,组织更多的公益活动,为社会贡献自己的一份绵薄之力。在书写这些字的时候,笔者内心激动万千,不知不觉,泪水已经噙满眼眶,心中还有千言万语,却已经难以成言,只能言尽于此。

最后,笔者送上自己一首原创歌曲《让梦想变成寻常》(在网易云上可以搜索,下文也有二维码可以扫描听歌)给所有读者,祝大家都可以有广阔的愿景,以星辰大海为梦,以知行合一为引,以公益利己为魂,做好每一件事,过好自己生命中的每一天。

别害怕受伤奋力向前闯，
终会收获属于自己的光。
不害怕迷茫坚定着方向，
让梦想变成寻常。

2024 年 11 月 7 日
笔者写于上海

此二维码为笔者原创歌曲
《让梦想变成寻常》

此二维码为笔者公益活动视频
《让心智障碍人群有尊严的生活》